『ビートン社の家政書』とその時代

「しあわせのかたち」を求めて

妹島 治彦

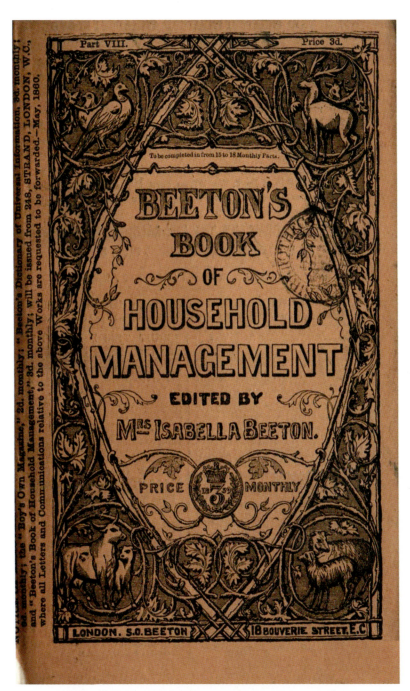

口絵1 『ビートン社の家政書』分冊出版時の表紙（第1章図22）

口絵2 『ビートン社の家政書』の口絵(実践女子大所蔵本を原寸大で再現)

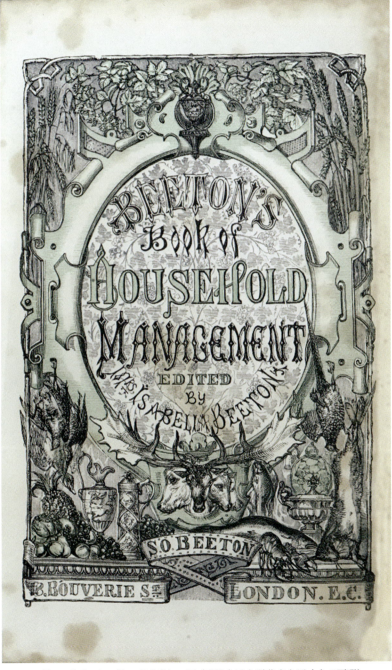

口絵3 『ビートン社の家政書』の扉（実践女子大所蔵本を原寸大で再現）

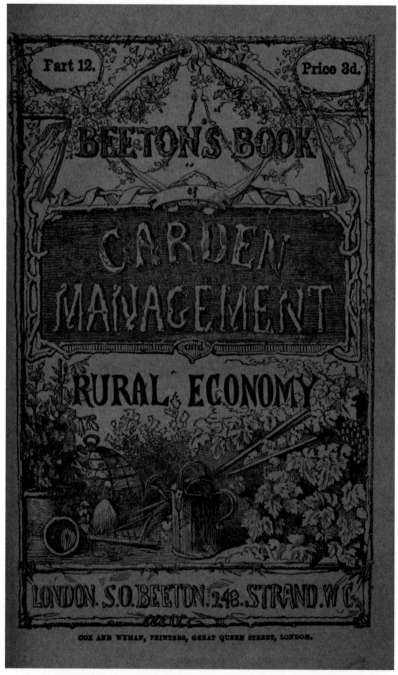

口絵4 『ビートン社の園芸書』分冊出版時の表紙（第6章図16）

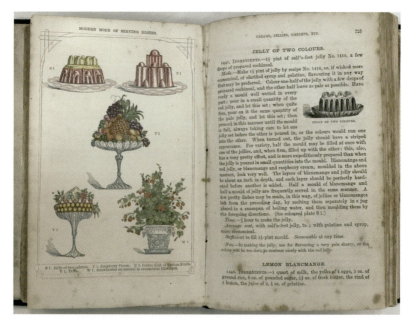

口絵 5 　分冊から製本された『ビートン社の家政書』
　　　　　（第 1 章図 28 実践女子大学所蔵の『ビートン社の家政書』より）

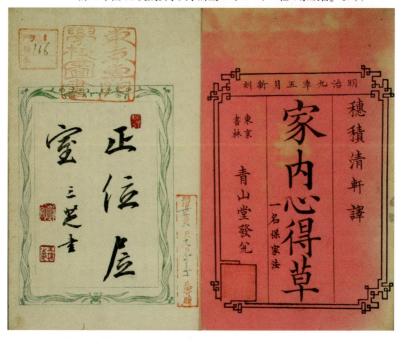

口絵 6 　早稲田大学図書館蔵『家内心得草』の扉（Column 3 図 1）

v

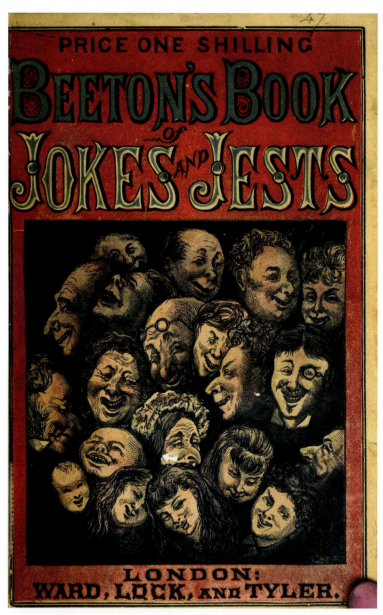

口絵 7　Beeton's Book of Jokes and Jests の表紙（Column 5 図 4）

口絵8 『抱腹絶倒　西洋頓知機林』の表紙（Column 5 図3）

口絵 9　継父ヘンリー・ドーリングによって天使の姿に描かれたベンジャミンの子どもたち。(第 2 章図 7)

口絵 10　*EDM* に挿入されたファッション・プレート (第 1 章図 21)

口絵 11　ピルグリムス・ホール・アカデミー (第 3 章図 6)

若い知性が拓く未来

　今西錦司が『生物の世界』を著して，すべての生物に社会があると宣言したのは，39歳のことでした。以来，ヒト以外の生物に社会などあるはずがないという欧米の古い世界観に見られた批判を乗り越えて，今西の生物観は，動物の行動や生態，特に霊長類の研究において，日本が世界をリードする礎になりました。

　若手研究者のポスト問題等，様々な課題を抱えつつも，大学院重点化によって多くの優秀な人材を学界に迎えたことで，学術研究は新しい活況を呈しています。これまで資料として注目されなかった非言語の事柄を扱うことで斬新な歴史的視点を拓く研究，あるいは語学的才能を駆使し多言語の資料を比較することで既存の社会観を覆そうとするものなど，これまでの研究には見られなかった溌剌とした視点や方法が，若い人々によってもたらされています。

　京都大学では，常にフロンティアに挑戦してきた百有余年の歴史の上に立ち，こうした若手研究者の優れた業績を世に出すための支援制度を設けています。プリミエ・コレクションの各巻は，いずれもこの制度のもとに刊行されるモノグラフです。「プリミエ」とは，初演を意味するフランス語「première」に由来した「初めて主役を演じる」を意味する英語ですが，本コレクションのタイトルには，初々しい若い知性のデビュー作という意味が込められています。

　地球規模の大きさ，あるいは生命史・人類史の長さを考慮して解決すべき問題に私たちが直面する今日，若き日の今西錦司が，それまでの自然科学と人文科学の強固な垣根を越えたように，本コレクションでデビューした研究が，我が国のみならず，国際的な学界において新しい学問の形を拓くことを願ってやみません。

第26代　京都大学総長　山極壽一

目　次

口　絵　　i
まえがき　　xv

第1章　『ビートン社の家政書』　　1

イザベラ・メアリー・ビートンの立場と書名について　　6
問題意識と課題　　13
伝記および先行研究　　17
『ビートン社の家政書』について　　23
本書の展開について　　40

Column 1　『ビートン社の万物事典』　　43

第2章　イザベラ・メアリー・ビートン　　49

イザベラ・メイソンとして　　52
父の死と母の再婚　　55
ドーリング家　　56
生い立ち　　58
イザベラとサミュエル　―結婚、出産、別れ―　　62
まとめ　　70

Column 2　『ビートン社の万物事典』
　　　　　　静岡県立大学所蔵本と北海道大学所蔵本　　75

第3章　サミュエル・オーチャート・ビートン　　83

祖父サミュエル・ビートン　84

父サミュエル・パウエル・ビートン　88

誕生から学校時代まで　90

修行時代　94

人脈形成　―出版者サミュエル・ビートンの揺籃期―　96

出版者としての船出　―『アンクル・トムの小屋』出版―　101

妻イザベラの死　―出版者としてのその後―　105

まとめ　113

Column 3　日本語に翻訳された『ビートン社の家政書』　119

第4章　『ビートン社の家政書』以前の料理書　123

1. ドクター・ウィリアム・キッチナー

『クックス・オラクル』　123

先行研究と考察の目的　126

父ウィリアム・キッチナー　127

ドクター・ウィリアム・キッチナー　129

座談会と美食委員会　132

『クックス・オラクル』とその他の著作　135

ドクター・キッチナーの「合理的美食」

　―グリモとの比較から―　139

まとめ　141

2. イライザ・アクトン『最新料理法』　145

祖父ジョセフ・アクトン　147

父母の世代のアクトン家　148

イライザ・アクトン　151

『最新料理法』初版　156

目　次

　　　　『最新料理法』1855 年版　　166
　　　　まとめ　169

　　Column 4　『伊呂波分　西洋人名字引』と吉田五十穂　　175

第 5 章　伝統的家政書と『ビートン社の家政書』　　　　　181

　　　　現代人にとっての家政　　183
　　　　伝統的家政書（家政学）　　185
　　　　『オイコノミコス（家政について）』　　187
　　　　『貴族の地方生活』（別名、『緻密なる農業』）（1682 年）　　189
　　　　伝統的な家政学の崩壊　　193
　　　　『所有地耕作に関する小土地所有農民のための助言、付
　　　　　「ハウスホールドの書」』との比較　　195
　　　　『ビートン社の家政書』と伝統的家政書　　201
　　　　まとめ　206

　　Column 5　加藤十四朗『六大家演説軌範』　森斌『一覧博識　欧米百家随
　　　　　　　筆』『抱腹絶倒　西洋頓知機林』　　209

第 6 章　「しあわせのかたち」　　　　　　　　　　　　　217

　　　　社会的流動性の時代　　217
　　　　継承される「合理的美食」の理念　　220
　　　　料理書としての進化形　―先行する料理書との比較から―　　221
　　　　『ビートン社の家政書』にみる編集妙味　　223
　　　　なぜ編集者なのか　―もうひとつの可能性―　　228
　　　　3 つのビートンズ・ブック　―その関連性をさぐる―　　229
　　　　「ミセス・ビートン」の誕生　　234
　　　　「ビートン神話」の解体　　237

xiii

『ビートン社の家政書』の本質
　　　―「しあわせのかたち」を求めて―　241

あとがき　255
初出一覧　261
主要参考文献　263
図版出典一覧　279
索　引　285

まえがき

　「家政書」とは、どのようなものを指していうのであろうか。実際、書店に行って家政書を買い求めるとしたら、どのような本をイメージして探せばよいのだろうか。そう考えてみると、われわれは、「家政書」というものの具体的なイメージを持ち合わせていないように感じる。たしかに、書店に行けば、料理書をはじめ、家計や収納にまつわるものなど、家事に関する本や雑誌、あるいは育児や教育に関する本や雑誌は、むしろ広いスペースを売り場に確保しているように思える。しかし、そのなかから「家政書」と呼べるものを選び出すことができるかというと、そもそも家政書とはどういうものを指していうのか、という最初の問いに舞い戻ってしまうのである。

　ところが、ヨーロッパに目を向けてみると、話は違ってくる。われわれが、すでに日本語として使っているエコノミーという外来語は、「家の管理」という意味の「オイコノミア」というギリシア語が語源であり、その「オイコノミア」を含む『オイコノミコス』という書物は、「家政について」という意味をもち、家政書の起源とされている。つまり、ヨーロッパでは、すでに古典古代から「家政書」に相当するものがあったということなのである。

　このヨーロッパにおける伝統的な家政書は、実は男性に向けて書かれたものであった。つまり、家長たる男性が、家をどう管理していけばよいのかを指南するための書であったのである。そのなかでは、家政とは何かということにはじまり、財産とは何か、妻にはどう接するべきか、さらに家財を整理整頓することの重要性までもが語られている。しかし、もっとも紙幅が割かれているのは、農業に関してであって、当時の男性が家を管理する際に、もっとも重要なことが生活の基盤たる農業であり、農園であったことを示している。

　時代はくだって、17世紀の後半、オーストリアの小貴族ホーベルクは、自身が著した家政書のなかで、妻の料理の腕前をほめたあと、料理の作り方は専門の書物にゆだねるといい、自分の家政書に料理レシピを含めようとはしない。料理は女性の仕事であり、料理書と家政書は別物であるということ

であろう。われわれが、家政書をもとめて、料理書のあたりを探したのは、そもそも間違いであったのだろうか。

　ところが、本書で扱う『ビートン社の家政書』は、その大半が料理レシピで占められている。この家政書は19世紀のイギリス、つまりヴィクトリア時代と一般に呼ばれる時期に書かれたものであるが、家政書のありかたが、ホーベルクの時代とは変わってしまっているのである。見方を変えれば、伝統的家政書の時代、家庭を管理するうえにおいて農業が重要であったように、19世紀のイギリスでは家庭のありかたを決定するうえで、「食」がなにかしら重要な役割を果たしていたと考えられる。

　19世紀のイギリス社会だけでなく、「食」と人間のかかわり方を考える上で、『ビートン社の家政書』は格好の材料を提供しているわけであるが、先ずは『ビートン社の家政書』について、具体的な事例からみていくことにしよう。

第 1 章
『ビートン社の家政書』

　100年以上前に出版された料理書が、実際にどのような人によって、どのように利用されたのかということを正確に知ることは不可能に近い。
　しかし、次に紹介するふたつの例は、およそ100年前のイギリスの人びとにとって、料理書がどのような存在であったのかを知る手がかりになるであろう。当時の人びとの生活感に多少なりとも触れることで、なにかしら「手ざわり」のようなものを感じ取ることができるのではないだろうか。
　まず、図1に示す『ミセス・ビートンの家政書』（Mrs. Beeton's Book of Household Management）である。本書では、基本的に『ビートン社の家政書』という呼称を用いるが、ここではあえて書名に「ミセス」をつけている。書名の日本語訳に関しては次節で詳しく検討することになるが、手元にあるものについていえば、出版当初からのものであろうと思われる背表紙に"Mrs. Beeton's Book of Household Management"と記されているので、そのまま日本語に置き換え『ミセス・ビートンの家政書』とした。この本は、全912ページで、タイトル・ページに1907と出版年が記載してある（図2）。しかし、背表紙をよく見ると、本のタイトルの印刷幅が背表紙の幅と合っておらず、途中で折り曲げられていて、正面から見るとタイトルの文字の両端が切れてしまっているように見える。最初からタイトル文字の幅が背表紙の幅と合わないまま出版されたとは考えにくいので、何らかの理由で製本しなおされ、本の幅と背表紙の幅が合わなくなってしまったのだろう。この本と同じ1907年版の『ミセス・ビートンの家政書』を、入手した資料を用いて調べ

図1　加工、改装された『ミセス・ビートンの家政書』

図2　出版年（1907）の記されたタイトル・ページ

てみると、1861年に出版された初版の『ビートン社の家政書』(Beeton's Book of Household Management) に比べ、およそ2倍の全2056ページあったことがわかる。つまり、これは、この本がかつての所有者によって加工された結果、ページ数が少なくなってしまったことを意味している。この本のかつての所有者は、2056ページあった本を、大胆にも半分以下の912ページに加工し、元からあった背表紙を使って製本しなおしたのである。その結果、背表紙の幅が本の幅と合わなくなってしまい、このような姿になってしまったのだ。では、どのような記事が取り除かれたのであろうか。入手した資料と照合してみると、切り取られた部分は、プディングや菓子、家事使用人、医療、法律に関する記述であったことがわかる。切り取られた部分が、その後どうなったかは知る由もない。しかし、もし仮に、残りの部分も製本しなおして利用された可能性があるとしても、少なくともひとつしかない背表紙がレシピ集につけられていることは、この本に対して、かつての使用者が、書名は「家政書」とはなっているものの、「料理書」としての利用価値を高く認めていたことを示しているといえよう。

第 1 章　『ビートン社の家政書』

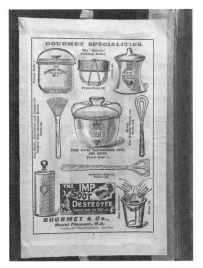

図 3　丁寧に貼りなおされた広告

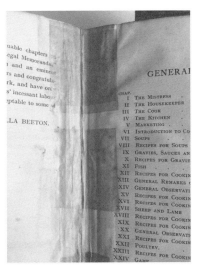

図 4　補修の跡

表紙は、これも前述の資料との比較から判断すると、表も裏も、本来緑色であったはずだが、それも小豆色のものに変更されている。もっと正確にいえば、白い布を表紙に張ったあと小豆色に染め、そこに自分で絵を描いているのだ。表紙の裏には、なぜか元の本からきれいに切り取られた広告のページが丁寧に貼り付けられている（図

図 5　赤鉛筆で下線を施されたレシピ

3）。はがれそうになったページは何度も補修された形跡が残っている（図4）。そして、いくつかのレシピには赤鉛筆で下線が施されていて（図5）、かつての所有者が実際にこのレシピを参照しながら調理していたのであろうことをうかがい知ることができる。つまり、ここにある『ミセス・ビートンの家政書』は、かつての所有者の手によって、きわめて実用本意なものに加工されているということがいえる。しかし、その一方で、何度も補修された形跡のみならず、自序や広告など、本来実用とは縁のないようなものがていねいに

3

図6　ハリエット・ロジャーズ

残されているのを見るにつけ、利用していた人の、この本に対する愛着を感じずにはいられないのである。

　そして、もうひとつの例を紹介することにしよう。ロンドンから北西に約250キロメートル、リヴァプールからだと南へ約40キロメートルに位置する、レクサム（Wrexham）近郊のエアディグ（Erddig）でナショナル・トラストが運営するのは、250年以上続いた貴族のカントリー・ハウスである[1]。ここに来れば、貴族の生活だけでなく、家事使用人たちがどのように暮らしていたのか、その痕跡を見つけることができる。ここには、家事使用人の肖像画も数多く残されていて、貴族と家事使用人の良好な人間関係がしのばれる。このカントリー・ハウスで30年以上働き、料理人から女中頭にまでなったメアリー・ウェブスター（Mary Webster）が1875年にこの世を去った。その後雇われたのが、長い間このお屋敷で大工として働き、信頼も厚かったトマス・ロジャーズ（Thomas Rogers）の娘、ハリエット（Harriet、図6）であった。彼女は、最初子守として勤め、次いでレディス・メイドになり、最終的には女中頭にまでのぼりつめた。20年近く女中頭と料理人を兼務したあと、このお屋敷での勤めを終え、ハリエットは、当主の姉妹のもとでレディス・メイドとして仕えるべく、エアディグをあとにした。このとき、彼女は自分で集めた料理書を持参したのだが、そのなかには当然のように「ミセス・ビートン」も含まれていたということである[2]。

　ここでいう「ミセス・ビートン」とは、おそらく『ミセス・ビートンの家政書』のことで、原題は *Mrs. Beeton's Book of Household Management* である。この本は、もとはといえばイザベラ・メアリー・ビートン（Isabella Mary

---

1)　http://www.nationaltrust.org.uk/erddig/?p=1356313542057（2015年10月3日確認）
2)　Waterson, Merlin, *The Servants' Hall*, Routledge & Kegan Paul, 1980, p.82.

Beeton, 1836-65）によって編集され、夫であるサミュエル・オーチャート・ビートン（Samuel Orchart Beeton, 1831-77）が経営する出版社から 1861 年に出版されたものであった。しかし、この本が初めて世に出た 1861 年の初版本からは、書名のなかに「ミセス・ビートン」を見いだすことはできない。このときの書名は *The Book of Household Management* もしくは *Beeton's Book of Household Management* であった。しかし、いつしかその書名は *Mrs. Beeton's Book of Household Management* となり、やがて先にみたハリエット・ロジャーズのように、単に「ミセス・ビートン」といえば料理書としての同書を指すまでになったのだ。

　ひとつめの例からは、どのような人物が利用したかは定かでないが、実際に調理の現場で愛着をもって利用されていたであろうことがうかがわれる。ハリエット・ロジャーズの例からは、家庭の主婦ではなく、小貴族のお屋敷で働いていた料理人、しかもそれはプロの料理人というよりは、どちらかというと素人に近い女性の料理担当者によって、必携の書として実用に供されていたことがわかる。

　さて、これからわれわれは約 150 年前に出版された一冊の家政書について探求していくことになる。そして、その本を世に送り出した一組の夫婦についても、できるだけ詳しく見ていくことにする。先にも述べたように、この本は初版出版時には *The Book of Household Management* あるいは *Beeton's Book of Household Management* という書名で出版されていたものが、いつしか *Mrs. Beeton's Book of Household Management* となり、むしろ後者の書名で世に知られるようになった。書名から見いだせる違いはわずかである。しかし、そのようなわずかな違いであるからこそ、これまで見逃されてきた事実が潜んでいる可能性をもつのであり、そこから見いだした事実を、さらに深く追求していくことで、これまで見落とされてきた真実に近づく可能性を秘めているのではないだろうか。その可能性を信じ、歴史のすき間からすり抜けてしまった事実を、ていねいに、ひとつひとつ、ひろい集めるように、わずかな糸口をも見逃さぬよう注意しつつ、真実を求めていきたい。1861 年に初版が出版されてからおよそ 150 年がたち、人びとの生活様式も、価値観も大きく変化している。時の経過とともに、現代に生きる我々には見えづらく

なってしまったこの一冊の家政書の本質に、たとえ一歩でも近づくことができれば、本書にも多少の可能性を見いだしうるのかもしれない。

イザベラ・メアリー・ビートンの立場と書名について

　ここでの議論の前提として、イザベラ・メアリー・ビートンが著者なのか編集者なのかという問題と、書名に関する問題、つまり同書を『ビートン社の家政書』(*Beeton's Book of Household Management*) として議論をすすめていくのか、『ミセス・ビートンの家政書』(*Mrs. Beeton's Book of Household Management*) として議論をすすめていくのか、あるいはなぜ『ビートン社の家政書』という日本語訳をつけるのかという問題に触れておかねばならない。なぜならば、本書では、1859 年から 1861 年にかけての分冊出版および 1861 年の初版出版当時に立ち返って議論することにより、サミュエルやイザベラが編集した『ビートン社の家政書』が、伝統的な家政書あるいは料理書の系譜のなかにどのように位置づけられるのか、あるいはどのような社会的状況のなかで同書が誕生したといえるのかを明らかにし、ビートン夫妻の業績を再評価するとともに、同書の本質を明らかにしたいと考えるからである。たとえば、100 年以上出版され続けた同書を、その改訂のされ方や受容のされ方など、通時的な視点で捉えて論じることに研究の価値があることは筆者も認識するところである。しかし、そういう視点に立って論じることが、必ずしもビートン夫妻のなした仕事に焦点をあてて論じることになるとは言いがたい。そのような議論のなかで、ビートン夫妻亡きあとも出版され続けた、いわゆる『ミセス・ビートンの家政書』が、サミュエルやイザベラと結びつけて語られてきたことが、本書で言うところの「ビートン神話」なるものを生み出した一因であることは明らかだ。そういう観点から、初版も含めてすべての版を『ミセス・ビートンの家政書』として扱う従来の議論とは一線を画す意味においても、本書では『ビートン社の家政書』出版に始まる歴史ではなく、『ビートン社の家政書』出版に至る歴史に焦点をあてて論じていくこととする。そして、そのことによって本書の目的が達成されるものと考える。

　まず、イザベラ・メアリー・ビートンが著者なのか編集者なのかという問

題について考えてみたい。これまで多くの文献でイザベラ・メアリー・ビートンは「著者」と表現されてきた。それは同書が長期にわたって改訂を繰り返しつつ出版され続けてきた結果、現在さまざまな版や派生的に出版された本が存在することに起因すると考えられる。なぜならば、初版以外のほとんどの版が *Mrs. Beeton's Book of Household Management* という書名になっていることに加え、派生的に出版された料理書等の書名の多くが *Mrs. Beeton's* …となっていること、さらに、時代の流れのなかで、かつて S. O. ビートン社から数多く出版されていた *Beeton's Book of* …という書名が次第に姿を消していったことにより、「ビートン」といえば、当然のように「ミセス・ビートン」を指すものと考えられるようになったことから、「『ミセス・ビートンの家政書』というのだから当然ミセス・ビートンが著者であるはずだ」という印象、あるいは思い込みを生じさせ、結果としてイザベラ・メアリー・ビートンを「著者」とみなすことが定着してしまったと考えられるからだ。さらにいえば、分冊出版時の表紙や初版につけられていた口絵には "Edited by Mrs. Isabella Beeton" と明記されていたのだが（巻頭カラーの口絵参照）、それもいつしか付けられなくなってしまった。では、なぜ初版出版時の書名には "Mrs." が付いていなかったという事実は、研究者にさえ見落とされてしまったのだろうか。インターネット環境が整備され、データベースも日進月歩で充実したものになってきている現在の状況下では、1861 年当時の初版本を、パソコンの画面上とはいえ確認することが可能になっている。しかし、それはごく最近のことであって、それ以前は実際に残存している本に頼らざるを得ない状況が長く続いた。そうした状況下では、多くの研究者は入手困難な初版本ではなく、その後大量に出版されイギリスの古書店などでも比較的入手しやすかった *Mrs. Beeton's Book of Household Management* のタイトルがつけられた後年の版を参照するしかなかった。そのことによって、*Mrs. Beeton's Book of Household Management* あるいは『ミセス・ビートンの家政書』（もしくは『ビートン夫人の家政読本』）という書名が定着してしまったものと考えられる。

　では、インターネット環境が発達するにしたがって本来の *Beeton's Book of Household Management* という書名が認識されるようになったであろうか。実

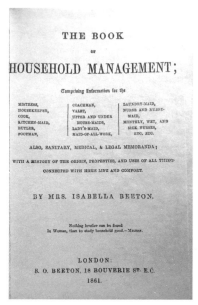

図7　書名に MRS BEETON'S が冠されてしまった初版の復刻版表紙

図8　ラッパー以外は初版の忠実な復刻版である

際には、そうはなっていない。というのも、インターネット上に見られる英語の記述でさえ、依然として *Mrs. Beeton's Book of Household Management* と表記するものも少なくない。また、インターネット上の通販サイトなどを通じて、古書や復刻された本が入手しやすくなったとはいえ、初版本を古書で入手することが困難であることに変わりはなく、仮に初版の復刻版を入手したとしても、それが、必ずしも表紙や書名に至るまで初版の完全な復刻版であるというわけではない。本の内容は復刻版であっても、表紙は独自のものがつけられていることが多く、そこには *Mrs. Beeton's Book of Household Management* という書名が必ずといっていいほど印刷されている（図7、8）。また前述の"Edited by Mrs. Isabella Beeton"と明記された口絵が復刻版につけられることも稀である。なかでも影響力が大きいのは、オックスフォード大学出版局からワールド・コレクションの1冊として出版された復刻版ではないだろうか。この書は、完全な復刻版ではなく、初版の簡略版である。ニコ

8

第 1 章 『ビートン社の家政書』

ラ・ハンブルによる簡単な解説も付いており、しばしば参考文献としてあげられることもあるのだが[3]、その書名はMrs. Beeton's Book of Household Managementとなっている（図9）。さらに図10の本を見ていただきたい。これは、先述の『ビートン社の家政書』から派生した料理書のひとつであるが、やはりMrs Beeton's が冠されている。インプリント（和書でいう奥付）（図11）には、この本の初版が1861年に、S. O. ビートン社から出版されたものであること、その改訂版として1996年に出版され、さらにペーパーバック版として1998年に出版され、2002年に再版されたものであるこ

図9　書名にMRS BEETON'S が冠されたオクスフォード大学出版局版表紙

とが示されている。また、"Mrs Beeton's" がワード・ロック社（Ward Lock Ltd）によって商標登録されていることも明示されている。つまり "Mrs Beeton's" は商業的な価値をもつ「商標」として積極的に使用されていることがわかる。こうした状況のなかで、本書のようにビートン夫妻や『ビートン社の家政書』そのものを議論の中心にすえるような研究でもなければ、このような瑣末な違いを見過ごしてしまうことも無理からぬことである。たとえば、東四柳祥子は自身の所有する版を、その論考のなかで画像を用いて紹介している。そこで紹介されている本は明らかに初版ではなく、書名もMrs. Beeton's Book of Household Managementとなっている[4]。論じられている内容が、

---

3) たとえば、『ディケンズ日本支部年報』第30号 p.189 および p.200 を参照。本文中では1861年の版を参照したと解される記述があるが、注をみると実際に参照したのはオックスフォード大学出版局から出版された簡略版であることがわかる。

4) 東四柳祥子「Samuel and Isabella's Editing Abilities: The Skills behind the Success of Mrs. Beeton's Book of Household Management」『梅花女子大学食文化学部紀要』第2号、2014年、25頁。

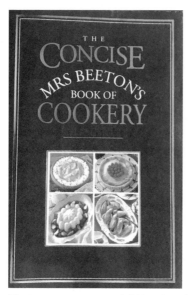

図 10　MRS BEETON'S が冠された現在の料理書の表紙

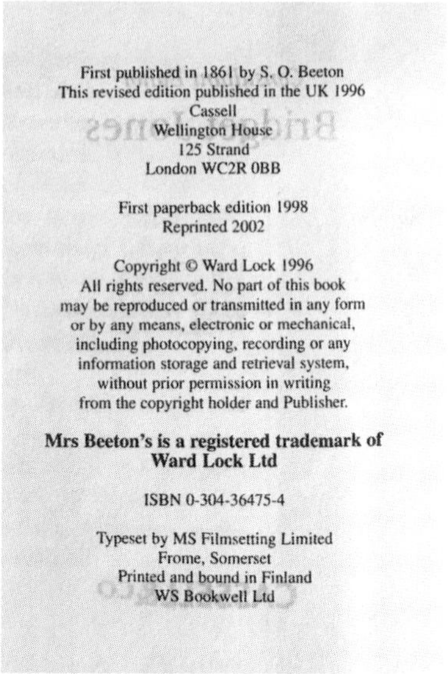
First published in 1861 by S. O. Beeton
This revised edition published in the UK 1996
Cassell
Wellington House
125 Strand
London WC2R 0BB

First paperback edition 1998
Reprinted 2002

Copyright © Ward Lock 1996
All rights reserved. No part of this book
may be reproduced or transmitted in any form
or by any means, electronic or mechanical,
including photocopying, recording or any
information storage and retrieval system,
without prior permission in writing
from the copyright holder and Publisher.

Mrs Beeton's is a registered trademark of
Ward Lock Ltd

ISBN 0-304-36475-4

Typeset by MS Filmsetting Limited
Frome, Somerset
Printed and bound in Finland
WS Bookwell Ltd

図 11　*The Concise Mrs Beeton's Book of Cookery* のインプリント

サミュエルとイザベラの編集手腕ということであれば、彼らの亡きあと別人によって編集された版ではなく、彼ら自身の手で、実際に編集された初版本を示すべきであったのではないだろうか。そうでなければ、読者は初版の書名を *Mrs. Beeton's Book of Household Management* と誤解してしまうだろう。このように、特にイギリスの歴史、文化、文学等に関心のある研究者はもとより、歴史に興味のある家政学の研究者のなかには、この種の版、つまり初版以外のいわゆる『ミセス・ビートンの家政書』を実際に所有していることが多く、いきおい、その書名を出版当初からのものと思い込み、議論の俎上にあげてしまうことが多かったのであろう。それを読んだ読者も、何ら疑うことなく、初版から『ミセス・ビートンの家政書』という書名であったと理解し、それがいつしか定着し、一般化してしまったのだろうと思われる。初版と以後の版を何ら区別せず『ミセス・ビートンの家政書』として論じるのは、日本人研究者に限ったことではない。外国人研究者や一般書、インターネット上での記述など現在でも広く見られることである。

第 1 章　『ビートン社の家政書』

　以上みてきたように、1861 年の初版出版の時点で、イザベラは編集者と明記されており、著者と解釈しうる記述はない。初版出版の時点において *Beeton's Book of Household Management* であったものが、いつ、いかにして *Mrs. Beeton's Book of Household Management* になったのか、あるいは編集者として明記されていたイザベラがいつ、いかにして著者とみなされるようになったのかについては追って検討していくことにするが、本書においては、サミュエルとイザベラがふたりして成し遂げた仕事として、1861 年の初版に立ち返り、議論を進めていく立場をとりたい。したがって、イザベラ・メアリー・ビートンを著者ではなく、あくまでも編集者と理解して議論の俎上にあげるとともに、彼らが編集し世に送り出した本の書名は、*Beeton's Book of Household Management* あるいは *The Book of Household Management* であって、*Mrs. Beeton's Book of Household Management* ではないことを確認し、議論を進めていくことにする。

　また同書の書名の日本語訳としては、長らく『ビートン夫人の家政読本』[5] という表現が一般的に使用されてきた。そのほか『家政全書』、『ビートン夫人の家政書』、『ビートン夫人の料理術』、『ビートンの家政書』の記述もみられる。そこで本書では、同書の日本語訳をどのようなものにするのが最も実態を表すのに適切であるかを、以下に検討してみる。先に述べたようにイザベラを、著者ではなく、編集者であるとする立場に立つと、初版に記された *Beeton's Book of Household Management* という原題中の "Beeton's" が、イザベラ個人を指すものではないことは明らかである。まして同書のどこにもその名が明記されていない[6] ことから考えて、サミュエル・オーチャート・ビートンを指すものでもありえない。また、初版出版当時まだ新婚家庭であったことから、ビートン家を意味するとも考えにくい。第 6 章でも改めて考察するが、S. O. ビートン社は同書出版と同時期に『ビートン社のペット飼育書』（*Beeton's Book of Home Pets*, 1862）と『ビートン社の園芸書』（*Beeton's Book of Garden Management*, 1862）という二種の本を出版している。さらに、同社は

---

5)　なお、「家政読本」という日本語訳がいつ誰によってつけられたのかは未確認である。

6)　同書中に見られる S. O. Beeton の表記は、社名としてのものであって、サミュエル個人を指すものでないことは明らかである。

11

"Beeton's"の冠された出版物を多数出版していた。また、図12に示すようにストランド街（Strand）にあった同社社屋の壁面最上部には大きく"BEETON'S BOOKS"と書かれてあった。こうした事実から勘案すれば、同書における"Beeton's"は「ミセス・ビートンの」と解釈するのではなく「ビートン社の」と解釈することが最も適切である。また従来「家政読本」という名称が使われてきたが「読本」ということばには教科書、入門書という意味以外に「読み物」という意味もあり、この点から、誤解を生じさせる余地を排除するためにも、またあとの章でヨーロッパの伝統的家政書との関連性を検討するためにも「家政読本」ではなく「家政書」という名称を使いたい。したがって、本書では"Beeton's"が「ビートン社の」という意味であることをはっきりと示し、いらぬ誤解を生じる余地を極力排除するため、特に同書初版本に関しては『ビートン社の家政書』という日本語をあてることにする。

　ここまで、イザベラの立場と書名について詳細に検討し、明らかにしてきた。瑣末なことにこだわるようだが、これまでの研究ではふれられてこなかった、イザベラ・メアリー・ビートンが著者なのか編集者なのかを明確に定義

図12　ストランドにあったS. O. ビートン社（左端）。右端の建物はテンプル・バー

第 1 章 『ビートン社の家政書』

づけること、あるいはこの書名をどう解釈すべきかを明確にすることは、この一冊の家政書をいかに理解すべきかという課題と密接にかかわってくる重要な問題であるという認識に立っているからである。それゆえ、本書においては今後の議論を展開するうえで重要な問題と位置づけ、紙幅を割いた。ただし、出版者としてのサミュエル・オーチャート・ビートンが、1861 年の初版出版時点で、将来的に書名に "Mrs." をつける考えがあったかどうかについては、必ずしもその可能性を否定するものではない。とはいえ、1861 年に出版された初版は、あくまでもイザベラ・メアリー・ビートンによって編集された『ビートン社の家政書』であり、S. O. ビートン社は、何らかの意図をもってそのように出版することを選んだわけであるのだから、サミュエルが将来的にどうするつもりであったのかについては、ここでは立ち入らないこととする。また以後の議論のなかでは、イザベラ・メアリー・ビートンをイザベラと、またサミュエル・オーチャート・ビートンをサミュエルと略記することとする。

問題意識と課題

　今から 15 年ほど前のこと、筆者はヴィクトリア時代の家族のありかたに関心をもち、ヴィクトリア時代の社会、文化に関する文献を調べていた。そのとき、よく目にしたのが「ビートン夫人」[7]という名前であった。またそれ以上に『ビートン夫人の家政読本』という書名をよく目にした。そうした記述はたいてい「ビートン夫人は・・・について・・・と述べている」とか、「『ビートン夫人の家政読本』によると、当時は・・・であった」というような記述であった。このような状況は英語論文についても同様であった。多くの研究者によって、頻繁に言及されるのだから、ビートン夫人なる人物は、

---

7)　イザベラに対する言及においては、そのほとんどが、彼女を「ビートン夫人」という呼称で取り扱っている。「ビートン夫人」という場合、その実像から離れて、のちに形成されたイメージを多分に反映していることが多く、イザベラ個人としての評価が正当になされているとはいい難い。そこで、本書では「ビートン夫人」と「イザベラ・メアリー・ビートン」とを区別して考えていく立場をとることとする。よって、ここでいう「ビートン夫人」とは、多少なりとも先入観を含んだ意味での呼称である。

ヴィクトリア時代のイギリスに関心をもつ研究者なら当然知っておくべき人物であり、よほど有名な女性に違いないとの印象を受けた。またその著書『ビートン夫人の家政読本』に記述されている内容は、ヴィクトリア時代の生活を知る資料として、十分信頼のおけるものなのだろうと考えた。ということは、同時代のイギリスの人びとにとっても、ビートン夫人という人物は、よく名の知れた人物であったのだろうし、家政書を執筆するくらいだから、貴族とはいわないまでも、きっと裕福な上流家庭の年配の夫人で、家政の大家に違いないなどと想像したりした。当時身近にいた大学教員に質問してみたところ、ビートン夫人の名前を知っている教員だけでなく、実際に *Mrs. Beeton's Book of Household Management* と記された本を所有し、見せてくださった教員もいた。しかし、ビートン夫人に関する情報はいっこうに得られなかった。どのような人物か知らぬまま、あるいはどのような本かもわからぬまま、そこに書かれていることを漫然と受け入れることに抵抗を感じていた筆者は、ビートン夫人、あるいは『ビートン夫人の家政読本』に言及しているさまざまな文献を、何度も読み返してみたが、やはりどこにもビートン夫人個人に関する情報も、『ビートン夫人の家政読本』がどのような本なのかという情報も、ほとんど見いだすことはできなかった。

　「ビートン夫人」とはどのような人物なのか、また19世紀のイギリスの生活を知るための歴史資料として活用されている『ビートン夫人の家政読本』とはどのような本なのか、なかなかその情報にたどり着けずにいた。多くの研究者は、イザベラがどのような出自で、どのような教育を受け、どのような経験をしてきた人物なのかといった、彼女のバックグランドにはほとんど目を向けることなく、まるで『ビートン夫人の家政読本』の記述が無条件に信頼できるものとして同書を参照しているかのように思えてきた。しかし、一方で、多くの研究者にとって、すでにその信頼性は担保されていて、あらためて言及するまでもないのかもしれない、などとも考えた。どちらにしても、「ビートン夫人」が当時のイギリス社会にそれほどまでに影響を及ぼしうる人物であったのか、あるいはこの家政書に書かれている内容が当時のイギリス人の生活を知る指標として、本当に有効なのであろうか、もし有効なものであるとすれば、その根拠はどのようなもので、それはどういった

階級の人びとの生活に適用されるべきなのだろうかという疑問が解決せぬうちは、うかうか引用する気にはなれなかった。次第に分かってきたことは、研究書であれ、一般書であれ、もしくはインターネット上の記述であれ、非常によく言及され、歴史、文学、文化など、さまざまな分野の、イギリスに関する研究者にとって知名度が高い人物、あるいは書物であるにもかかわらず、ほとんど研究の対象にされてこなかったこと、またビートン夫妻の人物像を描く伝記が数種類あることが確認できたが、当時オンライン検索をしても、日本国内の図書館には、わずか1冊か2冊ずつしか収蔵されていないということであった。不思議なことに思えたのだが、知名度が高い割りには資料が少ないという状況が存在していたのだ。このように、情報や研究が少ない状況は、むしろ筆者がイザベラや『ビートン社の家政書』に対して、より関心を持つ一因となった。そこで、伝記を取り寄せたり、文献を探したりしているなかで、歴史学ではなく家政学で、サミュエルやイザベラに言及した文献があることに気づいた。かつて日本語化された西洋の家政書に関する研究であった。それは博士論文を出版したものであったが、歴史学の研究者には、ほとんどその存在も知られていなかったと思われる。一方で、現時点から振り返ると、2001年にBBC放送で"Isabella, the Real Mrs. Beeton"と題されたラジオドラマが放送されるなどして[8]、イギリスでは、少しずつ、イザベラや『ビートン社の家政書』に関心が持たれはじめてきた時期であったと考えられる。

　日本でも、かつては『ビートン社の家政書』における記述内容を参照して、女性史や文化史などの文脈で語られることの多いイザベラではあったが、次第にその実像に関心が向けられるようになり、彼女がどのような人物であったのかが、少しずつではあるが知られるようになってきた。それにともなって、かつてよく目にした「ビートン夫人」に対する「ベテラン主婦」とか「上流階級のおばさん」などというインターネット上を中心とした「ビートン夫人」に関する記述も影をひそめ、「ビートン夫人」は現実にヴィクトリ

---

8)　https://archive.org/details/IsabellaTheRealMrs.Beeton（2018年1月27日確認）
　　表題のRealがrealと小文字で表記されている場合もあるが、同一のものであろう。
　　（http://www.suttonelms.org.uk/tcoult.html　参照、2018年1月27日確認）

ア時代のイギリスを生きたひとりの女性イザベラ・メアリー・ビートンとして、人びとに知られるようになってきた。言い換えれば、本来の姿を取り戻しつつあるかのようにも思われる。しかし、だからといって、イザベラや『ビートン社の家政書』が正当に評価されているとはいい難い。たとえば、インターネット上などでは、依然としてイザベラを「料理研究家」とする記述が多くみられ。さらにサミュエルに至っては、イザベラに比べて、言及されることは非常に少ないままである。2015年5月、『ヴィクトリア朝の暮らし　ビートン夫人に学ぶ英国流ライフスタイル』[9]という本が出版されたが、研究書ではないものの、これは、拙稿「イザベラ・メアリー・ビートン」（『歴史文化社会論紀要』第10号、2013年）、あるいは林望のインターネット上の解説を除けば、公刊された日本の書籍で初めてイザベラや『ビートン社の家政書』について、ある程度くわしく解説した出版物であるといえよう。そのなかでは、本書と同様、イザベラの生まれた家庭を下層中産階級のリネン商としていることや、イザベラを著者ではなく編集者と認定していること、あるいは "Beeton's Book" というのが「ビートン社の本」という意味であることなど[10]、これまでに研究者が見逃しがちだった事実にも光を当てているという点において、拙論と意見の一致を見ることができる。ただ、一方で、イザベラの亡くなった日付、版権を譲渡したときの金額などは、これまでの資料とは異なったものが使われているにもかかわらず、何ら注釈もつけられず、根拠も示されていない。そのほか『ビートン社の家政書』の魅力として、ヴィクトリア時代の料理書には、食材の分量が示されていないことが普通であったとし、それを示した『ビートン社の家政書』は新米主婦に大歓迎された[11]と述べている。これらのことは、以後、本書のなかで検証されていくことになるが、ビートン夫妻に関しても、『ビートン社の家政書』に関しても、いまだに誤解や思い込みによる言説が多く存在していることを示している。そして、それらの間違った言説は、たいてい、誰かがどこかで述べたことを、

---

9)　Cha Tea 紅茶教室　『ヴィクトリア朝の暮らし　ビートン夫人に学ぶライフスタイル』　河出書房新社、2015年。

10)　同書、6、9-10頁。

11)　同書、12頁。

そのまま踏襲したことによるものが多いように思われる。もちろんすべての事柄に関して検証することが可能なわけではないが、たとえば本当に『ビートン社の家政書』以前の料理書には食材の分量が示されることはなかったのか、というようなことに関しては、入手可能な料理書の記述を検証することで、その真偽を明らかにすることができるだろう。本書では可能な限り、そのような検証をおこなっていきたい。このような検証や議論の末に、本書ではビートン夫妻の実像を明らかにし、さらに、これまでビートン夫妻が編集・出版したものと、イザベラやサミュエル亡きあとの出版物が必ずしも厳密に区別されず、すべての版が『ビートン夫人の家政読本』と呼称され、論じられてきたように思われるが、本書ではそれらを明確に区別し、とりわけ初版に関しては『ビートン社の家政書』として論じる。そうした検証を経て、S. O. ビートン社がこの時代に『ビートン社の家政書』を出版した真の意味を明らかにしたい。つまり、本書が目的とするのは、第一に、誤解、思い込み、先入観、あるいは勝手なイメージによって語られてきた「ビートン神話」を解体することにある。そしてその先に、サミュエルやイザベラが『ビートン社の家政書』を出版した真の目的を可能な限り追求して提示することができるだろう。この一冊の家政書が広く受容されたことが、当時の人びとが求めたものと、S. O. ビートン社が提供したものが合致したからであると考えるならば、そこにはおのずと、当時の人びとが求めていたものをみてとることができるであろうし、したがって、当時のイギリス社会のありようを垣間見ることも可能になってくるだろう。

伝記および先行研究

　ここで、伝記および先行研究を概観しておきたい。ビートン夫妻に関しては5人の著者により、6種類の伝記が出版されている。1948年にナンシー・スペイン (Nancy Spain, 1917-64)[12] によって書かれたものが最初である。スペインは1956年にも異なった出版社からタイトルを変更し、ほぼ同じ内容の

---

12) Spain, Nancy, *Mrs. Beeton and Her Husband,* Collins, 1948.
　　Spain, Nancy, *The Beeton Story,* Ward, Lock, 1956.

図13　ナンシー・スペイン

伝記を再版している。次に、3年後の1951年にモンゴメリー・ハイド（Montgomery Hyde, 1907-89）[13]、1977年にサラ・フリーマン（Sarah Freeman）[14]、1986年にはグレアム・ナウン（Graham Nown）[15]、2005年にキャサリン・ヒューズ（Kathryn Hughes）[16] などが伝記を書いている。どの伝記も、先行する伝記の内容をほぼ踏襲しつつ、新たな情報を付け加えている。これらの伝記著者のなかで、最初の伝記を著したスペイン（図13）は、ビートン夫妻の家系に属する人物であるが、サミュエル側の家系にではなくイザベラ側の家系に属している。イザベラの兄弟姉妹関係は、その両親の組み合わせから3つに分類できる。つまりイザベラの実父母の間に生まれた子ども、イザベラの実母とその再婚相手の間に生まれた子ども、さらにその再婚相手とその元の妻の間に生まれた子どもである。そのうち、スペインはイザベラの実母エリザベス（Elizabeth, 1815-71）とその再婚相手ヘンリー・ドーリング（Henry Dorling, 1806-73）の間に生まれた子どもであるルーシー・ドーリング（Lucy Dorling, 1848-1939）[17] の孫にあたる。つまりスペインからみれば、祖母の異父姉がイザベラということになる。あとで述べるように、ルーシーの実父であり、イザベラの継父でもあるヘンリー・ドーリングはそもそも結婚前からサミュエルを嫌っていたようである。また、ビートン夫妻が結婚した当時8歳であったルーシーも、イザベラが結婚したあと、よくビートン夫妻の家を訪れたようだが、サミュエルに対しては決して良い印象を持たなかったようである。ということは、スペインが伝記を書く際、祖母から聞いた話や記録がビートン夫妻に関する有力な情報源であった可能性は高いが、そのなかには、サミュエルに対して、偏った見方によって語られたものがあったと

---

13) Hyde, Montgomery, *Mr. and Mrs. Beeton,* George G. Harrap & Co, 1951.
14) Freeman, Sarah, *Isabella and Sam: The Story of Mrs. Beeton,* Coward, McCann & Geoghegan, 1977.
15) Nown, Graham, *Mrs. Beeton: 150 Years of Cookery & Household Management,* Ward Lock, 1986.
16) Hughes, Kathryn, *The Short Life & Long Time of Mrs. Beeton,* Fourth Estate, 2005.
17) 　イザベラの異父妹で、のちに『自助論』（*Self-Help,* 1859）で有名なサミュエル・スマイルズ（Samuel Smiles, 1812-1904）の息子と結婚。

18

しても、何ら不思議ではないし、スペイン自身もサミュエルに対して同様の偏見を持っていた可能性は否定できず、完全に中立的な立場を貫いて伝記を書きえたということが担保されているわけではない。したがって、スペインの記述を参照する場合、とりわけサミュエルに対する批判的な記述については、その点を特に勘案しておく必要があろう。また、以後の伝記についても、スペインの記述を踏襲した箇所については、同様に注意を払う必要がある。

　現在のところ、これらの伝記のなかでは、2005 年に出版されたキャサリン・ヒューズのものが、最新にして、最良のものであるといえよう。ヒューズは、ビートン夫妻の子孫が公開しようとしなかった資料がオークションにかけられていることに気づき、散逸しかけた資料を集め、それまでの伝記を参照しつつ、手紙や S. O. ビートン社などからの出版物等を丹念に検討するなどして、最新の情報を提供してくれている。

　そのほか伝記ではないが、英語で書かれた文献には、オックスフォード大学出版局から出版された『ミセス・ビートンの家政書』にニコラ・ハンブル（Nichola Humble）による伝記と解説がある [18]。また、ウタ・シューマッハ・ヴェルカー（Uta Schumacher Voelker）[19] の論考は雑誌に所収された小編の論文ということもあって、林望によって引用されている以外は、ほとんど参照されていない [20]。しかし、ヴェルカーは『ビートン社の家政書』がどのように発行部数を伸ばしていったのかを、1888 年まで細かく追跡しており、ここで示された発行部数は、ニコラ・ハンブルをはじめ多くの研究者などにより、現在『ビートン社の家政書』が語られる際に示される発行部数とは異なっており、非常に興味深い。発行部数に関しては、本章で詳細に検討し明らかにしたい。日本においては、林望が「ビートン夫人の教え」と題してインターネット上でビートン夫妻や、その出版物を紹介している [21]。また、中島俊郎

18）　Humble, Nicola, Introduction, Beeton, Isabella, *Mrs. Beeton's Book of Household Management*: Abridged Edition, Oxford University Press, 2000.

19）　Voelker, Uta Schumacher, The Success of Mrs. Beeton, *ABMR,* Vol.11. No.12., 1984.

20）　ヴェルカーについては、日本家政学会食文化研究部会会員の茂木美智子氏より情報を得ることができた。氏によるとヴェルカーがビートン研究のためリーズ大学を訪れていた際、貴重書庫で友人となったそうで、帰国後ヴェルカーから送られた論文を林望氏に差し上げたと記憶しておられた。

21）　http://www.nttpub.co.jp/webnttpub/contents/beeton/index.html（2015 年 11 月 7 日確認）

が『オックスフォード古書修行』のなかでビートン夫妻と『イングリシュ・ウーマンズ・ドメスティック・マガジン』[22]（*Englishwoman's Domestic Magazine,* 1852-79、以降 *EDM* という）および『ビートン社の家政書』に関して比較的くわしく解説している[23]。

　『ビートン社の家政書』の研究論文としては、ヘレン・フィオナ・デイ（Helen Fiona Day）[24]、マーガレット・ビーサム（Margaret Beetham）[25]、ヘレナ・ブリッグマン（Helana Brigman）[26] がある。デイとブリッグマンは博士論文である。デイの論文は、「ミセス・ビートン」がいかに表象され、いかに消費されたかということが議論の中心である。ここでは「ミセス・ビートン」と「イザベラ」は識別され、表象の対象としては「ミセス・ビートン」であり現実に生きた人物としては「イザベラ」というように、区別されて表記されている。また対象となるのは初版であり、書名も *The Book of Household Management* であるとし、*Mrs. Beeton's Book of Household Management* とは区別されている。さらに同じ *The Book of Household Management* でも研究の対象とするのは分冊出版ではなく、単行本で出版されたものであると述べられている。どのように表象されていたかといった検証は、6 人の伝記作家のうちスペイン、ハイド、フリーマンら、3 人の伝記が俎上にのせられる。

　『ビートン社の家政書』を料理書として分析しているのがブリッグマンの論文である。この論文のなかで分析されている 3 人の料理書著者のうちのひとりがイザベラである。主にイライザ・アクトン（Eliza Acton, 1799-1859）との比較によって論じられる。ブリッグマンはイザベラを編集者と認識しながらも、書名に関しては『ミセス・ビートンの家政書』という表現を使ってい

---

22)　この雑誌の書名に関しては、すでにいくつかの日本語訳がつけられているが、使用される日本語の語感によっては、間違った印象を与え、先入観や誤解を生む可能性があり、そのような余地を排除するため、本書においては、片仮名で表記することとする。

23)　中島俊郎　『オックスフォード古書修行』　NTT 出版、2011 年、30-46 頁。

24)　Day, Helen Fiona, Mrs Beeton and the Indigestible Economies of the Victorian Bourgeoisie, Lancaster University, 2002, Ph.D. thesis.

25)　Beetham, Margaret, Good Taste and Sweet Ordering: Dining With Mrs Beeton, *Victorian Literature and Culture,* Cambridge University Press, 2008.

26)　Brigman, Helena, A Domesticated Idea: British Women writers And The Victorian Recipe, 1845-1910, Louisiana State University, 2015, Ph.D. thesis.

るほか、イザベラが編集したのはイライザ・アクトンのレシピであったと述べている。ただし、論文中でイライザ・アクトンの『最新料理法』(*Modern Cookery*, 1845) のタイトル・ページとして示された図版が、イギリス国内で出版されたものではなく、アメリカ版のものであったり、『ビートン社の家政書』に掲載されたレシピ数に関しても実際には全項目 2700 のうち、食以外の項目や調理器具などの説明は除いたうえで、肉の切り方等を含めたとしても、1800 程度であるにもかかわらず、レシピ数を 2700 としている点など正確さを欠く記述が散見される。

ビーサム論文は、食の観点から分析している。たとえば、ビーサムは『ビートン社の家政書』のなかに、レヴィ＝ストロース (Lévi-Strauss, 1908-2009) が食に関して論じたように、『ビートン社の家政書』が食を通して、例えば、文化的な、あるいは階級的な、またはジェンダーという意味で、差異あるいは境界を示す指標として機能しているとし、イザベラが編集者として世に出した『ビートン社の家政書』は、さまざまな情報源から収集した「ハイブリッド」であると表現している。

日本では、歴史学の分野で、川本静子などが女性史の視点から、川北稔などがイギリスの食文化史の視点から言及している。そのほか、出版史、生活史の視点から『ビートン社の家政書』に関して言及した論考は枚挙に暇がないが、いずれもビートン夫妻、あるいは S. O. ビートン社の出版物そのものの本質を主題として問うたものではない。

家政学の分野においては、明治期に日本語に翻訳された家政書からのアプローチとして、ビートン夫妻や、彼らの出版物に関する研究がなされている。亀高京子、犬尾千穂子は、明治期に穂積清軒によって日本語に翻訳された『家内心得草』の原本が、『ビートン社の家政書』であることを指摘している[27]。さらに、小笠原規子は、『Mrs. Beeton の Book of Household Management ―イギリスにおける古典的調理書―』のなかで、イザベラと『ビートン社の家政書』について簡潔にまとめている[28]。こうした先行研究を受けて、八幡（谷口）

---

[27]　亀高京子、犬尾千穂子「『家内心得草』と『MRS. BEETON'S BOOK OF HOUSEHOLD MANAGEMENT』」『家政学原論部会　会報』No. 20、1986 年。

[28]　小笠原規子「Mrs. Beeton's の Book of Household Management ―イギリスにおける古典調理

彩子は、『明治初期における翻訳家政書の研究』のなかで、ビートン夫妻と S. O. ビートン社の出版物について取り上げている[29]。最近のものでは 2017 年に山田千聡が『女性史学』に「翻訳家政書『家内心得草』にみる家政理念—ビートン夫人から穂積清軒へ—」という研究ノートを発表している。この研究ノートは筆者の知る限り、日本において、イザベラに言及した最も新しいものであるが、やはりイザベラは著者として言及されている。また『ビートン社の家政書』が *The Englishwoman's Domestic Magazine* の 24 分冊をまとめたものとされている。もしそういう版が存在したとすれば新たな発見であるが、分冊の時点での書名としては *Beeton's Book of Household Management* あるいは *The Book of Household Management* 以外のものは確認できていないので、誤解か、思い違いによるものではないだろうか。

　本書の問題意識と比較的関係性が高いと考えられるのは、東四柳による英語で書かれた論考であろう[30]。東四柳は、カリスマ性を持った女性としてのイザベラの陰にサミュエルの出版者としての手腕があるものと考え、夫サミュエルがどのような役割を果たしたのかを検証していくとしている。主にフリーマンの伝記に依拠しつつ議論を進めていき、中産階級への理解、とりわけ中産階級の上昇志向を理解していたことがこの書の成功の要素であったとする。ただし、イザベラとサミュエルがどのような人生を歩んだのかを知る手がかりとして、スペイン、ハイド、フリーマン、ヒューズの伝記をあげているにもかかわらず、主としてフリーマンの伝記によってのみ議論が進められている。したがって、ヒューズが指摘した、サミュエルやイザベラの出生地がミルク・ストリートではないという事実も見逃されてしまっている。また、東四柳はその書名を『ビートン夫人の家政読本』であるという立場で論じているので、本書とは議論の前提が異なっている。そのほか、新たな資料が使われてはおらず、伝記のみに依拠して分析をすすめていく手法には限界があるように思える。たとえば東四柳は、イザベラが、食材の分量を正確に示した初めての料理書としてドクター・ウィリアム・キッチナー（Dr.

書—」『聖徳大学研究紀要　短期大学部（Ⅱ）』第 23 号、1990 年。

29)　八幡彩子　『明治期における翻訳家政書の研究』　同文書院、2001 年。

30)　東四柳、前掲書。

William Kitchiner, 1778-1827)の『クックス・オラクル』(*The Cook's Oracle,* 1817)をあげ、イザベラがそれにヒントを得たと述べるが[31]、それもフリーマンの伝記からの引用であり、レシピを確認する等の手続きはとられていない。イギリス社会および社会の要求に対する正確な理解と、先行する料理書からの知の蓄積による細心の戦略とによって『ビートン夫人の家政読本』を成功に導いたとするが[32]、それがどのように『ビートン夫人の家政読本』に反映されているかの具体的な指摘がなされているとは言いがたい。

これまでのサミュエル、イザベラ、あるいは S. O. ビートン社の出版物に関する研究あるいは言及は、まずビートン夫妻の人物像を明らかにしようとする伝記的なものにはじまり、サミュエルあるいはイザベラが編集や出版にかかわった『アンクル・トムの小屋』、*EDM*、『ビートン社の家政書』、『クイーン』(The Queen, 1861-?)などの出版物や、それらの出版物に、彼らがどのようにかかわったのかといったもの、あるいは、それらの出版物のなかからジェンダー論に結びつくような言説の掘り起こしや、ビートン夫妻、あるいはその出版物がどのように表象されてきたのかということに関する検証であった。こうした検証によって得られた人物や出版物に対する評価は、その時々の研究動向に左右される可能性をはらんでいるものもある。それはそれで意義のあることではあるが、本書の目的は、「ビートン神話」の解体と、その先に『ビートン社の家政書』の本質を見極めようとするものであるから、従来の言説にとらわれることなく、予断を排してビートン夫妻の実像を描き出し『ビートン社の家政書』の本質を追及していきたい。

『ビートン社の家政書』について

『ビートン社の家政書』は、ロンドンにあった S. O. ビートン社から1861年に単行本として出版された。同書は同出版会社が先に出版していた月刊の女性向け雑誌 *Englishwoman's Domestic Magazine* から派生した本であった。川島昭夫は、『ビートン社の家政書』に関して「「ビートン夫人」の名で、すべ

---

31)　同書、33頁。
32)　同書、31-3頁。

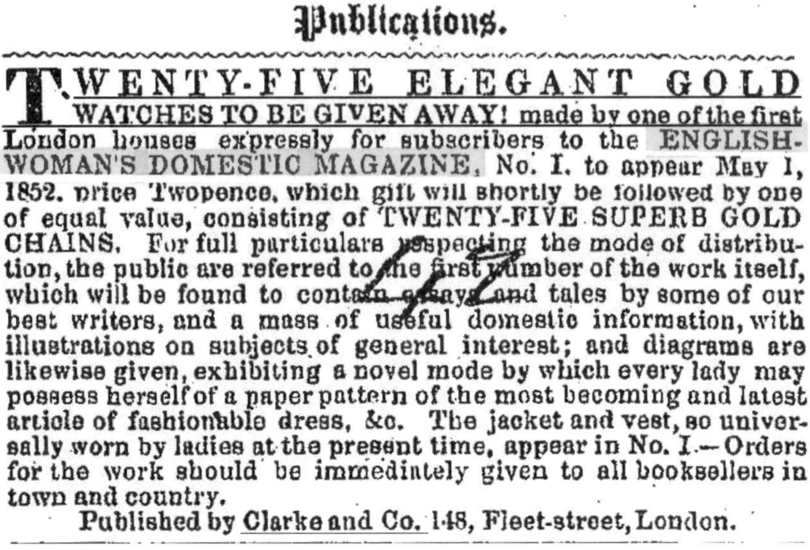

Publications.

TWENTY-FIVE ELEGANT GOLD WATCHES TO BE GIVEN AWAY! made by one of the first London houses expressly for subscribers to the ENGLISH-WOMAN'S DOMESTIC MAGAZINE, No. I. to appear May 1, 1852. price Twopence, which gift will shortly be followed by one of equal value, consisting of TWENTY-FIVE SUPERB GOLD CHAINS. For full particulars respecting the mode of distribution, the public are referred to the first number of the work itself, which will be found to contain essays and tales by some of our best writers, and a mass of useful domestic information, with illustrations on subjects of general interest; and diagrams are likewise given, exhibiting a novel mode by which every lady may possess herself of a paper pattern of the most becoming and latest article of fashionable dress, &c. The jacket and vest, so universally worn by ladies at the present time, appear in No. I.— Orders for the work should be immediately given to all booksellers in town and country.
Published by Clarke and Co. 148, Fleet-street, London.

図14 *EDM* の創刊を予告する 1852 年 4 月 21 日付新聞広告（下線は引用者）
販売促進のため金時計を賞品にすることが告知されている

ての中流家庭に備えられるべきものとされた」[33] と述べている。

　ここで『ビートン社の家政書』の母胎ともいえる *EDM* について簡単にまとめておきたい。当時の新聞広告（図14）によると、創刊は 1852 年 5 月 1 日で出版元はクラーク・アンド・カンパニー（Clarke and Co.）となっている。*EDM* は女性史や文化史などでもよく取り上げられる雑誌であるが、現在ほとんどの文献で S. O. ビートン社の出版物であると記述されている。しかし、当時の新聞広告からもわかるように、創刊時の出版元からはビートンの名前は見いだせない。のちにイザベラの夫となるサミュエルは、このときすでにこの出版会社の一員であったと考えられ、*EDM* の創刊にも深くかかわっていたものと思われるが、まだ共同経営者という立場ではなかった可能性も考えられる（図15）。その後、出版社名が変わりクラーク・ビートン・アンド・カンパニーとなり（図16）、サミュエルがチャールズ・ヘンリー・クラーク

---

33)　川島昭夫　『植物と市民の文化』山川出版、1999 年、56 頁。

第1章 『ビートン社の家政書』

図15　EDM 1852年10月号表紙（下線は引用者）

図16　「クラーク・ビートン・アンド・カンパニー」の社名が明記されたタイトルページ（下線は引用者）

(Charles Henry Clarke, 1821-1904) と袂を分かち S. O. ビートン社を設立して独立したあとは、S. O. ビートン社から出版されるようになった（図17）。その間クラーク・アンド・ビートンという出版社名で出版された *EDM*（図18）も確認できる。サミュエルとクラークがパートナーシップを解消するより先に、フレデリック・ネイラー・ソールズベリー (Frederic Naylor Salisbury, 1813-?, 以降ソールズベリーという) がパートナーシップを解消していたことから、この社名は、ソールズベリーがパートナーシップを解消して以降で、なおかつサミュエルがパートナーシップを解消する以前のものであろう。どちらにしても、最終的に S. O. ビートン社が *EDM* の出版を引き継いだことは、*EDM* の創刊、あるいは編集に関しては、クラークではなくサミュエルが主導的な立場ですすめてきたことを裏付けているといえよう。やがて、*EDM* の版権はワード・ロック・アンド・タイラー社 (Ward, Lock & Tyler) に移ることになる

図17 S. O. ビートン社から出版された *EDM* の口絵。所在地はブーペリー・ストリートになっている（囲みは引用者）

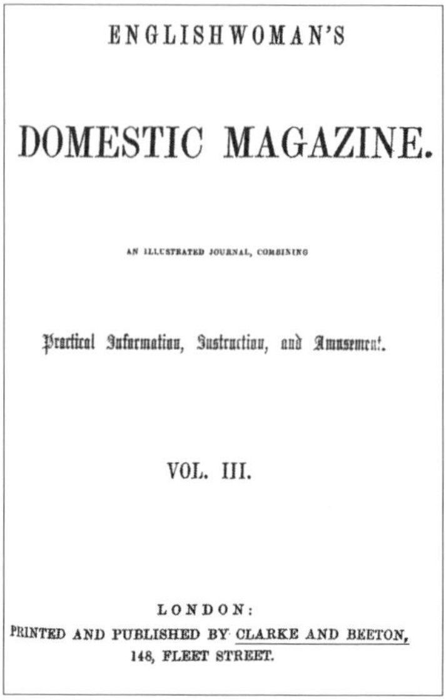

図18 「クラーク・アンド・ビートン」の社名が明記されたタイトル・ページ　ソールズベリーがパートナーシップを離れた後に出版された *EDM* と考えられる（下線は引用者）

が、その後も、1879年まで出版され続けた。創刊時、この雑誌の価格は1冊2ペンスであった。

　第1号の巻頭言に続く最初のエッセイが、「女性の教育」と題されたものであることは、この雑誌が女性の教養を高め、実用的な情報を提供することを目的として出版されていたことを示しているといえよう。*EDM* は、まず1860年までをひとくぎりとして出版された。毎月出版された冊子をまとめて製本するための表紙が出版社から用意された（図19）ほか、単行本としても出版された。出版社側からは、結婚祝いの贈り物としても薦められている。1860年5月からは、イザベラも本格的に編集にかかわるようになり、ニュー・シリーズとして再刊された（図20）。その際、新たに1冊6ペンスとなったが、ページ数が増やされ、誌面の大きさも拡大された。また、フランスで彩色させたファッション・プレートと呼ばれる美しいファッション画（図

第1章　『ビートン社の家政書』

NOTICE TO SUBSCRIBERS.

Cloth covers for binding Vols. I., II., and III. are now ready, price 1s. each, including the title-page, preface, index, and envelope for holding the Berlin patterns and pattern sheets, with directions for binding.

Covers for the present Volume (IV.) are also ready, price 1s. each.

Titles to Volumes I., II., and III., may be had separately, 1d. each.

Volumes I., II., III., and IV., handsomely bound in cloth, price 5s. each.

TERMS FOR BINDING.

		Town.		Country.	
Englishwoman's Domestic Magazine.　New Series.					
6d. Monthly. . . . . Cloth.		1	6	1	10*
"　　　　　"　　Half-calf.		2	0	2	4*

* For the above-mentioned prices, the books, when bound, are returned to country subscribers, carriage free.

Country Subscribers must forward their Numbers by book-post (paid), with the ends of the packet left open, at the following rates:—Not exceeding ¼ lb., 1d.; ½ lb., 2d.; 1 lb., 4d. There being no 3d. rate, when the packet just exceeds ½ lb., divide it into two—one under ½ lb., the other under ¼ lb. No letter or communication must be inclosed, otherwise the packet will be charged letter postage. All volumes ready for delivery within 12 days after receipt.

LONDON: S. O. BEETON, 248, STRAND, W.C.

図19　製本広告、2種類の装幀が用意されていた（S. O. ビートン社になってからのもの）

21）がつけられたことも、ニュー・シリーズをより魅力的なものにしていた。

　雑誌の発行部数を正確に知ることは難しいが、ヒューズによれば、サミュエル自身が雑誌の中で報告しており、2年目の終わりには2万5千部、イザベラが記事を執筆するようになって以降の時期に5万部、1860年には6万部に達していたということである[34]。

　その *EDM* にイザベラは結婚後まもなく記事を執筆するようになった。そうした記事のなかには料理に関するものもあり、それに端を発して出版されたのが『ビートン社の家政書』であったのだ。したがって、1861年に単行本として出版された『ビートン社の家政書』も、その1112ページの大半が

34）　Hughes, *op. cit.*, p.179.

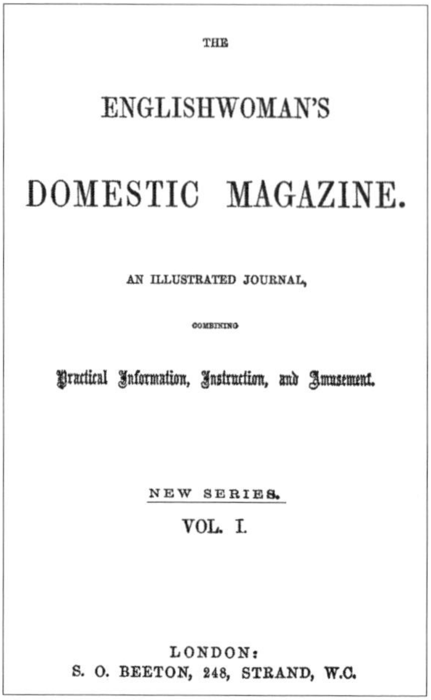
THE

ENGLISHWOMAN'S

DOMESTIC MAGAZINE.

AN ILLUSTRATED JOURNAL,

COMBINING

Practical Information, Instruction, and Amusement.

NEW SERIES.

VOL. I.

LONDON:
S. O. BEETON, 248, STRAND, W.C.

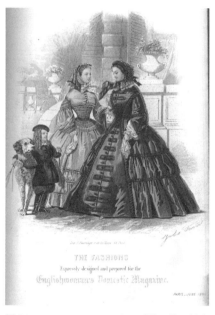

図 20 「ニュー・シリーズ」と表記されたEDMのタイトル・ページ（下線は引用者）

図 21 *EDM*ニュー・シリーズ第 1 巻に挿入されたファッション・プレート

レシピと料理に関する内容で占められることになる。製本されたものを見ると、口絵、タイトル・ページ、自序、目次、分類索引（Analytical Index）と続き、「女主人」という章題で第 1 章が始まる。以下、「ハウスキーパー」、「調理場に関して」、「調理に関して」と続き、第 5 章の「スープ」からレシピが始まる。そのほか、出産、子育て、医療知識、さらには法律に関する知識にいたるまで全 44 章あり、家政全般に関するあらゆる項目を網羅するべく編集されている。とはいえ、大半がレシピや料理に関することで占められているわけであるから、「家政書」とはいいつつも、全体としてみれば料理書という性格を強く持っているといえよう。むしろ、実態からいえば、料理書でありながらも、家政に関するあらゆることが盛り込まれている本というべきかもしれない。

さて、先に『ビートン社の家政書』は*EDM*から派生した本であるという

図 22　第 8 号出版時の表紙。余白で社屋の移転が告知されている

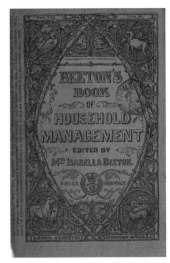

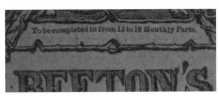

図 23　第 8 号出版時の表紙（拡大）。15–18 ヶ月で完結することが示されている

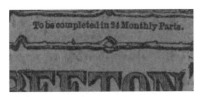

図 25　第 21 号では，24 ヶ月で完結することが示されている

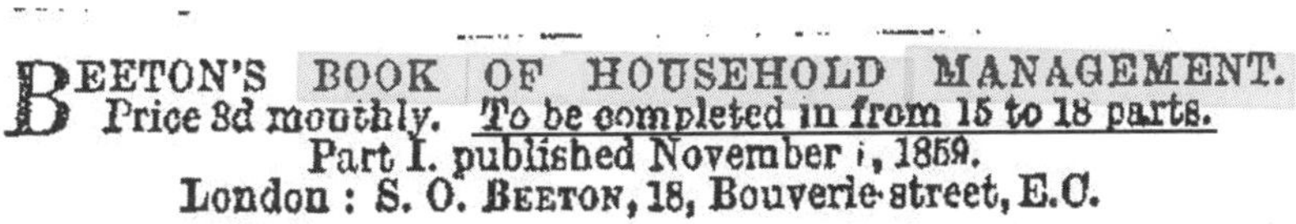
BEETON'S BOOK OF HOUSEHOLD MANAGEMENT.
Price 3d monthly. To be completed in from 15 to 18 parts.
Part I. published November 1, 1859.
London : S. O. BEETON, 18, Bouverie-street, E.C.

図 24　15–18 回で完結することが示された『ビートン社の家政書』分冊出版を予告する新聞広告（下線は引用者）

ことを述べたが、同書もやはり、*EDM* と同様に、当初は分冊出版の形式で、1859 年から 1861 年にかけて毎月 1 回の頻度で刊行された。1 冊あたりの価格は、3 ペンスであった。読者は予約購読で直接出版社から購入するか、書店から購入することができた。このようにして毎月読者の手に渡った分冊には表紙[35]（図 22）が付けられていて、その表には鳥や動物の絵、植物の蔓のようなものがあしらわれていた。その中央、上から順に、書名、編集者としてイザベラの名前、そして一冊あたりの価格が示されていた。そして表紙の

35)　ヴェルカーは "wrapper" と表現している。林は袋と表現しているが、参照した資料から袋ではなく、表紙と判断した。

裏面や余白部分には、出版社からのさまざまな広告や告知が印刷されていた。よく見ると書名の上には小さな文字で、この分冊が 15 回ないし 18 回の配本をもって完結することが示されている（図 23）。このことは創刊前の新聞広告（図 24）の内容とも一致する。当初の出版予定では最大でも 18 冊、少ない場合では 15 冊購入すれば料理書 1 冊分になるはずであった。もし分冊出版の段階で売れ行きが思わしくなければ、場合によっては 15 回で終わらせるつもりだったのかもしれない。しかし実際には、むしろ延長され 24 回まで刊行されたのである。このように予定を変更して分冊出版を延長し、大幅に内容を増やしたことから、販売部数も順調で、出版社にとっては利益になる出版物であったことは間違いないだろう。そうしたことから彼らの出版戦略を読み解けば、読者の反応をみながら出版し、成功を確信してから、単なる料理書にとどまらないものにするため内容を充実させていったということではなかっただろうか。分冊出版の過程で出版者サミュエルは、『ビートン社の家政書』が読者に受け入れられていることに確かな手ごたえを感じ、成功を確信したに違いない。もし、そうでなければ、わざわざ予定を変更してまで分冊出版を延長することはなかったであろう。

　では、分冊で出版された『ビートン社の家政書』は、どのようにして 1 冊の本になったのであろうか。分冊出版の定期購読者の視点に立って考えてみよう。まず、S. O. ビートン社から直接、あるいは書店を通して毎月分冊が手に入る。途中、S. O. ビートン社はブーヴェリー・ストリートからストランド街に所在地を変更するが、そのことは図 22 で示した第 8 号の表紙、左側余白で告知されている。先述したように、少なくとも第 8 回の配本時までは、15 回ないし 18 回の配本で完結する旨の告知が表紙に書かれていたことが確認できる。第 21 回の配本時には、表紙に「24 ヶ月で完結」と明記されている（図 25）。第 10 号の表紙には何回の配本で完結するか明示されていない（図 26）。第 10 号を除き、第 9 号から第 20 号までの表紙は未確認のため、正確に特定できなかったが、この間のどこかで、配本を延長することが決められたものと推測される。読者にすれば、当初最長でも 18 回購入すれば料理書 1 冊分になると思って購読を始めたものが 2 年がかりでやっとそろうことになるのである。そのことが読者に歓迎されたのか否かは確認のしよう

もないが、とにかく、このようにして買い集めた分冊は、製本用の表紙がS. O. ビートン社から用意されていることが、第24回の配本時の表紙で告知されている。また、最初から製本したものも7シリング6ペンスで販売されることもあわせて告知されている。分冊最終号の第24回の表紙裏面（図27）には、製本用の表紙が用意されていることとあわせて、単行本としての『ビートン社の家政書』が10月15日[36]に出版されることが告知されている。また、第24号には、本文のほか、タイトル・ページ、自序、目次、正誤表、分類索引、図表一覧、カラーの挿絵をどのページに挿入するかの指示書など、単行本では巻頭に配置されている部分などもあわせて付属していたので、

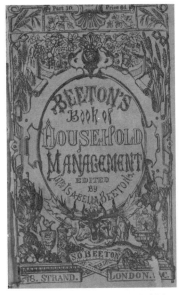

図26 一緒に製本されていた意匠の異なる第10号の表紙。価格も6ペンスになっている

製本さえすれば単行本と変わりないものができあがるという案配であった[37]。自分で製本したり、S. O. ビートン社以外で製本したりすると、自分だけのオリジナルな本に仕上げることもできたであろうし、自分にとって必要なところだけ製本する読者もあっただろう。もちろん、製本せずにそのまま利用する読者もあったと思われるが、その場合は、紛失や汚れ、破れというリスクを負うことになったはずである。参照した『ビートン社の家政書』は、分冊を集めて製本したものであると思われ、貴重な分冊時の表紙もいくつか一緒に綴じられている。しかし、その途中、第10号に限っては、なぜか意匠が変更され、価格も6ペンスになっている。なぜこのようなことになった

---

36) 現在ウィキペディアでは12月25日の日付が示されている。https://en.wikipedia.org/wiki/Mrs_Beeton%27s_Book_of_Household_Management （2015年11月13日確認）
　またヴェルカーは11月1日と記述している。

37) Voelker, *op. cit.*, p.469.

WASHING, WRINGING, and MANGLING MACHINES, £2 to £5 5s.; will Twelve Shirts in Twelve Minutes. No handling or boiling required. Manufactured by H. N. Nalton.—Wholesale and Retail London Agent, YARD WEIR, 142, High Holborn, W.C.

BABIES! BABIES!! BABIES!!! —Mothers nursing should send for particulars of —'s Clothes Protector and Royal Stella Rib, or the —; post-free on receipt of stamps for 2s. 3s., 4s.; Bibs 1s., 1s. 4d., 1s. 8d., from the Sole Agent, LUDDINGTON, 18, Southampton Row, Russell Square, London, W.C.—The Trade Supplied.

HOLLOWAY'S PILLS.—THE LIVER AND ITS AILMENTS.—Alterations of temperature, and muggy weather exert the most deleterious influence on the liver and its secretions. Against occasional bilious attacks, no precaution can always guard; but Holloway's Pills place their immediate cure within the reach of all. Fermented liquors should be refrained from, and all excess of diet scrupulously avoided, while these purifying pills are being taken, according to the printed directions which envelop them. They will soon dispel uneasiness, and discipline all disordered action, without interfering with business, pleasure, or study. Pains in the side, flatulency, constipation, and abdominal fulness, are likewise remediable by the same means, which, without irritating or annoying, regulate, restore, and strengthen every organ.

TO MOTHERS.—NEVER KNOWN TO FAIL.

OLDHAM'S HOOPING-COUGH MIXTURE

a perfectly safe and certain remedy for this distressing complaint amongst children. It never fails to give relief.

Sold in bottles, 1s. 1½d., by all Chemists and Patent Medicine Vendors.

Wholesale Agents, SUTTON & CO., Bow Church Yard.

S. O. BEETON'S FORTHCOMING VOLUMES.

On the 15th of October will be published

THE BOOK OF HOUSEHOLD MANAGEMENT,

By Mrs. ISABELLA BEETON.

Complete in One Volume, handsomely bound in cloth, price 7s. 6d.
Covers for binding the Volume, price 1s. 6d.

THE ENGLISHWOMAN'S DOMESTIC MAGAZINE

(NEW SERIES).

Vol. III., handsomely bound in cloth, price 5s. Vols. I. and II. may also be had, price 5s. each. Covers for binding the Volumes, with Title-Page, Preface, Index, Envelope for holding the Pattern Sheets, Berlin Patterns, &c., and Directions for Binding, price 1s. each.

On the 1st of November will be published, price 7s. 6d.

WILD SPORTS OF THE WORLD,

By JAMES GREENWOOD.

On the 15th of November will be published

BEETON'S DICTIONARY OF UNIVERSAL INFORMATION.

Vol. I. (A to Z), handsomely bound in cloth, price 13s. 6d. Covers for binding the Vol., price 2s. each.

THE BOY'S OWN MAGAZINE.

Vol. VII., handsomely bound in cloth, price 3s. Covers for binding the Volume, 9d. each.

BEETON'S BOOKS OF HOME PETS.

Price Threepence Each. Published Fortnightly.

Each Book is complete in itself, consisting of 32 pages of Profusely-Illustrated Matter, beautifully printed on good paper. Every alternate part contains a BEAUTIFULLY-COLOURED FRONTISPIECE. Parts 1, 2, and 3, are now ready. Part 1.—The PARROT TRIBE. Part 2.—Ravens, Jays, Magpies, Starlings, Jackdaws. Part 3.—Thrushes, Blackbirds, Redstarts, &c.

LONDON: S. O. BEETON, 248, STRAND, W.C.

図27　第24号では,『ビートン社の家政書』単行本の出版と価格, 製本用表紙の価格が告知されている（矢印およびその横の下線は引用者）

のかを解明するヒントは、ヴェルカー論文のなかに存在する。ヴェルカーに
よると、分冊出版は 1862 年から再度おこなわれたということなのだ[38]。ヴェ
ルカー論文に、そのときのものとして示されている表紙の画像は、2 度目の
分冊出版のうち第 10 号のもので、価格も 6 ペンスになっている。これは、
よく見ると、先ほど示した図 26 の表紙と同一の意匠である。つまり、今回
参照した資料には、何らかの理由で、二度目の分冊出版のものが挿入された
と考えるのが合理的であろう。このことは、これまであまり知られていなかっ
たが、ヴェルカーの指摘するとおり、2 回目の分冊出版が行われたことを裏
付けるものである。ヴェルカーによると 2 回目の分冊出版は 1862 年末から
1 冊 6 ペンス、12 分冊で出版された。その際、本文の内容に変更は加えら
れなかったが、初版での正誤表は取り除かれ、すべて本文中に反映された。
2 回目の分冊出版は 1863 年で完了し、第 2 版が単行本として初版と同じ 7
シリング 6 ペンスで出版された。さらに、ヴェルカーによると、初版の分冊
出版途中で、*EDM* やその他のビートンズ・ブックに販売促進のための広告
リーフレットが挿入された。その効果はすぐに出て、バックナンバーの需要
を喚起し、既刊の分冊が増刷された。分冊の 1-8 号は本来ブーヴェリー・ス
トリートの住所で出版されたはずなのに、ストランドの住所が記してあるも
のが現存するのはそのためであるとヴェルカーは指摘している。しかし、
『ビートン社の家政書』の分冊出版はこれだけでは終わらない。版権がワー
ド・ロック・アンド・タイラー社に移った後の 1868 年から、サミュエルの
監修のもと、改訂版が 1 冊 6 ペンス、12 分冊で出版されたとヴェルカーは
述べている。このようなことから考えて、サミュエルが最初の分冊出版時点
から『ビートン社の家政書』の需要に手ごたえを感じ、さまざまな出版手法
を駆使して同書を売っていこうとしたことがうかがえる。

　さて、ここで、実際に分冊出版されたものを製本したと思われる『ビート
ン社の家政書』を紹介しよう。日本の大学図書館には、『ビートン社の家政書』
（初版以外のものも含めて）が所蔵されている館が複数あるが、それが初版の
ものであることはきわめて稀である。紹介するのは、筆者が確認して、分冊

---

38)　*Ibid.,* pp.472–3.

から製本されたものである可能性が高いと判断したもののうちの1冊である。実践女子大学に所蔵されているものは、めずらしいことに2分冊になっている。しかし、この本には、分冊時の表紙などが挿入されているわけではない。では、なぜこの本が分冊を製本したものだといえるのだろうか。この本が元は分冊であったことの痕跡は、カラーページの位置にあらわれている。たとえば、単行本では巻頭に配置されるはずの口絵が第2巻の巻頭に配置されている。またその他のカラーページも目次で示されたページとは違うページに挿入されているのである。単行本を購入して2分冊にする読者はあるかもしれないが、カラーページをすべて差し替えることまではしないであろうし、もしそのようなことをすれば、その痕跡がどこかに残るはずである。では、この本のかつての所有者は、深く考えず、またS. O. ビートン社の指示にも従わず、適当な位置にカラーページを挿入し、製本してしまったのであろうか。どうもそうではなさそうなのである。丁寧に観察してみると、そのカラーページの一番上に描かれている料理の絵が、右側のページに掲載されたレシピと一致するように、そのカラーページを挿入しているのである（図28）。すべてのカラーページがそのような規則にしたがって挿入されていることから考えると、この本の最初の所有者は、分冊から製本する際に、目次で示されたページとは関係なく、それぞれのカラーページを、自分が最も使い勝手が良いと思う位置に挿入したということができるであろう。このような、かつての使用者による些細な工夫も、この料理書が実用に供されていたことを雄弁に語ってくれるのだが、それだけではなく、分冊で購入して製本した、およそ150年前の利用者の存在をも実感させてくれるのである。さらに付け加えていうと、筆者はこれまで復刻版を含め、複数の資料にあたって初版本の確認をしてきたが、この実践女子大学の所蔵本を一見して感じたのは、その活字の鮮明さである。筆者が今まで見てきた版は、ほぼすべてといっていいほど、活字がつぶれかけているような太い線で印刷された文字であった。これをその時代の印刷技術の限界であろうと考えていたが、実はそうではないことがわかった。初期の印刷はきわめて鮮明であったということである。印刷を繰り返すあいだに原版が徐々に擦り切れ、単行本を印刷する頃には印刷された文字も太いものになってしまっていたということなのかも

第 1 章 『ビートン社の家政書』

しれない。一例として画像を掲載するので参照していただきたい（図 29、30）。また、筆者の知る限り、『ビートン社の家政書』に興味はもっていても、実際に初版がどのような大きさであったかを知っている人はきわめて少ないのが現状であろう。この際、その大きさにも注目していただきたく、本書巻頭にて、実践女子大所蔵版の口絵を原寸大で再現し、掲載したので参照されたい。現在復刻されて出版されているものは、ほぼ例外なく拡大されて復刻されているし、のちに出版された版も初版本より大きな版で出版されている。紙質によっては本の厚みも変わってくる。したがって、ややもすれば、われわれは『ビートン社の家政書』に対して、大きな本をイメージしてしまいがちであるが、実際の初版本は、意外と小さなものなのである。しかも、それ

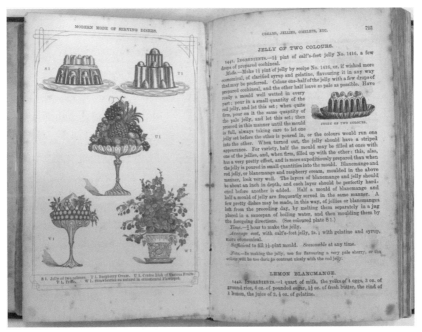

図 28　単行本では本来 755 ページに挿入されるはずのカラーページ（左）が、左上に描かれている Jerry of two colours（S1 と書かれた絵）に合わせ、そのレシピが記載されている 725 ページに挿入されている（実践女子大学所蔵『ビートン社の家政書』より）

35

21 HOU[the house putting on, with th[a new face, in unison with n[orange wine made. The summer will be found, the diminution of labour for t[repairing household linen, a[	**24** HOUS[the house putting on, with the[a new face, in unison with na[orange wine made. The summer will be found, the diminution of labour for tl[repairing household linen, a[
図 29　初版復刻版の印刷	図 30　実践女子大所蔵版の印刷

　が分冊時の冊子となると、きわめて薄かったことはいうまでもない。今後われわれは、小さくて、薄くて、安価な料理本をイメージしつつ、議論をすすめるべきであろう。

　先に述べたように、『ビートン社の家政書』は分冊で出版されていた時から好評であったことがうかがえる。では、単行本の出版後はどうであったのだろうか。ハンブルによると、1 年以内にその発行部数は 6 万部を超え、1868 年までに累積で 200 万部を超えたという[39]。一方で、川本は、出版後 3 年のうちに 3 万部売れたと紹介している[40]。しかし、ハンブルも川本もその根拠は示していない。学術論文等における『ビートン社の家政書』の発行部数に関する詳細な記述は少ないうえに、ハンブルの解説は英語で書かれていることもあって、学術研究に対する影響力は大きく、その結果、英語圏での論文でよく参考文献にあげられることはいうまでもなく、日本人研究者の記述においても、参考文献としてしばしば採用されている[41]。さらにいえば、日本語論文においては、ハンブルを参考文献にあげた論文はいうまでもなく、ハンブルを参照した英語論文を参考文献にあげた論文においても、当然ハンブルの示した発行部数に依拠した記述がなされることになる[42]。以上のよう

39）　Humble, *op. cit.*, p.vii.
　　ただし、この発行部数を最初に記述したのがハンブルかどうかは不明。
40）　川本静子「清く正しく優しく　―手引書の中の＜家庭の天使＞像」　松村昌家ほか編　『英国文化の世紀 3　女王陛下の時代』　研究社、1996 年、58 頁。
41）　たとえば、2017 年に発表された山田千聡氏の研究ノートでも参照されている。
42）　ChaTea 紅茶教室『ヴィクトリア朝の暮らし』もハンブルの数字をそのまま使っている。この

第 1 章 『ビートン社の家政書』

図 31

BY MRS. ISABELLA BEETON.

Nothing lovelier can be found
In Woman, than to study household good.—MILTON.

Sixtieth Thousand.

LONDON:
S. O. BEETON, 248, STRAND, W.C.
1863.

図 31（下部拡大）　1863 年版のタイトル・ページには「6 万」部の表記がある。（下線は引用者）

なことから、現在一般的に、ハンブルの示した発行部数が無批判に定着するようになったといえよう。しかし、ヴェルカーは発行部数に関して、詳細な報告をおこない、ハンブルと異なった数を示している。ヴェルカーによると、1863 年に出版された第 2 版には 6 万部の表記があるという。さらに、初版単行本出版から 5 年後であり、かつ、S. O. ビートン社からの出版としては

ように根拠のない数字がひとり歩きしているのが「ビートン夫人」の実態なのである。

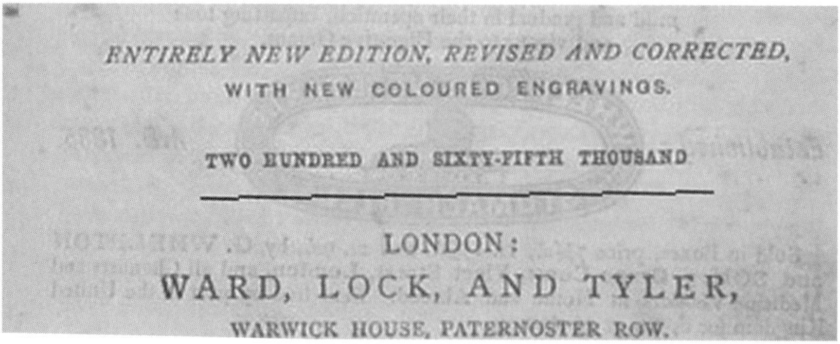
ENTIRELY NEW EDITION, REVISED AND CORRECTED,
WITH NEW COLOURED ENGRAVINGS.
TWO HUNDRED AND SIXTY-FIFTH THOUSAND
LONDON:
WARD, LOCK, AND TYLER,
WARWICK HOUSE, PATERNOSTER ROW.

図 32　「26 万 5 千」の表記はあるが，出版年が明記されていないタイトル・ページ（下線は引用者）

最後となった 1866 年の版で 9 万部、6 年後、すでに版権を譲渡したあとの 1867 年では 12 万 5 千部を出版している。初版出版 8 年後、1869 年早々に 16 万 6 千部、初版出版 16 年後、サミュエルがこの世を去った年の 1877 年には 25 万 3 千部、1880 年に 32 万 5 千部、1888 年には 46 万 8 千部に達したとしている。ヴェルカーの示した発行部数に信頼性はあるのだろうか。筆者の手元にある資料からは、ヴェルカーの示したとおり、1863 年に 6 万部出版したことがわかる。この 6 万部という数は、『ビートン社の家政書』のタイトル・ページ（図 31）に “sixtieth thousand” と記してあることを手がかりにしたものである。この数が何を意味するのかはどこにも記載されていないが、これが発行部数であると考えると、おそらくヴェルカーもこのようなタイトル・ページの表記を元に発行部数を確認したものと思われる。手元にあるもう一つの資料（図 32）には、“two hundred and sixty-fifth thousand” と記されているが、出版年の記載はない。ヴェルカーの示した発行部数から勘案すると、1877 年以降のそう遠くない年でなければならない。そこで、そのタイトル・ページを詳細に確認すると、出版社が “Ward, Lock, and Tyler” と記されている。Ward, Lock, and Tyler 社 は、現在 Ward Lock & Co. という社名になっているが 1879 年ごろまで、Ward, Lock, and Tyler という社名で出版し

ていた[43]。このことから、26万5千部を知らせるタイトル・ページのものが、1878年もしくは1879年に出版されたものである可能性が非常に高いということができ、先述したヴェルカーの示す発行部数から類推した出版時期と一致する。さらに、出版元のワード・ロック・アンド・タイラー社による1874年の広告（図33）では、22万7千部となっており、ここまで確認した一連の発行部数と矛盾することはない。以上みてきたように、ヴェルカーの示した累計発行部数の推移と筆者の手元にある資料に矛盾がないことから、ヴェルカーが報告する発行部数は、非常に信頼性が高いということができるであろう。そこで、ハンブルの主張する発行部数にもどろう。アメリカなど

THE LILY SERIES.

1s. each ; nicely bound, for Presents, 1s. 6d. and 2s.

1. A SUMMER in LESLIE GOLDTHWAITE'S LIFE. By the Author of 'Faith Gartney's Girlhood,' &c.
2. The GAYWORTHYS; a Story of Threads and Thrums. By the Author of 'Faith Gartney's Girlhood' &c.
3. FAITH GARTNEY'S GIRLHOOD. By the Author of the 'Gayworthys' &c.
4. The GATES AJAR; or, Our Loved Ones in Heaven. By Elizabeth Stuart Phelps.
5. LITTLE WOMEN. By the Author of 'Good Wives,' 'Something to Do,' &c.
6. GOOD WIVES. By the Author of 'Little Women' &c.
7. ALONE. By Marion Harland, Author of 'The Hidden Path' &c.
8. I'VE BEEN THINKING. By the Author of 'Looking Round' &c.
9. IDA MAY. By Mary Langdon.
10. The LAMPLIGHTER. By Miss Cumming.
11. STEPPING HEAVENWARD. By the Author of 'Aunt Jane's Hero.'
12. GYPSY BREYNTON. By the Author of 'The Gates Ajar.'
13. AUNT JANE'S HERO. By the Author of 'Stepping Heavenward.'
14. The WIDE, WIDE WORLD. By Miss Wetherell.
15. QUEECHY. By the Author of 'The Wide, Wide World.'
16. LOOKING ROUND. By the Author of 'I've Been Thinking.'
17. FABRICS: a Story of To-Day.
18. OUR VILLAGE: Tales. By Miss Mitford.
19. The WINTER FIRE. By Rose Porter.
20. The FLOWER of the FAMILY. By the Author of 'Stepping Heavenward.'
21. MERCY GLIDDON'S WORK. By the Author of 'The Gates Ajar.'
22. PATIENCE STRONG'S OUTINGS. By the Author of 'The Gayworthys.'
23. SOMETHING to DO. By the Author of 'Little Women' &c.
24. GERTRUDE'S TRIAL; or, Light out of Darkness. By Mary Jefferis.
25. The HIDDEN PATH. By the Author of 'Alone.'
26. UNCLE TOM'S CABIN. By Mrs. Harriet Beecher Stowe.
27. FIRESIDE and CAMP STORIES. By the Author of 'Little Women,' 'Good Wives,' &c.
28. The SHADY SIDE; or, Country Parsonage Life. By a Pastor's Wife.
29. The SUNNY SIDE; or, the Country Minister's Life. By H. Trusta.
30. WHAT KATY DID. By Susan Coolidge.
31. FERN LEAVES from FANNY'S PORTFOLIO. By Fanny Fern.
32. SHADOWS and SUNBEAMS. By Fanny Fern.
33. WHAT KATY DID at SCHOOL. By Susan Coolidge.
34. SHILOH; or, Without and Within. By W. L. M. Jay.
35. GYPSY'S COUSIN JOY. By Elizabeth Stuart Phelps.
36. The PERCYS. By E. Prentiss, Author of 'Stepping Heavenward.'
37. GYPSY'S SOWING and REAPING. By Elizabeth Stuart Phelps.
38. GYPSY'S YEAR at the GOLDEN CRESCENT. By E. S. Phelps.
39. MISS EDGEWORTH'S MORAL TALES.
40. MISS EDGEWORTH'S POPULAR TALES.
41. The PRINCE of the HOUSE of DAVID. By Rev. J. H. Ingraham.
42. ANNA LEE. By T. S. Arthur.
43. The THRONE of DAVID. By the Rev. J. H. Ingraham.
44. The PILLAR of FIRE. By the Rev. J. H. Ingraham.
45. PRUDENCE PALFREY. By T. B. Aldrich.

The CHRISTIAN WORLD says :—' Messrs. Ward, Lock, & Tyler are doing good service by supplying in their "Lily Series" such first-class works of fiction at so cheap a rate.' 'We cordially recommend the whole series.'—CHRISTIAN AGE.

Two Hundred and Twenty-seventh Thousand. New Edition, post 8vo. half-bound, price 7s. 6d.; half-calf, 10s. 6d.

BEETON'S (Mrs.) BOOK of HOUSEHOLD MANAGEMENT. Comprising every kind of Practical Information on Domestic Economy and Modern Cookery. With numerous Woodcuts and Coloured Illustrations.

<u>As a Wedding Gift, Birthday Book, or Presentation Volume at any period of the year, or upon any Anniversary whatever, Mrs. Beeton's 'Household Management' is entitled to the very first place. In half-calf binding, price Half-a-Guinea, the book will last a lifetime, and save money every day.</u>

London: WARD, LOCK, & TYLER, Warwick House, Paternoster Row.

図33　1874年のワード・ロック・アンド・タイラー社による広告には出版部数が示されてる。また，結婚などの贈り物にすすめられている（下線は引用者）

---

43)　後述するように、1873年6月にタイラーはパートナーシップを解消しているが、大英図書館のオンライン目録から判断すると、1879年ごろまでは Ward, Lock, and Tyler という社名のまま出版事業を続けていたと考えられる。

イギリス以外での発行部数を含んでいる可能性も否定できないが、ハンブルはそのようなことをどこにも示していない。また、イギリス以外で印刷、出版された『ビートン社の家政書』の存在を今のところ筆者は確認できていない。したがって、何ら根拠が示されない限り、ハンブルの示す一年以内に6万部、1868年までに200万部という発行部数は、ここでは信憑性を疑わざるをえない。さて川本の主張する発行部数はどうだろうか。3年で3万部というのは、先にタイトル・ページの表記から確認した、1863年に6万部という発行部数から考えると少なすぎるといえよう。川本が発行部数3万部の根拠を示していない以上、ヴェルカーの主張を退けてまで川本の記述を尊重する必要はないと考える。

　ここまで『ビートン社の家政書』の発行部数の特定を試みた。その結果、従来語られてきた発行部数は、大幅に少なく修正されるべきではないだろうか。これまで同書発行部数の正確な特定が困難であった理由として考えられるのは、タイトル・ページに書かれた数が何を意味するかが示されないうえに、アラビア数字ではなくアルファベットで表記されていることで、それが発行部数を示すものだと気づきにくいこと、また『ビートン社の家政書』には出版年の記載がないものが少なからずあって、示された数が発行部数であることがわかったとしても、それを年代を追って追跡しにくいということがあげられよう。あるいは、先行する記述を単に踏襲するだけで、誰も検証しようとしてこなかっただけかもしれないが、そのようなことの積み重ねが「ビートン神話」を生じさせる素地になったといえるのではないだろうか。

本書の展開について

　本書では、まず「ビートン神話」の解体を目指し、同時にイザベラ・メアリー・ビートン、夫のサミュエル・オーチャート・ビートンの実像を描き出す。そして『ビートン社の家政書』を、家政書あるいは料理書の系譜に位置づけ、さらには、先行する料理書と比較するなどして、ビートン夫妻の業績を再評価する。そうした検証をもとに、『ビートン社の家政書』の本質を、ヴィクトリア時代の社会的な状況のなかで、その主な読者層であると想定される

中産階級の人びとが、家政書、料理書に何を期待したのか、そして『ビートン社の家政書』は、その期待にどう応えたのか、そこには「食」という要素が、どのように絡みつき、人びとに利用されつつ、その一方で、人びとをどのように規定していったのかなどという、歴史の裏側で機能している力学とともに、考察によって解き明かすことを試みる。

　そこで、第2章ではイザベラの人物像を明らかにするために、その出自からみていく。また夫妻の関係についても本章で扱いたい。第3章では、サミュエルに関して、その人物像を明らかにするために、イザベラ同様、出自からみていく。第4章では、『ビートン社の家政書』に先行するふたつの料理書と、その著者についてみていく。まず『ビートン社の家政書』に先立つことおよそ44年前に出版された『クックス・オラクル』と、その著者ドクター・ウィリアム・キッチナーに関して考察する。この場合も出自からみていきたい。次に、『ビートン社の家政書』出版の直前ともいえる、およそ17年前に料理書を出版したイライザ・アクトンと、彼女が執筆した『最新料理法』をとりあげ、その特徴を探っていく。第5章では、かつてヨーロッパにあった伝統的な家政書を取り上げ、その特徴を先行研究を参照しつつ概観する。そののち『ビートン社の家政書』が伝統的な家政書の系譜に位置づけられるのか、あるいは料理書の系譜に位置づけられるのかを検討し、どのような点でそれがいえるのかを考察することとする。第6章では、他の料理書との比較や、同時に出版された、『ビートン社のペット飼育書』『ビートン社の園芸書』との関連性とその根拠を探る。また、『ビートン社の家政書』が好評を博した理由とその編集妙味がどういうところにあるのかを検討し考察する。最後に、ここまでの議論で到達したさまざまな要素を勘案し、いわゆるヴィクトリア時代とよばれる時期に特有の価値観や、「食」が本質的に持っている機能などを考え合わせつつ、『ビートン社の家政書』の本質を考察により提示することを試みる。

Column 1

『ビートン社の万物事典』

　この本を読んでいるひとのなかには、研究者でなくても、また歴史や家政学に興味を持っていなくても、ミセス・ビートンの名に惹かれ "beeton" などのキーワードで、ポータルサイトからのオンライン検索や、図書館の蔵書検索等をしたことがある人もきっとあるでしょう。さらに興味が高まって、S. O. ビートン社がどのような本を出版していたのか知りたくなり、また、実際に見てみようとして、国内の大学図書館等の蔵書をオンライン検索し、出版年の古いものに絞り込んでみたり、古いものから順に並べかえてみたりと、さまざまな方法を試してみたことでしょう。もし、そのようなことをした人ならば、『ビートン社の万物事典』（*Beeton's Dictionary of Universal Information*）の存在にきっと気がついているはずです。さらに、この本を所蔵している図書館の多くが、比較的古くからの大学のものであることにも気がついているかもしれません。

　本文では、S. O. ビートン社の版権がオークションにかけられたことを、当時の新聞記事を示して紹介しました。その新聞記事をよくみてみますと『ビートン社の家政書』（オークションにかけられたときの書名としては『ビートン夫人の家政書』）に次いで高額で落札された版権として、*Beeton's Dictionary of Universal Information* という書名があることに気づきます。しかし、この本は、たとえば『ビートン社の家政書』や *EDM* に比べれば、ほとんど言及されることがないのが現状です。

　『ビートン社の家政書』は、復刻版も多数出版されていて、なかにはかなり精巧な初版本の復刻もあります。そのような本には復刻版であるにもかかわらず付加価値がつき、現在、発売当初の何倍もの価格で取引されているものもあります。このように、『ビートン社の家政書』に対しては、人びとの関心が高く、また復刻版も含めるとたいへん入手しやすくなったこともあって、現在多くの図書館、特に大学図書館に所蔵されているようです。『ビー

トン社の家政書』をオンライン検索したとき、たくさんの大学で所蔵されていることが確認されたとしても、出版年の古いものに絞っていくと途端にその数が少なくなっていくのは、このような事情があるからだと考えられます。

　一方で、『ビートン社の万物事典』は、同じように検索しても、むしろ出版年が古いもののほうが多く、出版社名も S. O. ビートン社か、ワード・ロック・アンド・タイラー社になっているものがほとんどです。本文でも述べたように、ビートンズ・ブックがワード・ロック・アンド・タイラー社という出版社名で出版されたのは、S. O. ビートン社がなくなったあとの数年間でしたから、『ビートン社の家政書』とは違って、初版に近いものほど多く所蔵されているといえます。この『ビートン社の万物事典』、今となっては、事典としての実用的価値はほとんどないに等しく、また資料的価値があるとしても、現在ほとんど注目されていないこともあり、復刻版の存在も今のところ筆者には確認できていません。それらのことを勘案すると、検索された多くの『ビートン社の万物事典』は、わりと早い時期、おそらく明治初期から中期あたりまでに日本に持ち込まれ、大学等の図書館に所蔵されたものと考えられます。そして、購入当時は実用に供されていたものが、次第に事典としての実用的価値がなくなって閉架図書となり、長らく書庫に眠っていたものが蔵書のデータベース化に伴ってオンライン検索されるようになったと考えるのが合理的です。実際、10年ほど前に筆者が、ある大学図書館で、書庫の奥のほうから探し出してもらって、図書カウンターで対面を果たした『ビートン社の万物事典』は、装丁に使われている革が劣化してボロボロとはがれ、さらにその上に黒いほこりがかぶったような状態で、汚れ物を包むかのように、白い紙に包まれていました。図書館職員のかたに、手や服を汚さないようにと心配していただいたほどでした。その大学もやはり、明治初期に創立された古い大学でした。大学図書館も所蔵スペースには限りがありますから、むしろ、除籍や廃棄を免れた運のいい本なのかもしれません。

　大学図書館を含め多くの日本の図書館では、その蔵書をデータベース化する際、遡及入力といって、まず機械化（蔵書管理のデジタル化）以降の図書、次いで機械化以前の開架図書、最後に閉架図書というように、利用頻度の高

コラム1 『ビートン社の万物事典』

いものから順にデータ化されるのが通常です[1]。したがって、以前はその存在が確認できなかった本が、最近になって日本のどこかの図書館に存在することが確認できたりします。つまり、本としての利用価値は低いけれど、資料としての歴史的価値はむしろ高まっているような本が、まだまだ書庫に眠っている可能性が高いということです。今後、さらに遡及入力は進むでしょうから、今はまだ発見されていない本の存在が、いずれ明らかになる可能性はおおいにあります。興味のある事柄について知識を蓄えておけば、検索結果のなかから意外な「お宝」を見つけ出す可能性は高まるのではないでしょうか。

たとえば、本文でも言及した実践女子大学図書館（以下実践女子大）が所蔵している『ビートン社の家政書』も、筆者は最近になってその存在に気がつきました。ただし、この本が遡及入力によって新たにデータ化されたのか、新たに購入されたのか、もしくは筆者が単に気づいていなかっただけなのかはわかりません。検索結果から、まず出版年が初版出版年と同じ1861年になっていることが分かります。しかし、それだけでは、筆者のこれまでの経験から、書誌情報としては1861年の出版になっていても、実物と対面したときに復刻版である可能性は捨てきれないのです。そこで、さらに検索された書誌情報を丹念にみてみると、本の大きさが、他の図書館が所蔵しているものに比べて非常に小さいことや、なぜか2分冊になっていることがわかりました。『ビートン社の家政書』に言及、あるいは論文発表をしたことのあるような研究者でも、実際に、分冊あるいは初版出版時に、この本がどんな大きさや厚さであったのかを知っているひとは少ないようです。そもそも、そのような瑣末なことに、誰もあまり興味を持たないのかもしれません。巻頭でこの本の実際の大きさがわかるように、実践女子大所蔵本の口絵を実物大で再現し、実際の本の大きさに合わせて枠をつけてみましたので、分冊出版時および初版出版時の、この本の大きさを実感していただきたいと思います。

『ビートン社の家政書』に対して「百科事典のような大きな本」という説

---

1) 国立大学図書館の管理・運営に関するガイドブック、第8章参照
http://www.janul.jp/j/publications/reports/66/8.html（2017年11月3日確認）

BEETON's DICTIONARY of UNIVERSAL IN-
FORMATION. 3d. monthly.

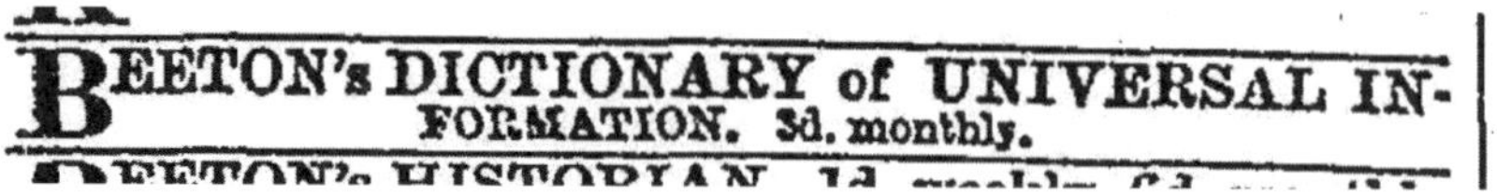

図1　『ビートン社の万物事典』の関する新聞記事

PART 1. A to Anatomy Price 6d.

BEETON'S DICTIONARY
OF UNIVERSAL INFORMATION IN
SCIENCE, ART, & LITERATURE,
COMPRISING
I.–A Complete Summary of Moral, Mathematical, Physical, and Natural Science.
II.–A Plain Description of the Arts.
III.–An interesting Synopsis of Literary Knowledge.
With the Pronunciation and Etymology of every leading Term.
Illustrated with upwards of One Thousand Engravings.
Price Monthly.
To be completed in 24 Monthly Parts.
With Plates and Illustrations.
LONDON: S. O. BEETON, 248, STRAND, W.C.
And all Booksellers in Town and Country.

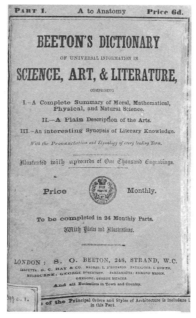

図2　『ビートン社の万物事典』分冊出版時の表紙

明を見かけることがあります。復刻版には拡大印刷され、百科事典のように大きくなってしまったものがありますが、実際の初版本は、そんなに大きなものではなく、片手で持てるような大きさの本でした。それが時代とともに大きな版で出版されるようになりページも増えたことや、初版の復刻版のほとんどが拡大された版で出版されていることから、大きな本であったように誤解を生んでいるのです。ですから、実践女子大所蔵のものは、本の大きさから初版本の可能性が非常に高いと思いましたし、しかも初版本で２分冊のものは、これまで筆者も確認できていませんので、これは、なにか面白いことがわかるかもしれないと、非常に興味を持ち実際の本で確認し、初版以前に分冊出版されたものを製本したものの可能性が極めて高いということを確認できました。

さて、『ビートン社の万物事典』に話を戻します。この本は、大英図書館のオンライン目録を見ると、最も古いもので出版年は1858–62年となっていて、出版社はS. O. ビートン社、著者としてサミュエルの名前のほか、寄稿者としてジョン・シェーラ（John Sherer）という名前が記載されています。出版年に関しては、『ビートン社の家政書』の分冊出版の時期と重なります。

コラム1 『ビートン社の万物事典』

ジョン・シェーラという人物については、今回特定することはできませんでしたが、ジョン・シェーラの名前が出てくるのは、このときだけで、単行本になってからは、彼の名前はどこにも出てこなくなります。またこの事典は、当時の新聞広告などから、分冊で出版されたことがわかります（図1）。入手した資料には、分冊出版時の表紙と思われるものが含まれていて、そこに書かれていることによると、1冊6ペンスで24ヶ月間出版されること、1冊目に収録された見出し語はAからAnatomyまでであることがわかります。ただし、その表紙に記載されたS. O. ビートン社の住所はなぜかストランドになっています（図2）。1858年当時、S. O. ビートン社はまだブーベリー・ストリートにありましたから、この

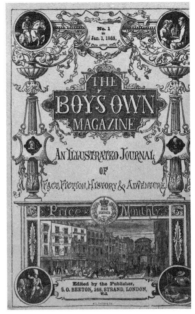

図3 『ビートン社の万物事典』分冊表紙の裏は、ボーイズ・オウン・マガジンの表紙のようなデザインになっている

表紙は1858年のものではない可能性が高く、『ビートン社の家政書』と同様に、分冊出版を何度か繰り返した可能性があります。さらにいうと、図1で示した新聞広告では、1冊3ペンスになっていますので、価格の面からも、この表紙が最初の分冊出版ではなく、2回目以降の分冊出版のものである可能性が高まったといえます。別の資料からは、52冊目の表紙であろうものがふくまれていて、これにもやはり1冊6ペンスで24ヶ月間出版されることが書かれてあり、収録されている見出し語としてはGrammarからHoeまでが示されています。24ヶ月を一区切りとして出版されたとすれば、52冊目は3回目の分冊出版に含まれるものということになります。ちなみにこの52冊目の表紙の裏面は、ボーイズ・オウン・マガジンの表紙のようになっ

47

emperor, when commercial relations were opened with England; but, in the reign of James I., all the ports were closed against Europeans, and the flag of the English was withdrawn. From that time till 1858, Japan was a *terra incognita* to the British; but, in that year, a commercial treaty between the two countries was signed at Jeddo, on the 26th of August. The principal stipulations in this document are—1. That there shall be perpetual peace and friendship between her British majesty and the Tycoon of Japan. 2. That her majesty may appoint a diplomatic agent to reside at Jeddo, and the Tycoon a diplomatic agent to reside in London, both of them respectively to have the right of travelling freely to any part of the empire of Japan, and to any part of Great Britain; also either power may appoint consuls or consular agents at any or all the ports of the other. 3. The ports of Hakodadi, Kanagawa, and Nagasaki, in Japan, are to be opened to British subjects on the 1st of July, 1859. Nee-e-gata, or, if Nee-e-gata be unsuitable, another convenient port on the west coast of Nipon, is to be opened on the 1st of January, 1860; Hiogo on the 1st of January, 1863; and British subjects may permanently reside in all the foregoing ports, may lease ground, purchase or erect dwellings and warehouses, but may not erect fortifications. Within a certain distance of the specified ports, they shall be free to go where they please, or, speaking generally, to an extent of 20 to 30 miles around either of them. 4. From the 1st of January, 1862, they will be allowed to reside at Jeddo, and from the 1st of January, 1863, at Osaca, for the purposes of trade. 5. British subjects will be allowed the free exercise of their religion, and, for this purpose, will have the right to erect suitable places of worship. 6. Munitions of war are to be the only exceptions to articles of import and export, which last, on the payment of an *ad-valorem* duty at the place of import, are to be subject to no further tax, excise, or transit duty. Such articles may be re-exported without the payment of any additional duty. 7. The Japanese are to prevent fraud or smuggling, and to receive the benefit of all penalties or confiscations. 8. All official communications on the part of the British to the Japanese authorities shall be written in English, though, for five years from the signature of the treaty, to facilitate the transaction of business, they are to be accompanied by a Dutch or Japanese version. The treaty may be revised on the application of either of the contracting parties, on giving one year's notice, after the 1st of July, 1872. 9. All the privileges, immunities, and advantages granted, or

図4 日英修好通商条約に関する記述（部分）

ており（図3）、そこにはストランドに移転したあとのS. O.ビートン社の社屋が、本文で示したものと少し異なった挿絵で掲載されています。

この『ビートン社の万物事典』には、日本に関する記述も含まれています。JAPAN, THE EMPIRE OF で立項されていて、約1ページ半が割かれています。分冊出版が開始されたのが1858年であるとすれば、1858年8月に結ばれた日英修好通商条約とちょうど重なります。日本のことが書かれた分冊本が条約締結後に出版されたことは間違いないですが、どれくらい後に出版されたのかは、正確にはわかりません。それでも条約の内容が盛り込まれており（図4）、条約締結により、日本に対する関心が高まっていたのかもしれません。

第2章
イザベラ・メアリー・ビートン

　「小太りで、背が低く、喪服に身を包んだ婦人」伝記作家、リットン・ストレイチー（Lytton Strachey, 1880-1932）は、ミセス・ビートンのイメージをこのように表現した[1]。それは、まさしく後年のヴィクトリア女王（Queen Victoria, 1819-1901）を彷彿とさせるイメージであった。はたして、現実のミセス・ビートンとは、どのような人物であったのだろうか。

　ダービーで有名なエプソム（Epsom）競馬場に、子どもたちの歓声が響いていた。競馬の開催日でもなければ、がらんとして、ただ広いだけの特別観覧席は、わずか10人ほどの子どもたちの遊び場と化していた。その広大な敷地のなかで、子どもたちは寝起きし、食事をし、跳びはね、走り回っていた。そのなかで、グループに分かれた争いごとも頻繁におこった。一方のグループを率いていた活発な少女がいた。彼女は、対するグループのリーダーである男の子をぎゃふんといわせているかと思えば、幼い子の面倒をしっかりみていた。この少女こそ、現在でもなおその名を冠した料理書が出版されているという、幼き日のミセス・ビートンその人である。

　イザベラによって編集され、S. O. ビートン社から出版された『ビートン社の家政書』は、1861年に単行本として出版されて以来人気を博し、料理書としてその不動の地位を確立してきた。しかし、「19世紀なかばのイギリ

---

1) Hughes, *op. cit.*, p. 4.
　結局、ストレイチーはイザベラの伝記の執筆をあきらめるに至った。イザベラに関する資料があまりにも少なすぎたからだ。

スにおいて、家政書を編集したビートン夫人」と聞いたときに想起されるイメージは、おそらく「ヴィクトリア時代の貫禄と威厳に満ちた上流女性」[2]というようなものに行き着くのが一般的だろう。ところが、彼女の真の姿を知れば知るほど、そのイメージと現実の違いの大きさに驚かされることになる。

　そのもっとも大きな要因はイザベラの年齢であろう。彼女が書いた記事が*EDM*にはじめて掲載されたとき、イザベラは21歳になったばかりであったし、それは結婚してから1年にも満たないときのことであった。分冊で出版されていた『ビートン社の家政書』が、1冊の本として出版されたときでさえ、彼女はまだ25歳であった。そして、そのわずか3年後、彼女は29歳の誕生日を待たずして[3]この世を去っているのだ。つまり、先に述べたイメージに見合う年齢に至るまでに、イザベラはこの世を去ってしまっていたのである。イザベラは『ビートン社の家政書』の編集者であって著者ではない。にもかかわらず、いつしか、彼女は編集者としてではなく著者として言及されることが多くなり、現在、一般的には著者として認知されている。そのような思い込みや言及によって作られた、家政書を執筆した夫人というイメージは、主婦としての経験などまだじゅうぶんに積んでいない二十歳代の女性とつりあうはずもない。そればかりか、家政書を執筆するほどの経験豊富な主婦になる以前に、彼女は人生を終えてしまったのである。

　また、出自においてもイメージと現実に大きな差がある。彼女の生家はリネン商を営んでいたが、決して経済的に恵まれていたとはいえなかった。おそらくそれは、下層中産階級に属する家庭であったと考えられる。そのような女性が編集した家政書でありながら、『ビートン社の家政書』の売り上げは、当時多数の料理書が出版されていたなかで、単行本として出版されて2年後の1863年には6万部を越え、6年後の1867年には12万5千部に達している。この部数は、その当時出版され、人気を得ていた他の料理書を圧倒するほどのものであった。わずか25歳の無名の女性による家政書が、人び

---

2)　小野二郎「ビートン夫人の料理術」『小野二郎コレクション』平凡社、2002年、25頁。
3)　日本語の文献の多くが29歳としているが、実際には29歳の誕生日の直前にこの世を去っている。

とに広く受け入れられる要因はどのようなところにあったのだろうか。

イギリス人はもとより、イギリスやイギリスの歴史、家政、あるいは料理に関心を持つ者にとって、イザベラは、19世紀のイギリス人女性としては非常に有名な人物であるといえよう。ところが、彼女に対する断片的な言及はあっても、研究の主たる対象として、イザベラ自身、あるいは『ビートン社の家政書』そのものに光を当てるような研究は少ない。これまでの「ビートン夫人」に対する言及あるいは評価は、おおむね次の3つに分類することができるだろう。出版物や女性向雑誌などを論じる場合に、イザベラや『ビートン社の家政書』を紹介するようなもの、19世紀のイギリスの生活や習慣などについて言及する際に、『ビートン社の家政書』を参照するようなもの、女性史の問題を論じるようなものである。特に女性史の問題を論じる場合において、これまでの、イザベラおよび『ビートン社の家政書』に対する評価は、ややもすれば紋切り型のものになりがちであった。それは、序文で、主婦が調理の理論や実践に精通し、家庭を快適なものにするすべての方法を熟知していなければならないのは、男性にとって、家庭が最も居心地の良いものにしておくためである旨述べられているからである[4]。

たしかに、これはヴィクトリア時代特有の価値感である「家庭重視のイデオロギー」[5]に通じるものだが、このような価値感は当時、ありふれたものであった。したがって、単にこの序文のゆえに、『ビートン社の家政書』が人びとに広く受け入れられたと考えてしまうと、なぜこの本が人びとに広く受容され実用に供されたのかという問いに対する、真の答えを見失ってしまうことになりかねない。

イザベラは19世紀のイギリスに実在した女性であるが、「ビートン夫人」と呼ばれることによって、あるいは『ビートン社の家政書』が『ミセス・ビートンの家政書』へと書名を変化させていくことによって、さらに彼女の名を冠した本が150年以上も改訂されながら、あるいは復刻本として出版され続けることによって、イギリス人にとってでさえ、まるで実在の人物で

---

[4]　Beeton, Isabella, (ed.), Preface, *Beeton's Book of Household Management*, S. O. Beeton, 1861.

[5]　この概念については、ジェーン・パーヴィス著　香川せつ子訳『ヴィクトリア時代の女性と教育』ミネルヴァ書房、1999年が参考になる。

はなかったかのように認識されるようになったとしても無理はない。その「ビートン夫人」を、現実にヴィクトリア時代を生きたひとりの女性である、イザベラ・メアリー・ビートンへと引き戻すことこそが本章の目的である。しかし、その作業のなかで気づかされるのは、夫であるサミュエルの人物像を明らかにすることが、すなわち、イザベラの人物像を明らかにすることになるということである。さらに、イザベラとサミュエルの人物像を明らかにすることなしに『ビートン社の家政書』の本質を明らかにすることは不可能であることがわかるであろう。そこで、イザベラとサミュエルの関係は主に本章で扱うこととする。

　『ビートン社の家政書』が、なぜそれほどまでに人びとに受け入れられたのか。あるいは『ビートン社の家政書』に書かれていることを実現したとして、それがどのような意味を持ちえたのか。こうした疑問を明らかにするための礎とすべく、本章においては、イザベラの人物像を、彼女の生い立ちや周囲の人びととの関係を押さえつつ、若干の検討を加えながら明らかにしていく。これらの作業によって「ヴィクトリア時代に家政書を執筆した夫人」ということからイメージする従来の「ビートン夫人」像とは違った人物像が浮かび上がってくるはずである。

イザベラ・メイソンとして

　イザベラは、1836 年 3 月 14 日、父ベンジャミン・メイソン（Benjamin Mayson, 1801-40）、母エリザベス（図 1、2）のあいだの第一子としてこの世に生をうけた。ヴィクトリアがイギリスの女王に即位したのは、その 1 年 3 ヶ月後のことであった。イザベラは、ロンドンのミルク・ストリートで誕生したといわれることが多いが、ヒューズは、ロンドンのメリルボーン（Marylebone）地区で誕生したことを明らかにしている[6]。祖父ジョン・メイソン（John Mayson, 1761-1845）は現在のカンブリア（Cumbria）州、当時のカンバーランド（Cumber land）州、サーズビー（Thursby）の聖職者であった。父ベ

---

6)　Hughes, *op. cit.*, p. 28.

ンジャミンは、その2番目の息子であった。ベンジャミンは身内のなかから最も裕福であった自分の母親、つまりイザベラの祖母の名前にちなんで長女にイザベラという名前を付けたのであった。イザベラが誕生してまもなく、一家は、ロンドンのチープサイドにあるミルク・ストリートに居を移した。父はそこでリネンを扱う商売をしていた。母エリザベスは、下宿屋の女主人グラニー・ジェラム（Granny Jerram, 1794-1874, 図3）[7]のひとり娘であった。イザベラの祖母にあたるグラニーは、その父スタンディッシュ（Standish、生没年不詳）[8]がグッドウッド競馬場で馬丁をしていたこともあって、同じく馬丁をしていたウィリアム（William, 1786?-1839）[9]と結婚した。夫妻は、メリルボーンで家事使用人として働いていたが、地方から大量に流入してくる人びとで急激に変化しているロンドンを目の当たりにし、時流に乗るべく、夫は仕出しや[10]、馬車を持たないような暮らしぶりの人びとを運搬する仕事

図1　若い頃の母エリザベス

図2　晩年の母エリザベス

---

7)　表記は本書掲載の、スペインによる家系図にならった。ヒューズは Mary Jerrorn と表記している。
8)　ヒューズは Standage と表記している。
9)　ヒューズは、Isaac Jerrom と表記している。
10)　ヒューズは詳しくは述べていないが、その背後に調理手段をもたない住民の急増があったことは間違いなく、地方からロンドンへの人口の流入が、それほど急激で、大量であったことを物語っている。

図3　イザベラの妹であり実父母ベンジャミンとエリザベスにとっては末娘のエスター・メイソン（左）と、イザベラの母方の祖母　グラニー・ジェラム（右）

に、妻は地方から流入する人びとのための下宿屋の経営に転じた。ヒューズによると、後にエリザベスの再婚相手となるヘンリー・ドーリングは、印刷屋の徒弟修行のためにロンドンに出てきたとき、グラニーの経営する下宿屋に下宿していた。それでエリザベスとヘンリーは恋に落ちたのだが、エリザベスの両親に反対された。一方ベンジャミンは、すでに商売が軌道に乗っていて、家ももっている、何より聖職者の息子であるという家柄が気に入られ、エリザベスと結婚することになったということである[11]。ベンジャミンの商売はさほど大きなものではなく、一家の生活は決して裕福ではなかった。それでもベンジャミンはまじめな商人であったらしく[12]、生活には困らない程

---

11) Hughes, *op. cit.*, p.27.
12) Freeman, *op. cit.*, pp. 30-1.
　　ベンジャミンに関する記録はあまり残っていない。ベンジャミンが死んだとき、イザベラは4歳であったから、父親に対する記憶は多少なりとも残っていたと思われるが、後年イザベラが実の父ベンジャミンに関して語ることは、ほとんどなかったようである。

54

度の収入はあったようだ。いわゆる、下層中産階級の、つつましいがリスペクタブルな家庭であったということができるだろう。

父の死と母の再婚

しかし、そのような生活は一変する。1840年に、父ベンジャミンが若くしてこの世を去ってしまったのである。イザベラがまだ5歳のときのことであった。母エリザベスのおなかには、まだ4人目の子どもエスター（Esther, 1841-1931）がいた。ベンジャミンの死後、エリザベスは夫の商売を引き継ぎ、4人の子どもをかかえ、何とか生活していたが、経済的にはかなり困窮していたようである[13]。

図4　イザベラの継父ヘンリー・ドーリング

夫ベンジャミンに先立たれたエリザベスは、1843年にヘンリー・ドーリング（図4）と再婚している。ちょうどこのとき、ヘンリーも妻に先立たれ[14]、四人の子を持つ、男やもめになっていたのだ。ベンジャミンとヘンリーは、エリザベスをめぐっては恋敵であったが、同時に親友でもあったようだ[15]。ヘンリーはエプソム競馬場の職員であり、実質的な支配人であった。

---

[13] Spain, *op. cit.*, pp. 25-6.
　エリザベスは、ベンジャミンの父親であるジョン・メイソンに窮状を訴える手紙を書いている。1841年のセンサスによると、イザベラは祖父ジョンとカンバーランドのオートンで暮していたとみられる。http://rainydayreadings.blogspot.jp/2010/09/not-so-secret-vital-records-of-mrs.html（2017年10月20日確認）

[14] ヘンリーの妻エミリー（Emily）は1840年にこの世を去っている。

[15] ヘンリーは、自分の長男をヘンリー・メイソンと名づけている。これは明らかにベンジャミン・メイソンの名にちなんでつけられたものである。このようなことからも、ヘンリーはベンジャミンに対して、敬意を払っていたことがうかがわれる。また同時に、ベンジャミンがそれほど好人物であったということであろう。

経済的にも豊かで、上流中産階級といってよいだろう。エリザベスは、4人の子どもたちと自分の母親を引き連れて、ドーリング家の所在地である、エプソムに移り住むことになった。

ドーリング家

イザベラにとってドーリング家は、7歳のときに母エリザベスが再婚して以来、20歳でサミュエルと結婚するまで身を置いた一家であった。物心つくような年齢から多感な年頃までをすごした家庭であり、イザベラに与えた影響は少なくないと考えられる。

ドーリング家がエプソムに移り住むようになったのは、ウィリアム・ドーリング（William Dorling, 1775-1858）の代であった。家族の言い伝えでは1821年にイースト・サセックス、ベクスヒル（Bexhill）からやって来たということである。ウィリアムは、エリザベスの再婚相手であるヘンリーの父親である。彼は印刷業、本屋を営み、暦や賛美歌集などを売っていた。そのかたわら、ダービー競馬の開催時には、競馬場にやってきた人びとが求めるものなら何でも売ったのである。彼が売ったものはさまざまあるが、なかでも特筆すべきは、レース・カード[16]と呼ばれるものであった。これはウィリアムが考案したもので、レース直前まで出走馬や騎手に関する情報を収集して、当時、最新式の印刷機[17]で印刷したものであった。ウィリアムはこのレース・カードを売って財を成し、エプソム・グランドスタンド・アソシエーション（the Epsom Grandstand Association）の株式を大量に取得することになった[18]。ウィリアムは単に資産価値を見込んでこの株式を取得したようであったが、このことが息子ヘンリーの代になってものをいうことになる。

このレース・カードの成功を機に、ウィリアムは息子ヘンリーをロンドンの印刷業者に徒弟修業に出している[19]。ヘンリーは印刷屋の徒弟修業を終え

---

16) 今日でも同様の内容のレース・カードが唯一公式なものとして売られている。

17) ウィリアムは当時最新式のアルビオン印刷機を導入している

18) Freeman, *op. cit.*, p. 24.

19) *Ibid.*, p. 25.
　ウィリアムが、エリザベスの母グラニーが営む下宿屋に、息子ヘンリーを下宿させたのは、馬

第 2 章　イザベラ・メアリー・ビートン

ると、エプソムにもどり、1840 年にはエプソム競馬場の職員になった。その後、妻に先立たれ、エリザベスと再婚、1851 年には父ウィリアムが引退したため、仕事を引き継いだ。また同年、ハイ・ストリートにあるオルモンド・ハウス (図 5) を借り受け転居している。そして、エプソム・グランドスタンド・アソシエーションの大株主であったことから競馬場の実質的な支配人となり、さらにはこのレース・カードを唯一公認のものにしたのである[20]。父、ウィリアムが大量の株式を取得していたからであった。

　ドーリング家は、エリザベスが再婚した時点で、すでに上流中産階級の仲間入りをしていたと思われるが、ハイ・ストリートに移り住んでからは、よく晩餐会を開いた。また、ヘンリーはのちにクロイドンの近くに、18 世紀に建てられたカントリー・ハウスを購入し、ストラウド・グリーン・ハウスと名称を変更して住居とした。ヘンリーとエリザベスは、この屋敷によく客

図 5　オルモンド・ハウス

　　丁をしていたグラニーの父スタンディッシュと知合いであったからではないかといわれている。また、1814 年に徒弟法が廃止されているので、ここでいう徒弟修行は法律の定めにしたがったものではない。その点を考慮して徒弟奉公ではなく徒弟修行と表現した。
20)　Mayhew, Henry, *London Labour and the London Poor*, vol. 1., Charles Griffin and Company, 1864, pp. 285–6.
　　メイヒューによれば、ダービーの開催日には、ロンドンの呼び売り商人の多くがエプソムにやってきた。彼らは印刷業者のドーリング氏から、1 ダースにつき 2 シリング 6 ペンスで、このレース・カードを仕入れ、1 枚 6 ペンスで売った。メイヒューはその際の売り口上までも紹介している。

を招待してもてなした[21]。このようなことからも、ヘンリーやエリザベスの上流志向をうかがい知ることができる。ヘンリーとエリザベスには、それぞれ4人の連れ子があったが、再婚後さらに13人の子どももうけている。19世紀のイギリスでは、ひとりの女性が経験する出産回数は、今日に比べてはるかに多かった。しかしその当時でさえ、彼女の出産回数はきわめて多いものであった。最後の妹ができたとき、イザベラはすでに27歳になっていた。つまり、エリザベスは27年間で実に17回もの出産を経験したことになるのである。

生い立ち

前述したように、イザベラは、さほど裕福ではない商人の子として生まれた。幼いころ父親を失い、経済的に苦しい生活を強いられた時期もあったが、母親の再婚によって一家の生活は一変した。経済的に困り果てた下層中産階級の生活から、突然上流中産階級の生活に入ったのである。母親のエリザベスはこの再婚に際して、自分の母親であるグラニーもエプソムに引き取っている。したがって、ドーリング家からみれば、突然6人の家族が増えたことになる。さらにエリザベスは、次から次へと子どもを産んだ。ドーリング家の屋敷は決して小さなものではなかったが、家族の急増によってすぐ手狭になってしまった。ヘンリーとエリザベスとのあいだに4人目の子どもが誕生した1847年には、エリザベスの提案で、祖母グラニーと11人の子供たちはエプソム競馬場の特別観覧席（図6）で暮らすことになった[22]。イザベラは、一家がハイ・ストリートに転居するまでの約4年間を、兄弟の面倒をみながら[23]、この広大な競馬場ですごしている。ドーリング家での上流家庭の生活と合わせて、この特別観覧席での生活経験は、彼女の人格を形成するうえで

---

21) Freeman, *op. cit.*, pp. 47-8.
　　『自助論』で有名なサミュエル・スマイルズも、この屋敷をよく訪れていたようである。
22) *Ibid.*, p. 27.
23) Spain, *op. cit.*, p. 34.
　　エリザベスは、イザベラがじゅうぶん成長したので、幼い兄弟の面倒をみることができると考え、子どもたちをエプソム競馬場で生活させることを提案したようだ。

第 2 章　イザベラ・メアリー・ビートン

図 6　エプソム競馬場と特別観覧席（右側の大きな建物）

も重要な意味を持つことになったであろう。同時に、のちに『ビートン社の家政書』を編集したり、サミュエルとともに出版業界で仕事をしたりしていくための資質の形成という面でも大きな影響を与えたはずである。

　さて、エプソム競馬場でのイザベラの生活は、どのようなものであったのだろうか。エプソム競馬場は、一年の大半が競馬のない静かな状態であったから、子どもたちは一年中ほぼ毎日兄弟たちと、応接室や事務所で寝起きし、バルコニーで跳びはね、走り回って遊んでいたと思われる。ただし、ダービー競馬の開催に合わせて、その間だけは、エプソムの喧騒をはなれブライトンですごした。こどもたち中心の競馬場での生活であったが、エリザベスの4人の子どもたちと、ヘンリーの4人の子どもたちは、同じような年齢であったが、グループ間でよくけんかになったようである[24]。イザベラは一方の4人兄弟の長女であり、中心的な存在であった。対する4人兄弟の中心的存在

24）　Freeman, *op. cit.*, p. 37.
　あるとき、継父ヘンリーが母エリザベスに「何だか騒がしいがどうしたんだい」とたずねたところ。エリザベスは「わたしの子どもたちと、あなたの子どもたちが、私達の子どもたちとけんかしてるのよ」と返事したという逸話が残っているほど、グループ間での兄弟げんかが絶えなかったようだ。

は、長男のヘンリー・メイソン（Henry Mayson, 1834-1919）であった。継父ヘ
ンリーの連れ子たち4人は、総じておとなしい性格であったらしく、イザベ
ラ率いる4人兄弟にはかなわなかった。おそらく、次第にイザベラは、この
子ども集団全体を仕切るようになっていったと思われる。幼い弟や妹の面倒
をみ、たくさんの兄弟姉妹のなかでリーダーシップを発揮して生活していく
なかで、イザベラは、判断力、決断力、行動力など、さまざまな資質を身に
つけていったものと考えられる。

　その後イザベラは、ロンドンのイズリントン（Islington）にあった女子の寄
宿学校に入学している。のちにこの学校にはイザベラの妹たちも入学してい
る。1851年の時点でこの学校の生徒は5人であったが、そのうちのふたり
はメイソンの娘であり、ふたりはドーリングの娘であった[25]。次いで15歳の
夏に、イザベラはドイツ、ハイデルベルク（Heidelberg）の寄宿学校に入学し
ている。ハイデルベルクの学校で、彼女はフランス語、ドイツ語、そして音
楽の素養を身につけた。この学校には、のちにドーリング家の娘たちだけで
なく、ビートン家の娘たちも入学している。この学校を終えたイザベラは、
エプソムにもどって、上流中産階級の子女にふさわしい生活を送っていた。
彼女は、午前中の散歩やディナー・パーティーへの出席、そして、ピアノの
レッスンを受けるためにロンドンへ出かけるなどしてすごしていたのであ
る。イザベラはディナー・パーティーにはうんざりしていたようだが、一方
で、ロンドンでのピアノのレッスンに出かけることは楽しみにしていたよう
である。

　継父ヘンリーは、エリザベスの連れ子たちをたいへんかわいがった。ヘン
リーによって描かれたベンジャミンの幼い4人の子どもたちの絵が残されて
いるが、みな天使の姿で描かれている（図7）。なかでもイザベラのことは特
別にかわいがったようだ。同時に、彼女をレディに仕立て上げることにも熱
心だった。レディとしての体面を保つべく、少しでもよい学校に入学させよ
うとしたり、ディナー・パーティーに出席させるなどして、上流中産階級の
子女にふさわしい相手と結婚させるつもりでいたにちがいない。イザベラは、

25）Hughes, *op. cit.*, p. 65.

このようなヘンリーに反発を感じていた。母親が再婚してからずっと、継父ヘンリーに対して親しみを感じることができないでいたのだが、それは終生変わらなかったようだ[26]。

サミュエルとイザベラは、頻繁に手紙のやりとりをしていたが、イザベラの手紙からは、彼女のサミュエルに対する愛情の深さをうかがい知ることができる。その一方で、継父ヘンリーは、サミュエルをまったく気に入らなかった[27]。ヘンリーのサミュエル嫌いは、終生変わることがなかったし、サミュエルに対する悪感情は、ひとりヘンリーにとどまらず、のちにドーリング家の人びと全員に広がっていくことになる。

図7　1848年に継父ヘンリー・ドーリングによって天使の姿に描かれたベンジャミンの子どもたち。上から二番目に描かれているのがイザベラであると思われる

とにかく、継父の反対を押し切ってまでも、イザベラはサミュエルと結婚した。結婚式は、豪華で盛大なものであった。継父の反対を押し切ってまで、経済的に劣る駆け出しの出版者サミュエルとの結婚を成しえたのは、サミュエルに対する情熱や継父に対する反発心だけではなく、自分の意志を貫くという彼女の強い精神力があればこそであろう。そして、当時の上流中産階級の女性のイメージとは正反対のように思えるこのような資質は、幼いころからの家庭環境、とりわけエプソム競馬場での生活体験や母親代わりとして多くの妹や弟の面倒をみて過ごしたことによって培われたのではないだろうか。

---

26)　イザベラは、母親が再婚してからも、サミュエルと結婚するまでは、継父のドーリングではなく、実父のメイソンを名乗っていた。
27)　Freeman, *op. cit.*, pp. 98-9.
　　フリーマンは、イザベラの異父妹であるルーシーも、ヘンリーと同じくらい、サミュエルに対して評価が低かったと述べている。。

イザベラとサミュエル ── 結婚、出産、別れ ──

　ふたりの縁は、彼らが生まれる以前からすでにあった。サミュエルの祖父の弟は、獣医として、イザベラの母方の祖父と出会っていたし、サミュエルの父親とイザベラの父親はともに、マンチェスターで商売をしていた。また、母親同士がミルク・ストリートにやってきたのも同時だった[28]。

　イザベラが、両親と共にミルク・ストリートに移住してきたとき、サミュエルは5歳の子どもだったが、サミュエルが、祖母に連れられてサフォーク州のハドリー (Hadleigh) に移り住んだとき、サミュエルは10歳、イザベラは5歳になっていた。ミルク・ストリートは狭い通りであったし、目と鼻の先で暮していたわけだから、すでに物心つく年頃になっていたふたりにとって、お互いの存在が意識のなかにあったことは間違いないだろう。さらに、イザベラには妹がいたし、1841年までにサミュエルにも異母妹が4人生まれていた。ビートン家の4人の娘と、メイソン家の姉妹は年齢も非常に近かった。その上、サミュエルの継母と、イザベラの母親とは親交があった。家も近かったし年齢も近かったので、おそらく、両家の娘たちはよく一緒に遊んだことであろう。イザベラのことは、どこからかサミュエルの耳に入ってきたであろうし、サミュエルのことも、やはりどこからかイザベラの耳に入ったであろう。メイソン家では、父ベンジャミンが他界したあと、母親はヘンリー・ドーリングと再婚した。その際、一家はミルク・ストリートを離れ、エプソムに移住してしまうが、母親同士の交流は続いたし、両家の娘たちは、ハイデルベルクの同じ学校に進んだ。サミュエルとイザベラは、直接顔を合わせることは、ほとんどなかったかもしれないが、お互いのことは、母親や、妹たちから聞いていたに違いない。

　前述のように、イザベラは、ピアノのレッスンのために、ロンドンに出かけていたが、その際には、母親がつき添うことが多かった。ロンドンに出たついでに、母親は、旧友であり、ミルク・ストリートのタバーンの女主人であるイライザ・ビートン (Eliza Beeton, 1809-64) 宅を訪問することがたびたび

---

28) Hughes, *op. cit.*, p.100.

第 2 章　イザベラ・メアリー・ビートン

図8　21歳頃のイザベラ

図9　23歳頃のサミュエル

あった。サミュエルと継母イライザとの人間関係は良好であったから、サミュエルは頻繁にミルク・ストリートにある実家に帰ってきていた。それで、当然のように、そこでイザベラとサミュエルは顔を合わせることになったのである。イザベラ（図8）は美しい女性であったし、サミュエル（図9）は美男子であった。お互いにひかれるようになり、交際がはじまった。当時サミュエルは出版事業に乗り出し軌道に乗り始めたころであったから、非常に忙しかったし、元来病弱な体質であったようで、しばしば体調を崩し、静養のため、ながらくロンドンを離れることもあった。それで、直接会って話ができないときには、頻繁に手紙のやり取りをしている[29]。ふたりは、1855年6月頃には婚約をしている。これは、イザベラがハイデルベルクの学校を卒業してから1年にも満たないときのことであった。

　ふたりは、1856年7月に結婚している。この結婚式の日取りはダービー競馬が終わったらできるだけ早く、ということで決められた。結婚式は、聖

---

29)　イザベラは手紙のなかで、ほれっぽい女だと思われたくないと述べ、サミュエルの義弟に自分の手紙を読まれるのではないかと心配して、読み終えたらすぐに焼却するように頼んでいる。しかし、サミュエルは焼却せず、これらの手紙の多くを死ぬまで大切に持っていた。

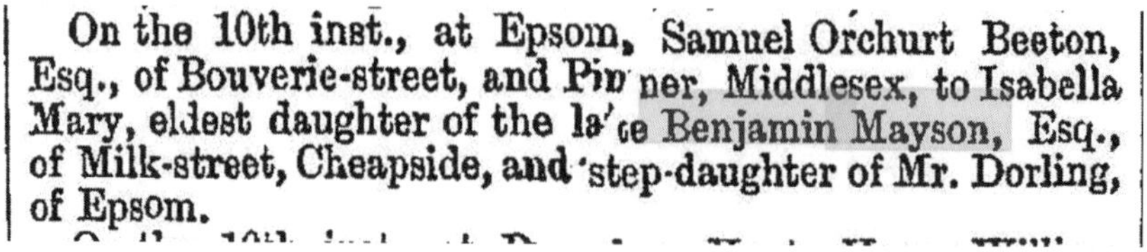

> On the 10th inst., at Epsom, Samuel Orchurt Beeton, Esq., of Bouverie-street, and Pinner, Middlesex, to Isabella Mary, eldest daughter of the late Benjamin Mayson, Esq., of Milk-street, Cheapside, and step-daughter of Mr. Dorling, of Epsom.

図10　イザベラとサミュエルの結婚を伝える新聞記事

マーチン教区教会 (St Martin's parish church) で執り行われた [30]。披露宴は、エプソム競馬場のグランドスタンドで行われた。このときの様子は、当時8歳にしてブライド・メイドとして結婚式に出席した、ルーシー・ドーリングの記憶により再現される [31]。イザベラの白い絹製のウェディング・ドレスや、並べられたふたりへの豪華なプレゼント、数々のご馳走など [32]、披露宴は、豪華で、華やかなものであった。

　ふたりの結婚は、『タイムズ』紙 (The Times) をはじめ、地元紙数紙によっても報じられている (図10)。結婚式のあと、ふたりはヨーロッパ大陸に新婚旅行にでかけた。フランスで多くの時間を過ごしたが、最後の数日でハイデルベルクにも立ち寄っている。

　新婚旅行から帰ったふたりを出迎えたのは、コック、キッチンメイド、ハウスメイド、庭師であった。この家の女主人として彼女が最初にした仕事は、家事使用人たちに夕食の支度をさせることであった [33]。

　ふたりの新生活は、ロンドンから約21キロ離れたピナー (Pinner) ではじまった。アックスブリッジ・ロード (Uxbridge Road) の近くにあったウッドライディングス・エステート (Woodridings Estate) に、その家はあった。当時のピナー駅 [34] までは、わずか90メートルほどの距離であった。夫妻の家は、

---

30)　*Ibid.*, pp.132-9.

31)　Freeman, *op. cit.*, p. 124.

32)　この結婚式に出された料理のうち、ピジョン・パイは『ビートン社の家政書』のなかで「PIGEON PIE (Epsom Grand-Stand Recipe)」として紹介されている。これは『ビートン社の家政書』に採用されたレシピのうちではめずらしく、イザベラ自身にかかわりのあるレシピである。(Beeton, Isabella, (ed.), *op. cit.*, pp. 482-3.)

33)　*Ibid.*, p.130.

34)　Hughes, *op. cit.*, p.141.
　　ヒューズによると現在のハッチ・エンド駅である。

第 2 章　イザベラ・メアリー・ビートン

チャンドス・ヴィラ（Chandos Villas 図 11）2 番であった。この住宅街では最も安い物件であったが、このあたりのほとんどの家庭でコック、ハウスメイド、子守りの 3 人の家事使用人を雇っていた。その家をサミュエルは、結婚式の数ヶ月前に用意し、新婚旅行から帰った 8 月 2 日に入居している。その家は、セミデタッチド形式[35]で外観はレンガ造りであった。駅も近くにあり、一等席にも無料で乗れる定期乗車券で、自宅とロンドンを自由に行き来できた。また、サミュエルは、友人を招いたり、キャンプに出かけたりして、ピナーでの生活をおおいに楽しんだ。

　ピナーでの生活は、当時としてはずいぶん快適な環境であった。イザベラは、室内をベージュと緑を基調とした落ち着きのある雰囲気にまとめていた。家具は、実母エリザベスの勧める家具屋から購入した。上質で高価な家具が置かれていたようだ。それだけではない、風呂の蛇口をひねれば湯が出るよ

図 11　チャンドス・ヴィラ

---

35)　外観は大きな 1 軒の家に見えるが、内部は壁によって仕切られており、実質は 2 軒である。

うになっていたし、最新式の料理用ストーブ[36)]が備えられていて、その熱で部屋が暖かく保たれるようになっていた。

このような新居から、サミュエルは仕事に出かけるようになった。朝は6時に起床し、冷水浴をしてから朝食[37)]をとり、駅まで約2分歩いて早朝の列車に乗り仕事に出かけた。サミュエルの帰宅は遅く[38)]、たいてい夕食後[39)]に帰宅した。サミュエルはこのような毎日をおくっていたから、イザベラは、平日はほとんどひとりで家のなかですごすしかなかった[40)]。

しかし、ふたりが結婚してからおよそ8ヵ月後には、イザベラによる記事がEDMに掲載されるようになった。イザベラが記事を書くに至った経緯についてはよくわかっていない。フリーマンによると、おそらく家事に関する執筆者が、何らかの理由で執筆できなくなったのがきっかけだろうということである。それは、EDMの家事に関する記事が、1856年の10月から6ヶ月間、掲載されなかったことから推測されるというのだ。フリーマンの推測では、サミュエルがイザベラに記事を書くよう頼んだのは早い時期であったが、イザベラは、次の執筆者が見つからないとわかるまで了承しなかったと

---

36) Freeman, *op. cit.*, p.131.

　フリーマンはこのストーブは、おそらく大英博覧会で賞をとった、改良型リーミントン料理用ストーブ（Improved Leamington Kitchener）であっただろうと述べている。この料理用ストーブは、その他のストーブとともに『ビートン社の家政書』でも図版入りで紹介されている。「ひとつの火で簡単に料理ができ、ほかのどのようなストーブよりも優れている」と『ビートン社の家政書』のなかでも絶賛されている。(Beeton, Isabella, *op. cit.*, p. 27.)

37) Freeman, *op. cit.*, p. 131.

　朝食は、サミュエルの健康を気づかったイザベラのすすめで、たっぷりととっていた。

38) *Ibid.*, p. 131.

　サミュエルは、一度最終列車に乗り遅れたことがあったようで、そのときは家まで歩いて帰ってきたということである。フリーマンはサミュエルの自虐的な性格がよく現われていると述べている。

39) *Ibid.*, pp. 131-2.

　ビートン家の夕食は、一般より少し早く5時30分ころであった。ちなみにドーリング家は6時であったようだ。コックは、サミュエルが遅く帰ってきても、食事ができるように用意しておくことを、イザベラから命じられていた。

40) *Ibid.* p. 161.

　Spain, *op. cit.*, pp. 94-5.

　異父妹のルーシーは、幼いころに姉イザベラの新居を訪れたときのことをよく記憶していた。「妻をかえりみない身勝手な夫」というルーシーのサミュエルに対する印象は、のちにドーリング家の人びとのサミュエルに対する評価におおいに影響を与えた。

いうのだ[41]。それでも夫の事業に協力するために執筆することを決意したイザベラは、非常に神経質な状態に追い込まれながらも、さまざまな料理書を読み、サミュエルの指導をうけて、最初の原稿を書き上げたと考えられる。記事を書くための準備に数ヶ月要したことを考えると、結婚してから数ヶ月後には、中産階級のありふれた主婦の生活から、毎日机に向かい、本を読んだり、執筆したりするような、あるいは台所でさまざまな料理を実際につくってみるような忙しい生活に転じていたと推測される。

図12　24歳の頃のイザベラ

　ところで、イザベラは1857年8月に長男を出産している。ということは、彼女は妊娠中にこのような仕事をこなしていたことになる。ヴィクトリア時代には、出産に際して母子ともに健康である確率は、現在に比べてかなり低く、出産をするということ自体が危険を伴うことであった。にもかかわらず、イザベラが、妊娠中にこのような仕事をしたのは、彼女の母親エリザベスが、何人もの子どもを出産し、まったく平気でいたことや、その子どもたちが皆健康であったことで、出産に対して楽観的であったのかもしれない。

　イザベラは、出産後も休まずコラムの執筆を続けていた。この時期、読者にレシピを送ってくれるように紙面で呼びかけている。また、彼女は毎月3つの記事を書いていたが、のちに子育ての記事も書いている。イザベラにとっては、料理の記事を書くよりも、子育ての記事を書くことの方が容易であっただろう。母親としての経験はほとんどなかったが、エプソム競馬場で過ごした時期に、幼い兄弟の面倒を見ながらすごした経験がいかせたからである。

---

41)　Freeman, *op. cit.*, p. 133.

ところが、ふたりにとって非常に衝撃的な出来事が起こった。長男サミュエル・オーチャート（Samuel Orchart, 1857-7）が、その年の12月にこの世を去ったのである。イザベラの悲しみの大きさは、その月の記事を休んだことからも推察できよう。長男の死は、イザベラばかりでなく、サミュエルにとっても、非常に心痛める出来事であったことは想像に難くない。

　しかし、そのような悲しい出来事にもかかわらず、イザベラは記事を書く仕事をそのあとも続けていった。とにかく、イザベラの立場は、結婚から1年もたたぬうちに、たいくつな専業主婦から、雑誌記事の執筆者へと変化していったのである。サミュエルは、この頃からさまざまな雑誌や本の出版を手がけ、精力的に事業を拡大していたから、EDMや、のちに出版される『クィーン』などは、イザベラが積極的にかかわって編集されていたものと思われる。

　『ビートン社の家政書』に掲載されているレシピは、すべてイザベラが実際に調理してみたということを謳い文句にしている。レシピ収集のためイザベラはさまざまな料理書を読みあさり、同時に読者からもレシピを募集していたが、読者から送られてくるレシピはたいてい使いものにならないものであったようだ。『ビートン社の家政書』には大量のレシピが掲載されている。採用されなかったレシピまで含めるとイザベラが調理してみた料理は相当な数にのぼったであろう。『ビートン社の家政書』が完結するまでの約4年間に、これだけの調理をこなそうと思えば、毎日のように、一日中キッチンに立ち、次から次へとレシピを試していたにちがいない。彼女は『ビートン社の家政書』の序文で、「正直いって、こんなに大変な仕事だと前もってわかっていたら、この本に取りかかる勇気を持てなかったにちがいない」といっているが、これは彼女の本音が率直に語られているようで興味深い。

　『ビートン社の家政書』が完結し、単行本として出版されたのと同じ1861年に、イザベラが編集を担当した、EDMの読者よりも裕福で教養ある層を対象にした週刊紙[42]『クイーン』が創刊されている。この頃にはすでに、ストランドの新しいオフィスに彼女のための仕事場が用意されていた。イザベ

42）　松本三枝子「19世紀女性雑誌研究」『愛知県立大学外国語学部紀要』第39号（言語・文学編）、2007年、80頁。

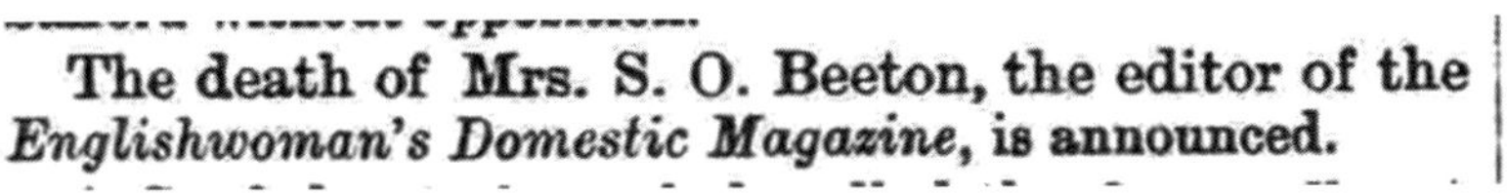

The death of Mrs. S. O. Beeton, the editor of the Englishwoman's Domestic Magazine, is announced.

図13 1865 年 2 月 16 日付『ブラッドフォード・オブザーバー』紙に掲載されたイザベラの死亡記事。まったく同じ内容の記事が、その他 2 紙で確認できる

ラは、サミュエルと一緒に、早朝から通勤列車に乗り込み、会社に出勤し精力的に仕事をこなしていたのである。それは、今日でいうところのキャリア・ウーマンさながらの生活ぶりであったと推測される。当時でも、働く女性は少なからず存在したはずだが、イザベラのように通勤列車で会社に通い、男性と同様か、あるいはそれ以上の仕事をこなす中産階級の女性がそう多くいたとは考えられない。今日の働く女性との違いがあるとすれば、無給で働いていたということである。あくまでも夫の仕事を助けるという意味では、中産階級の女性の労働も珍しいものではなかった。仕事量は大変なものであったはずだが、イザベラにとっては、サミュエルの仕事を手助けする以上の意識はなかったのではないだろうか。

　その仕事ぶりと並んでもうひとつ、ふたりの生活のなかで特徴的なことがあった。それは、彼らが教会にはほとんど行かなかったということである。通常であれば、彼らのような社会的立場の人なら、日曜日には教会へ行くのが当たり前のことと思われたであろう。しかし、サミュエルは教会嫌い[43]であったようで、結婚式のとき以来ほとんど教会へは行かなかった。もし行ったとしても、それは見物としてであって信仰心からではなかった。日曜日に教会へ行かなかったことは、前述のルーシーからドーリング家の人びとにも伝わり、ドーリング家の人びとの、サミュエルに対する反感がますます強くなる一因ともなった。

　イザベラは、『ビートン社の家政書』出版直前の 1859 年 9 月に次男を出産するが、この子どもも 1861 年 12 月にブライトンでの休暇中にこの世を去っている。しかし、1863 年に三男、1865 年に四男が誕生し、彼らはふたりとも、1947 年まで生きた。しかし、四男を出産して数日後の 2 月 6 日に、

---

43)　Freeman, *op. cit.*, pp. 63–4.

イザベラは産褥熱のためこの世を去った。当時、新聞紙上に掲載された彼女の死亡記事には「*EDM*の編集者」と記されてあった（図13）。

まとめ

　イザベラが駆け抜けたわずか29年足らずの人生は、われわれの目には、ずいぶん波乱に満ちたものであったようにうつる。しかし、彼女の人生のなかで、その重要な局面において、他人のためにみずからの意志を曲げたことが何度あったというのだろうか。これまで見てきた限りでは、彼女が多少なりとも意に添わぬ決断を下したのは、*EDM*へのコラムの執筆を決断したときくらいではないだろうか。それとて、当時の中産階級の理想的な主婦像とは、むしろ逆方向へと、彼女を向かわせた。

　たしかに、彼女が編集した『ビートン社の家政書』は、決して彼女が生きた時代の規範からはずれるような生き方をすすめてはいない。むしろ、同時代の中産階級の主婦たちが必要とした、真に実用的な情報が盛り込まれている。しかし、だからといって彼女自身が同時代の女性たちを標準化したような生き方をしたわけではない。彼女の生き方は、決して当時の理想的な女性像とは一致しない。父親の反対を押し切って結婚し、結婚して数ヶ月もたてば、一日中机に向かって仕事をするような生活に入り、妊娠、出産のあいだも仕事を続け、やがては男性同様に、都心の会社まで通勤列車に乗り込んで出社する。このような生活が、「家庭の天使」といわれた当時の女性の理想像と一致するはずがないのである。

　しかし不思議なことに、彼女が意識して進歩的な女性であろうとしたような形跡はみられない。たしかに、サミュエルは、ただ男性に頼って生きているだけの女性にはあき足らなかったのかもしれないし、彼の理想は、対等に話ができる知性と能力を備えた女性であったのかもしれない[44]。しかし、そ

---

44)　*The English Woman's Domestic Magazine*, Vol. 2, Eureka Press, 2005, (reprint) p. 224.
　　　*EDM*には、「エッセイ・コンペティション」という欄があった。読者から送られてきたエッセイをサミュエルが審査した。一位になったものは*EDM*に掲載され、二位になったものは、そのエッセイに対するコメントが掲載された。「女性の権利」というテーマで募集したとき女性読者の婚約者から、この欄に対する抗議の手紙がサミュエルの元に届いた。男性の抗議は次のような

第 2 章　イザベラ・メアリー・ビートン

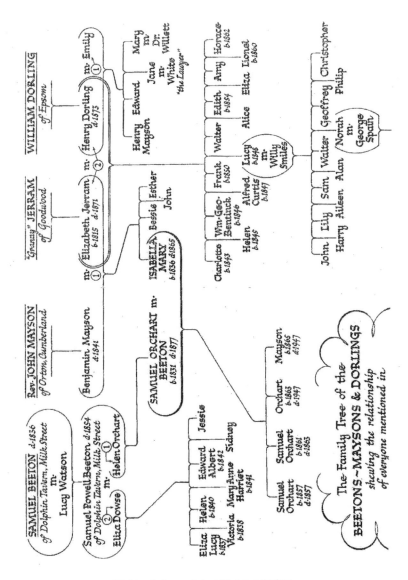

図 14　サミュエルとイザベラの家系図

れとて、それ以上でもそれ以下でもなかったように思われる。イザベラが進歩的であることを、サミュエルが意識的に望んでいたようには思えない。もし、サミュエルがイザベラに進歩的な女性としての生き方を望んでいたのなら、仕事に応じた報酬を会社から支給し、最初から本のタイトルに彼女の名前をつけておくことも可能であったはずだ。そもそも、『ビートン社の家政書』に、意識して進歩的な内容を盛り込むこともできたはずなのである。家事、育児などの主婦としての務めを立派に果たすために必要な情報を提供しておきながら、自分自身はきわめて新しい生き方をしている。それを支えているのが夫であるのだが、本人も夫も新しい生き方をしているという自覚があったようには思えない。彼らの生き方が興味深く感じられるのは、そのような矛盾に満ちているからなのだろうか。

　『ビートン社の家政書』の出版が、イザベラひとりの手によってなされたものでないことはいうまでもない。ふたりがともにすごした時間は、わずか9年にも満たなかったが、その間になしえたものは、どちらか一方が欠けていても、日の目をみることがなかったはずである。ところが、今日語られるイザベラは「ビートン夫人」という仮面をつけられて、ややもすればひとり歩きしているように感じられる。われわれが、もし真実に迫ろうとするならば、イザベラと同等かそれ以上に、サミュエルに光を当てることが必要であろう。

　同じように、サミュエルにもっと光を当てるべきだ、と感じていた人がいた。誰あろう、ビートン夫妻の末息子メイソンである。母イザベラを知らずに育ち、父も早くに失ったメイソンにとって、残された手紙、日記、写真な

ものである。「私には2年間つき合ってきたレディがいます。本当に幸せですし、結婚しようとも思っています。しかし、私は素晴らしいエッセイを書く女性よりも、自分の名前さえ書けないような女性と結婚したかったのです。エッセイを書くことに秀でた女性が、いったい家事に精を出すとお思いでしょうか。靴下を繕っている姿ではなく、『女性の権利』というテーマでせっせとエッセイを執筆する姿を見ることになるのでしょうね。ああ、私の将来は真っ暗です」それに対して、サミュエルの返答は次のようなものである。「偏狭な考えを持っていたり、教養のないパートナーから、どのような親しい交わりを、どのような共感を、どのような協力を、教養ある男性、あるいは世間をよく知っている男性は見出すことができるというのでしょうか。われわれは、あなたを哀れに思います。われわれは知性ある女性と心を通わせることこそが、天が男性に与え賜うたもっとも偉大なる恩恵であると考えています」というものである。サミュエルの価値観の一端がうかがえるようで興味深い。

どは、父母そのものであったのだろう。「ビートン夫人」として俗にまみれていく母イザベラと、母イザベラの影で忘れ去られてしまった父サミュエルを、彼は必死で守ろうとしていた。母同様に父親のことも平等に描いてくれる伝記作家を探したり、母イザベラの写真をナショナル・ポートレート・ギャラリーに寄贈する際も、その写真につけられるコメントにこだわった。あくまでも、出版者、編集者サミュエル・ビートンの妻であると主張した。1990年代になって、サザビーズのオークションに夫妻のラブレターが出品されるなど、ビートン夫妻に関する資料が市場に出回り始めた。ヒューズは、散逸し始めた夫妻の資料を回収し、それまでに出版されていた伝記に、新たな資料を加えて、最新の伝記を発表した。さらに、近年、*Oxford Dictionaery of National Biography*（以降 *ODNB* という）にも夫妻の項目が追加された。現在、イザベラに関する記述は、一般雑誌にまで及んでいる。しかし、だからといって、イザベラに関する記述が必ずしも正確になされているわけではないし、サミュエルに光が当たり始めたわけでもない。

　本章では、イザベラの人物像を、その出自からはじめ、生い立ち、結婚後の生活、そしてこの世を去るまでを追った。次章では夫サミュエルに光を当てたい。

Column 2

『ビートン社の万物事典』
静岡県立大学所蔵本と北海道大学所蔵本

　現在、日本の大学図書館に所蔵されている『ビートン社の万物事典』のなかから、興味深い2冊について紹介してみましょう。ひとつは静岡県立大学付属図書館（以下静岡県立大）に所蔵されているもの、もうひとつは北海道大学付属図書館（以下北大図書館）に所蔵されているものです。

　静岡県立大に所蔵されているものは、国際報道写真家　岡村昭彦氏（1929-85年）が蒐集した約1万8000冊の蔵書コレクションに含まれているものです。3分冊になっていて、それぞれA–D、D–L、L–Zに分けられています（図1）。第一巻A–Dのタイトル・ページには、出版社の所在地としてブーベリー・ストリートが記載されています（図2）。残り2冊は、どちらもストランドが記載されています。第一巻A–Dにはサミュエルとシェーラの連名による序文がついていて、日付は1859年10月になっています。出版時期については序文の日付から推察する限り、大英図書館の最も古い書誌情報と合致します。この3冊にはそれぞれ掲載されている項目に関連した地図が綴じ込まれています。それらはすべて折りたたんだかたちで、その一片が糊付けされているようです。地図を見る場合には、それを広げる手間とスペースが必要になります。見終わったあとは、折りたたむ手間が必要ですし、何より開いたり、折りたたんだりしているあいだに、ビリッと破ってしまわないか気を使

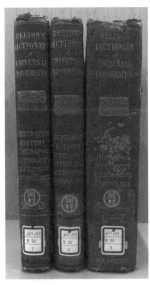

図1　静岡県立大所蔵『ビートン社の万物事典』

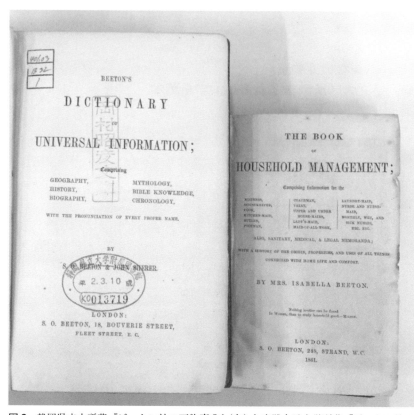

図2　静岡県立大所蔵『ビートン社の万物事典』(左) と実践女子大学所蔵『ビートン社の家政書』(右) のタイトル・ページ

図3　静岡県立大所蔵本に挿入された地図

コラム2 『ビートン社の万物事典』静岡県立大学所蔵本と北海道大学所蔵本

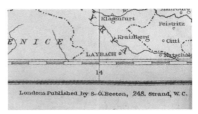

図5　S. O. ビートン社の所在地がストランドと印刷された地図（下部参照）

図4　S. O. ビートン社の所在地がブーベリー・ストリートと印刷された地図（下部参照）

います（図3）。しかし、よく見てみると地図の枠外下部に出版社名と、出版地が印刷されていることに気づきます。それを順に追っていくと、3冊目の途中で、S. O. ビートン社の所在地がブーベリー・ストリートからストランドに変わっていることが分かります（図4、5）。

　以上みてきたことから、静岡県立大に所蔵されているものは、『ビートン社の家政書』が初めて分冊で出版されたときと同時期に、やはり初めて分冊で出版された『ビートン社の万物事典』を製本したものであり、表紙の意匠から、おそらくS. O. ビートン社によって用意された表紙を使って製本したものであると考えられます。しかも、3冊目の途中でS. O. ビートン社の所在地が変更されているということは、『ビートン社の家政書』と『ビートン社の万物事典』が同時に分冊で出版されていたことを裏付けていますし、両書のどの号と、どの号が同じタイミングで出版されたのかのおおよその推測ができます。ひょっとしたら約150年前のロンドンで、実践女子大所蔵の『ビートン社の家政書』のすぐ近くに並べられていたかもしれません。そのように考えると不思議な気持ちになり、筆者はふたつを並べて、しばらく眺めていました。今後、S. O. ビートン社の出版物に関して研究する際の重要

77

な資料になるものと考えられます。

次に、北大図書館に所蔵されているものについてみてみます。静岡県立大に所蔵されているものは3分冊でしたが、こちらは1冊になっており、そのぶん、本も分厚いものになっていますが、内容は静岡県立大のものと同じで、最終のページ番号も同じです。序文の日付は1861年11月に変わっていますが、序文に書かれている内容は静岡県立大のものと

図6 北大所蔵本に挿入された地図

同じです。ただし、静岡県立大のものにあった S. O. BEETON & JOHN SHERER という文言はなくなっています。1861年11月という日付が何を意味するのかはよく分かりません。大英図書館のオンライン目録からは1862年まで分冊出版されていたようにも読み取れますので、1861年が単行本の初版出版とするには少し早いような気がします。ただし、巻末の年代記は1861年で終わっていますので、やはり1861年に分冊の最終号が出版され、単行本もこの年に出版されたのかもしれません。いや、むしろ先ほど静岡県立大の本で確認した S. O. ビートン社の移転の時期を考えると、1861年に単行本の初版が出版されたと考えるほうが合理的かもしれません。

どちらにしても、北大図書館に所蔵されている『ビートン社の万物事典』は、単行本として出版された初版のもののうちの一冊であると考えられます。分冊時には折り込みのかたちで挿入されていた地図は見開きページにあわせて周囲をきれいに切り取られ、本からはみ出すことなく製本されています（図6）。その際、地図の枠外に印刷されていた出版社名、所在地もほとんどが切り取られてしまっています。

この本に関しては、まずタイトル・ページに注目してみます（図7）。タイトル・ページには蔵書印が押されていて、そこには「開拓使図書記」という文字がみえます。さらに「第二百二十六号」という記載が「第五十九号ノ一」に訂正されています。「31年之夏調査」という印も押されています。

コラム2 『ビートン社の万物事典』静岡県立大学所蔵本と北海道大学所蔵本

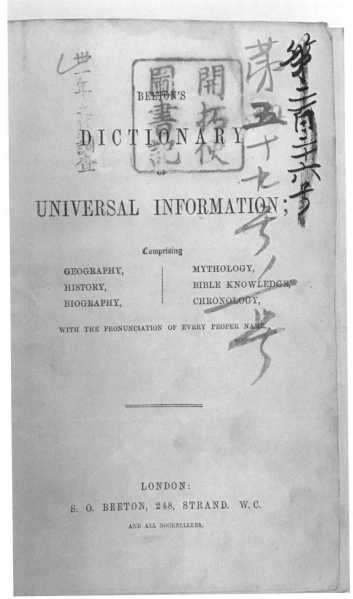

図7 北大図書館所蔵『ビートン社の万物事典』のタイトル・ページ

北海道大学の前身である札幌農学校は、まず明治5（1872）年に東京で「開拓使仮学校」（以下仮学校という）という校名で設立されます。その後、明治8（1875）年に仮学校は「札幌学校」という名称に変更され札幌に移転し、さらに明治9（1876）年に「札幌農学校」と改称されました。

　北海道大学図書館報『楡陰』や『北大百年史』によれば、明治9年に札幌農学校として開校した際、札幌学校の図書を引き継ぎ、同年7月現在で1787冊の洋書を所蔵し、さらに授業が進むにつれて開拓使各課から移管された図書や、主に英米に発注された教科書、参考書などで、明治11（1878）年に洋書3737冊（うち3311冊が英書）が所蔵されていたということです。

　First Annual Report of Sapporo Agricultural Collage, 1877（復刻版）（図8）を確認してみますと、このころ S. O. ビートン社の本が複数所蔵されていたことがわかります（図9）。また『北大百年史』「明治11年英籍目録」をみると、当時札幌農学校が所蔵していた洋書には、第一号から第千三百五号まで番号がつけられていたことが確認できます。さきほど「明治11年に3737冊（うち英書3311冊）の洋書」と述べましたが、割り振られた番号1305と蔵書数が食い違っているのは、当時洋書は、学生が個人で購入するには高価であったため、学校が教科書として同じ本を複数購入していたものが含まれているからです。なかには百冊以上所蔵していた本もあったようです。この目録中『ビートン社の万物事典』は『諸学辞書』という書名で「第五十九号」という番号が割り振られています（図10）。目録に記載されたこの番号と、さきほど実際のタイトル・ページに記載されていることを確認した番号が一致しています。おそらく訂正前の「第二百二十六号」というのは開拓使に所蔵されていたときに割り振られた番号で、その後、札幌農学校に移管されて「第五十九号」が割り振られたのでしょう。記録から、少なくとも、明治11年には札幌農学校に所蔵されていたことは確実なわけですが、割り振られた番号が所蔵された順であるとすれば、明治9年に所蔵されていた1787冊のうちの一冊である可能性も高く、それ以前に開拓使で所蔵されていたということを考え合わせれば、日本に持ち込まれたのは、さらにそれ以前ということになります。

　近代日本の礎を築いた知識人たちの、その知を支えた西洋の書物のなかにサミュエルやイザベラが出版した事典が含まれていたということは、サミュ

コラム2 『ビートン社の万物事典』静岡県立大学所蔵本と北海道大学所蔵本

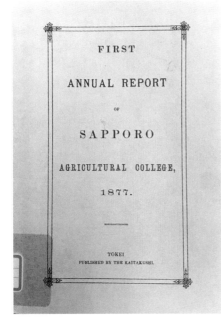

図8 *First Annual Report of Sapporo Agricultural Collage*, 1877（復刻版）の表紙

図10 明治11年英書目録より

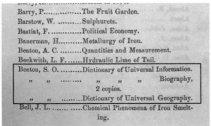

図9 所蔵されていたS. O. ビートン社の本（囲みは引用者）

エルやイザベラに関心を持ち、S. O. ビートン社の出版物を研究してきた者にとっては感慨深いことです。新渡戸稲造や、内村鑑三といった明治初期の知識人たちも、『ビートン社の万物事典』から学んだのかもしれません。

81

第3章
サミュエル・オーチャート・ビートン

　イザベラの実父ベンジャミンが商売をしていたミルク・ストリート24番地から通りをはさんだ反対側の、少し離れたところ、ミルク・ストリート39番地と呼ばれたところに、かつてドルフィン（The Dolphine）という名前のパブリック・ハウス[1]があった。そのドルフィンこそ、サミュエルの実家である。サミュエルは、妻イザベラの影に隠れて、長い間、日の目を見ることがなかった。イギリスの出版史、しかも19世紀の雑誌出版に興味を持つ研究者には、最重要人物であることが認識されているにもかかわらず、それ以外の人にとっては、せいぜい有名な「ミセス・ビートン」の夫という存在程度にしか認識されていなかったのだ[2]。したがって、サミュエルがそれ以外のことで語られるとすれば、もっぱら、EDMを刊行していた出版者ということである。しかし、それとてその雑誌の内容について語られることと比べれば、サミュエル自身に関する言及は、はるかに少ないものであった。
　『ビートン社の家政書』は、イザベラがひとりで記述したものを、たまたま出版社を経営していた夫が出版したと受け取られがちであるが、決してそのようなものではない。そのような誤解が生じるのは、この本がのちに『ミ

---

[1]　ヒューズはパブリック・ハウスと表現し、フリーマンやスペインはタバーンと表現している。また当時の新聞はインと表現している。
[2]　松本、前掲載、79頁。
　　松本は、「19世紀のイギリスにおける女性雑誌出版の最大の貢献者といっても過言でない」サミュエル・ビートの名前がODNBにもBritanicaにも見い出せず、有名なのは妻のイザベラであり、しかも雑誌への貢献ではなく、料理本の著書としてであると述べている。

セス・ビートンの家政書』として出版されるようになり、それが今日まで続いていることが、ひとつの要因であることは間違いない。その他の要因としては、ビートン社の他の出版物には実用書が多かったため、時の流れのなかで、人びとに忘れ去られてしまったことがあるだろう。『ビートン社の家政書』について考えるとき、われわれは、その編集者であるイザベラにばかり注目しがちである。実際サミュエルへの言及はわずかであるが、イザベラに関する言及は数え切れないほどある。しかし、『ビートン社の家政書』に関して考えるならば、われわれは、イザベラにばかり注目するのではなく、むしろそれ以上に、サミュエルに注目するべきなのである。

　本章では、サミュエルの出自や経歴などについて、できるだけ詳しく見ていくことにする。それは、今後、『ビートン社の家政書』やビートン社の出版事業を考える際に、イザベラに関すること以上に、サミュエルの人物像を明らかにすることが、より研究対象に近づくのに役立つと考えるからである。さらに、これまで取り上げられることのなかった、初期の共同出版人チャールズ・ヘンリー・クラークについても、できる限り詳しくみていくことにする。

　なお、ビートン家は、祖父の代からサミュエルを名乗っている。祖父はサミュエル・ビートン（Samuel Beeton, 1774-1836）、父親はサミュエル・パウエル・ビートン（Samuel Powel Beeton, 1804-54）である。本書では、明確に区別するために、サミュエル・オーチャート・ビートンは単にサミュエルと表記し、祖父、父親に関してはそれぞれサミュエル・ビートン、サミュエル・パウエル・ビートンと表記することにする。

祖父サミュエル・ビートン

　サミュエルの家系は16世紀初頭にまでさかのぼることができる。1535年に生まれたロジャー・ビートン（Roger Beaton[3], 1535-?）である。そこから7世代後のサフォーク州、ストウマーケット（Stowmarket）のジョン・ビートン

---

3)　フリーマンは Beeton ではなく Beaton と表記している。（Freeman, *op. cit.*, p. 55.）

第 3 章 サミュエル・オーチャート・ビートン

(John Beeton) が、サミュエルにとっては曽祖父にあたる。

　サミュエルの祖父サミュエル・ビートンは、1774年に、建築業を営む一家に生まれた。彼がロンドンにやってきたのは、18世紀の終わりごろであった。実家は建築業を営んでいたが、彼はロンドンで仕立屋として働いた。ロンドンに出てきたあと、皮革業、製靴業、被服業などが盛んであったスミスフィールド・マーケット (Smithfield Market) 周辺で住所を転々としている。1803年には、カウ・レーン (Cow Lane) でグローブ (The Globe) というパブリック・ハウスを経営するようになった。お客の大半は仕立屋時代の仕事仲間であった。このころまでに、サフォーク州出身のルーシー・エルスデン (Lucy Elsden[4], 1782-1861) と結婚している。ふたりの最初の娘は、サミュエル・ビートンの母親の名前であるトマシン (Thomasin[5]) にちなんで、アン・トマソン (Ann Thomason, 1807-07) と名づけられた。この子どもは、生まれてすぐに亡くなってしまったようだ。二番目の娘ルーシー (Lucy, 1808-75) が誕生した1808年には、ミルク・ストリートでドルフィンを経営するようになっていた[6]。ドルフィンには、ミルク・ストリート36番地で製靴業を営んでいたチェンバレン氏 (Mr Chamberlain) も昼食をとるためによく訪れた。このチェンバレン氏の長男が、バーミンガム市長や商務相、自治相を勤めたジョセフ・チェンバレン (Joseph Chamberlain, 1836-1914) であり、さらにその次男が、のちに首相となるアーサー・ネヴィル・チェンバレン (Arthur Neville Chamberlain, 1869-1940) である。

図1　パッテンを付けた女性

---

4)　フリーマン、スペインは Watson と表記している。
5)　表記はヒューズのものを採用した。(Hughes, op. cit., p. 79.) フリーマンはトマシナ・ハント (Thomasina Hunt) と表記している。Thomasin は Thomasina の異形。(Freeman, op. cit., p. 55.)
6)　同時にドルフィンに居住するようになっていた。

85

CRIPPLEGATE WITHIN.—*Returns 8.*

Kerl	150	Palmer	114
Smith	126	Waterhouse	104
Jaques	126	Richardson	98
Wiltshire	121	*Field	89
Beeton	119	*Brass	79

CRIPPLEGATE WITHIN.—*Returns 8.*

Mr. Hoole	85	Mr. Wilson *	75
Beeton	83	Wiltshire	75
Jaques	83	Sutton	74
Brass	78	Richardson *	74
Smith	77		

The last named lost his election.

図 2（上）、3（下）　選挙結果を伝える新聞記事。（上 1827 年、下 1833 年）
1833 年には上位で当選している

　サミュエル・ビートンに関して特筆すべきは、その政治性ではないだろうか。彼は、1803 年 10 月に、お金を支払いパッテン（patten 図 1)[7] 製造業者の組合に加入している。パッテンの製造は、当時、もはや斜陽産業となっていた。組合もその存続が厳しい状況にあったのだが、加入費を安くして、多くの加入者を集めることでその命脈を保っていたのだ。さらには、サミュエル・ビートンのように、かつては仕立屋の組合に入っていたものや、なかには木靴の作り方も知らないものまでもが組合員になっていたというのだ。では、それまで仕立屋の組合に入っていたサミュエル・ビートンが、なぜパッテン製造業の組合員になったのだろうか。それは、パッテンの製造業組合に加入することが、シティ・オブ・ロンドンの政治に参加するもっとも安上がりな道になっていたからなのだ[8]。

---

7)　当時、通りはさまざまな汚物で汚れていた。通りを歩くときに、靴底に取り付け、高下駄のようにして、靴本体が汚れないようにするものがパッテンである。

8)　具体的にパッテン製造業組合がシティの政治にどのような影響力を持っていたのか、あるいは組合員になることによって、どのような利点があったのか等について、ヒューズは、述べていない。しかし、パッテンの組合が斜陽産業のギルドであったので、仕立屋のギルドより安く、容易

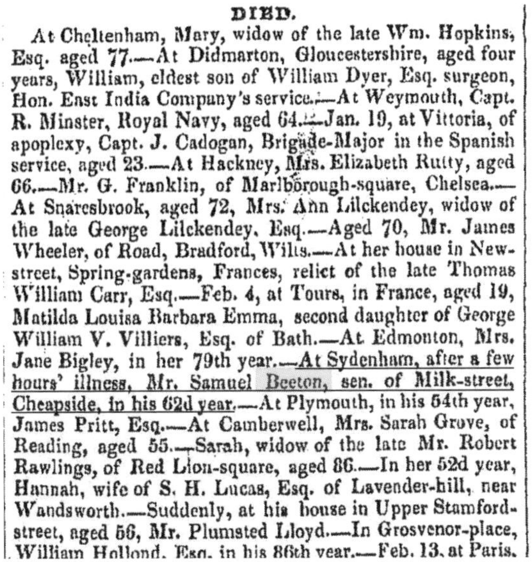

第3章　サミュエル・オーチャート・ビートン

DIED.

At Cheltenham, Mary, widow of the late Wm. Hopkins, Esq. aged 77.—At Didmarton, Gloucestershire, aged four years, William, eldest son of William Dyer, Esq. surgeon, Hon. East India Company's service.—At Weymouth, Capt. R. Minster, Royal Navy, aged 64.—Jan. 19, at Vittoria, of apoplexy, Capt. J. Cadogan, Brigade-Major in the Spanish service, aged 23.—At Hackney, Mrs. Elizabeth Rutty, aged 66.—Mr. G. Franklin, of Marlborough-square, Chelsea.—At Snaresbrook, aged 72, Mrs. Ann Lilckendey, widow of the late George Lilckendey, Esq.—Aged 70, Mr. James Wheeler, of Road, Bradford, Wilts.—At her house in New-street, Spring-gardens, Frances, relict of the late Thomas William Carr, Esq.—Feb. 4, at Tours, in France, aged 19, Matilda Louisa Barbara Emma, second daughter of George William V. Villiers, Esq. of Bath.—At Edmonton, Mrs. Jane Bigley, in her 79th year.—<u>At Sydenham, after a few hours' illness, Mr. Samuel Beeton, sen. of Milk-street, Cheapside, in his 62d year.</u>—At Plymouth, in his 54th year, James Pritt, Esq.—At Camberwell, Mrs. Sarah Grove, of Reading, aged 55.—Sarah, widow of the late Mr. Robert Rawlings, of Red Lion-square, aged 86.—In her 52d year, Hannah, wife of S. H. Lucas, Esq. of Lavender-hill, near Wandsworth.—Suddenly, at his house in Upper Stamford-street, aged 56, Mr. Plumsted Lloyd.—In Grosvenor-place, William Holland, Esq. in his 86th year.—Feb. 13, at Paris,

図4　祖父サミュエル・ビートンの死去を伝える新聞記事
（1836年2月20日、下線は引用者）

　サミュエル・ビートンは、1813年にクリップルゲート・ウィズイン区の市会議員に選出されている（図2、3）。さらに1821年には、酒類販売免許を持つ居酒屋経営者たちの委員会の委員長になり、委員会が発行していた日刊の朝刊紙『モーニング・アドバタイザー』（the Morning Advertiser）の編集や、キングストン・レーン（Kingston Lane）で委員会が運営する学校[9]にもかかわった。

　その後、1809年ごろには末の弟ベンジャミン（Benjamin）が、10年遅れて甥のロバート（Robert）がロンドンに出てきた。ベンジャミンはメリルボーンで獣医として開業し、そこで、イザベラの母方の祖父であるウィリアムと出会っている。

　ヒューズは彼を、二つの階段を上った男と評している。ひとつは富という

――――――――――
　　にシティの政治に参加する権利を得られたと考えられる。

9)　Hughes, *op. cit.*, p. 80.
　　ヒューズによると実際は孤児院のようなものであった。

階段であり、もうひとつはリスペクタビリティという階段であると[10]。

サミュエル・ビートンは、1836年にこの世を去っている（図4）。それは、奇しくもイザベラがこの世に生をうけたのと同じ年であった。妻ルーシー・エルスデンは夫の死後も1861年まで生存した。ふたりは8人の子どもをもうけ、そのうち6人が成人した。

父サミュエル・パウエル・ビートン

サミュエル・パウエル・ビートン[11]は、サミュエル・ビートンとその妻ルーシーの最初の子どもとして1804年に生まれた。1812年7月に弟のロバート・フランシス（Robert Francis）とともにセント・ローレンス・ジューリー教会（St. Laurence Jewry）で洗礼を受けている。

サミュエル・パウエル・ビートンは、ドルフィンの経営を引き継ぐまでは、チープサイドをはさんで、ミルク・ストリートと反対側のワトリング・ストリート（Watling Street）で商売をしていた。また、1827年父に見習ってパッテン製造業者の組合に入った。

1830年、ウッド・ストリート（Wood Street）の裕福なパン屋の娘、ヘレン・オーチャート（Helen Orchart, 1808-32）と結婚。1831年に長男サミュエル・オーチャート・ビートンが誕生し、1832年には次男ウィリアム・ビートン（William Beeton, 1832-32?）が誕生している。次男は、誕生後まもなくこの世を去ってしまったと考えられるが、手違いで記録から抜け落ちてしまったようだ[12]。また、1832年はヘレンの亡くなった年でもある。家族の言い伝えでは、肺結核で亡くなったとされている。出産のわずか8週間後に埋葬の記録があることから、次男ウィリアムの出産が原因でこの世を去ってしまったと

---

10) *Ibid.*, p. 81.

11) 父サミュエル・ビートンの、パブ経営者の仲間にちなんでその名を付けられた。

12) *Ibid.*, pp. 82-3.
　　ヒューズによると、夫婦は、都会の喧騒を離れるため、キャンバーウェル（Camberwell）に移り住んだ。そのときに生まれたのがウィリアムであったのだが、事務職員の手違いか何かで、父サミュエル・パワー・ビートン（Samuel Power Beeton）と母エリナ（Eleanor）と記載されてしまった。1832年9月に出生の記録があることから、サミュエルの弟に当たる子どもが生まれていたと推測している。このことは、ヒューズによって初めて記述されたことである。

第3章　サミュエル・オーチャート・ビートン

推測できる[13]。イザベラもそうであったが、この当時、出産に際して産婦が生命の危機にさらされることは決して珍しいことではなかった。

1834年に、商売人の娘イライザ・ダウス（Eliza Douse[14], 1809-64）と再婚。同年、ドルフィンの経営を引き継いでいる。また、1835年にはクリップルゲート・ウィズイン区から市議会のメンバーに加わっている。

イライザ・ダウスとの間には、約20年の結婚生活で、7人の子どもをもうけるが、1854年に妻子を残し、この世を去っている。その後、イライザ・ダウスは、再婚するまでの3年間パブリック・ハウスを切り盛りし、1857年にアイザック・ワイアット（Isaac Wyatt, 1832-88）と再婚、1864年にこの世を去っている。さらにアイザック・ワイアットは1888年にこの世を去っている。

サミュエル・パウエル・ビートンに関して注目しておきたいのは、事業と家族のつながりであろう。最初の妻ヘレンは、実家が裕福であったため多額の持参金をビートン家にもたらし、その持参金は、のちにサミュエルが出版事業に乗り出す際の重要な資金となった。しかし、ヘレンは、夫がドルフィンの経営を引き継ぐ前にこの世を去ってしまった。後妻のイライザは、再婚した2年後には、妹のメアリー（Mary）とソフィア（Sophia）をドルフィンに住み込ませ、仕事を与えている。サフォーク州からは、いとこのマリア・ブラウン（Maria Brown）が呼び寄せられた。マリア・ブラウンは、メリルボーンからミルク・ストリートに通っていたが、サミュエル・パウエル・ビートンの末の弟で、ドルフィンに住み込んで働いていたトマス・ビートン（Thomas Beeton）と結婚している。

また、最初の妻ヘレンの父親である、トマス・オーチャート（Thomas Orchart）は、一人娘のヘレンが、ビジネスパートナーであるサミュエル・ビートンの息子サミュエル・パウエル・ビートンと結婚するまで、ドルフィンに資本参加していた。

さらに、サミュエル・パウエル・ビートンが、パブリック・ハウスの経営

---

13)　*Ibid.*, p. 83.
14)　Freeman, *op. cit.*, p. 55.
　　フリーマンは Dowse と表記している。

89

PARTNERSHIPS DISSOLVED.

R. Bevan and Co. Liverpool, colliers—E. Hickman and D. Moginie, St. Mary-hill, spice merchants—H. Searle and W. Golding, King's Bench-walk, Blackfriars-road, hat manufacturers—D. Woodward and E. Squire, Leicester, dyers—R. Barnes and C. S. Roberts, Hoxton-square, school-masters—J. Savage, sen. and J. Savage, jun. Kenilworth, Warwickshire, carpenters—R. C. Gardner and J. Jackson, Dale-street, Liverpool, wholesale wine merchants—D. L. Potts and T. Potts, Newcastle-upon-Tyne, linen-drapers—H. Hoyle, J. Ashworth, and Co. Newhalley, Lancashire, woollen manufacturers, so far as respects J. Ashworth—S. P. Beeton and H. Minchener, Watling-street, Manchester ware-housemen—H. Greaves, jun. and T. Banks, Manchester, steam-engine makers—S. Maer and T. Ankrett, Kidder-minster, Worcestershire, carpenters.

図5 ヘンリー・ミンチェナーとのパートナーシップ解消
を知らせる新聞記事（下線は引用者）

を引き継ぐ以前に、ビジネスパートナーであったヘンリー・ミンチェナー（Henry Minchener 図5）とサミュエル・パウエル・ビートンの妹ルーシーが結婚。そのひとつあとの世代で、その息子のアルフレッド・ミンチェナー（Alfred Minchener）が、いとこにあたるジェシー・ビートン（Jessie Beeton）と結婚。サミュエル・パウエル・ビートンは、二番目の娘ヴィクトリア（Victoria）を、仕事仲間であったジョージ・パークス（George Perkes）の息子フレッド（Fred）と結婚させているし、息子シドニー（Sydney）には、ジョージ・パークスに敬意を表して、パークスというミドル・ネームをつけている。

　以上のように、ドルフィンを核として血縁者の人的ネットワークが形成されていた。そこで生活しているのは核家族ではあっても、家業の運営においては、拡大家族が担っていたといえよう。サミュエルが生をうけたのは、そのような家庭環境であったということができる。

誕生から学校時代まで

　サミュエルは、1831 年 3 月 2 日、ワトリング・ストリート 81 番地で生まれ、オール・ハローズ（All Hallows）教会で洗礼を受けている[15]。実母はサミュ

15）　Hughes, *op. cit.*, p. 82.
　　ヒューズは詳細な調査によって、サミュエルの出生地を突き止めたものと考えられる。

第3章　サミュエル・オーチャート・ビートン

エルが1歳のころ亡くなり、3歳のころ父親が再婚、その前後にドルフィンに移り住んでいる。5歳のころ祖父が亡くなり、未亡人となった祖母に連れられ、祖母の生まれ故郷であるハドリーに移住した。祖母が孫の面倒をみるのは、イザベラの場合と同様であった。家族の言い伝えでは、サミュエルが病気がちの子どもであったので、祖母が孫の健康を気遣い、都会の喧騒を離れて、環境のよい田舎で暮らしたのだということになっている。また、実母が肺結核で亡くなったと言われていることも、サミュエルが母親譲りの病弱な体であったという印象を与えている。このことと合わせるようにフリーマンはエセックス州のハドリーとして説明している[16]。しかし、ヒューズは、必ずしも祖母ルーシーの故郷が、牧歌的な田舎の景色と重なるものではなく、ルーシーの実家近くの醸造所からは、蓋のない溝に汚水が流されていたし、町の治安も決してよくなかったことを指摘している[17]。このようにフリーマンの意見とヒューズの意見が真っ向から対立するのは、フリーマンがエセックスのハドリーとして記述しているのに対してヒューズはサフォーク州のハドリーとして説明しているからだ。ハドリーという地名は、エセックス州とサフォーク州の両方にあり、フリーマンかヒューズのどちらか一方が間違っていることは明らかだ。フリーマンのいうようにエセックス州のハドリーだとすれば、家族の言い伝えに信憑性があるということになるだろうし、もしヒューズのいうことが正しいとすれば、フリーマンが名前の同じハドリーを取り違えたものということになる。ただし、ヒューズはハドリーという地名がエセックス州とサフォーク州の二ヶ所あることには言及していない。またヒューズは、1841年には異母妹のイライザ（Eliza）もハドリーで一緒に暮らし始めているが、知りうる限り、イライザが肺に疾病を抱えていた様子はないとしている[18]。ヒューズは、ルーシーが孫を連れて故郷に帰っていったのは、夫の死をきっかけに、息子や息子の再婚相手が、新たなビートン・ファミリーを作ろうと懸命になっているなか、自分の居場所がないように感じたからではないかと、家族の言い伝えやフリーマンの記述を退ける主張をして

---

16)　Freeman, *op. cit.*, p. 57.
17)　Hughes, *op. cit.*, p. 84.
18)　*Ibid.*, p. 84.

91

図6 ピルグリムス・ホール・アカデミー

いる[19]。サミュエルが入学した寄宿学校の所在地から考えると、ヒューズのいうサフォーク州のハドリーである可能性が高いであろう。ともかく、祖母の実家は立派なものであったし、年金も140ポンド受け取っていた。ルーシーの兄アイザック（Isaac）は裕福な麦芽商人であった。このようななかサミュエルもイライザも健康に育った。

サミュエルは10歳になるまでに、ブレントウッド（Brentwood）にあったピルグリムス・ホール・アカデミー（Pilgrims Hall Academy、図6）に入学している。この学校は、寄宿学校であったが、伝統的なパブリック・スクールとは違い、中産階級の子弟のための学校であった。他の同様の学校と同じく、短命であった。教会として建築されたものを、学校として改修し使っていたが、学校としての使命が終わると、邸宅に使われた。『イラストレーティッド・ロンドン・ニュース』（The Illustrated London News）に掲載された広告では、信

---

19) Ibid., p. 84.
 ヒューズのいうように、サフォーク州のハドリーなら、本文中に示したとおりであるが、フリーマンの言う、エセックス州のハドリーなら、自然あふれる環境であり、体の弱いサミュエル少年が、健康的に育ったという話もうなずける。

心深さ、道徳心、礼儀正しさ、品行方正、こういった親の望みをかなえるのが、この学校の教育目標であった。1841年のセンサスでは、15歳以上の生徒はいなかった[20]。オックスフォードやケンブリッジ大学に進学するような学校ではなく、卒業生のほとんどが、卒業後、徒弟修行に入ったり、家業を引き継いだりした。学校での生活の様子を、ヒューズは、大人になってからのサミュエルの性格や、のちに息子たちに宛てた手紙から推測している。ヒューズの推測によると、サミュエル少年は、にぎやかで、熱中しやすく、友人としては楽しく、教師の目から見ると生意気で、最新のものに対して、あふれんばかりの興味を示す子どもであった[21]。サミュエルは、勉強熱心というよりは、頭の回転が速いタイプの生徒であった。また、イザベラ同様、語学に秀でていて、ナポレオンの伝記をフランス語で暗記するなど、文学に興味を持ち、12歳のとき父親からシェークスピアの全集を贈られている。おそらく父親は、そのまま大学に進学してほしいとの希望をもっていたものと思われる。

　この年代の子どもたちにとって、親元を離れた、男子ばかりの寄宿生活は、よいことばかりではなかった。フリーマンは、のちに妻イザベラから再三、控えるように言われる喫煙の習慣は、この学校時代に身につけたものであろうと述べている[22]。

　サミュエルは、13歳になるまでに、父親にパブリック・ハウスの経営を継ぐ意思がなく、出版業界で働きたいということを伝えている。普通は、長男が継ぐものであったが、おじのロバートに相談していたこともあり、両親は驚かなかったようだ。

20）　*Ibid.*, p. 85.
　　　フリーマンは、1851年のセンサスで、8-16歳の男子28名、教師3名、実習生1名、校長一家がこの学校にいたことを指摘している。(Freeman, *op. cit.*, p. 58.)
21）　Hughes, *op. cit.*, p. 86.
　　　フリーマンは、祖母が溺愛したことによって、サミュエルは子どもっぽい性格で、目上の人に対しても横柄な子どもになったと記述している。(Freeman, *op. cit.*, p. 59.)
22）　Hughes, *op. cit.*, p. 59.

修行時代

　イギリスでは、1563年に発布された、いわゆる「徒弟法」[23]があり、普通14歳から徒弟に入り、7年間の年季奉公をしたあと、21歳で一人前の職人として賃金をもらえるようになる。中世から続いてきた徒弟奉公に関する法律であった。しかし、サミュエルが学校を出るころには、すでに徒弟法は廃止されており、サミュエルの場合も法律で規定された奉公ではなく、慣習として残存していた見習い修業であった[24]。

　サミュエルの実家があったミルク・ストリートの界隈には、フリート・ストリート（Fleet Street）やストランドといった、イギリス出版業界の中心地があった。サミュエルが学校を出たころには、出版資材の爆発的な需要増加によって、このあたりは活況を呈していた。当然、サミュエルもそういった出版業界の活気を感じていたはずである[25]。さらに、サミュエルと出版業を結びつけた要素として、前述したように、祖父が、パブリック・ハウスの組合から発行される朝刊紙の編集に携わっていたことや、通りでただ一軒、新聞を取っていたのが、ドルフィンであったということも考えられる。

　14歳になって、ミルク・ストリートの実家ドルフィンに帰ってきていたサミュエルが修行先に選んだのは、出版業者ではなく紙を扱う業者（以後紙屋ということにする）[26]であった。当時、紙業会社は、ロワー・テムズ・ストリート（Lower Thames Street）に集中していた。ミルク・ストリートからは、わずかな距離であり、おそらくサミュエルは実家のドルフィンで寝起きし、仕事に通っていたと考えられる。

　サミュエルが、紙屋の修業に入ったことは、その後出版業界で事業を展開する際に有利に働いた。というのは、出版会社で修行していたならば、それ

---

23)　正式名称は、「職人、日雇い、農事奉公人および徒弟に対する諸命令に関する法律」

24)　*Ibid.*, p. 88.
　　サミュエルは、21歳の誕生日がくる約1年前のセンサスに、自分の職業を、文具卸業者の外交員と答えている。

25)　19世紀イギリスの出版界の状況は、ジェン・フェザー著　箕輪成男訳『イギリス出版史』玉川大学出版部、1991年、225-307頁を参照。

26)　*Ibid.*, p. 87.
　　ヒューズの原文では paper merchant となっている。

ほど多くの他業者とかかわりを持つことはなかったであろうが、紙屋で修行していたことによって、多くの出版関係の業者に出入りすることができたからである。そのような環境のなかで、サミュエルは、持ち前の外向的な性格によって出版に関係する人的ネットワークを築くことができた。どのような人物と交流を持ったのかについては、次節で詳しく述べるが、この時期の経験が、良くも悪くもサミュエルのその後を決定していくことになった。

妻のイザベラとは対照的に、サミュエルに関しては、子ども時代から修業

図7　マチルダ・ブラウン

時代が終わるまでの情報が非常に少ない。特に、修行時代のサミュエルに関しては、彼自身が多くを語らなかったこともあり、憶測の域を出ぬまま、語られていることがある。それは、彼の女性関係である。「僕は、夜中に、よくあの窓[27]から抜け出したんだよ。」後年サミュエルは、昔を懐かしんで、マチルダ・ブラウン（Matilda Brown, 1836-1936、図7）にそう言ったといわれる。このことを記述したのは、最初に伝記を書いたスペインである。ヒューズは、この会話の信憑性を高める記述をしている。ヒューズによると、スペインは、この会話の出所を明らかにしていないのだが、それにもかかわらず、のちに伝記を書いたハイドもスペインとは別のルートで、これと同じ会話にたどり着いたというのだ[28]。しかし、ビートン夫妻の伝記を書いた作家たちの、この件に関する記述を検討してみると、まず、フリーマンはスペインの記述を引用しつつも、この会話の出所にたどり着けないと述べており、真偽のほどは不明であると前置きした上で、この会話が記述されたものではなく、

---

[27]　Freeman, *op. cit.*, p. 64.
　　フリーマンは、明らかにドルフィンの窓ではないと述べている。

[28]　Hughes, *op. cit.*, p. 182.

聞き取りによるもので、家族もしくは、ミセス・ブラウン本人から直接聞いたというのが、もっともあり得る話だとしている[29]。次にハイドの記述を考える。ハイドによる記述はわずか四行ほどで終わっている。しかも、このなかには、別のルートからこの会話にたどり着いたとは記述されていない[30]。そして最後に、スペインの記述について考える。彼女は、直接ミセス・ブラウンから聞いたと解釈できそうな記述をしている[31]。実際ミセス・ブラウンはイザベラと同じ1836年に生まれたが、100歳まで生き1936年にこの世を去っている。一方スペインは、1917年に生まれているから、約19年間同じ時間を生きたことになる。スペインとミセス・ブラウンに接点があったのかどうか、十代の女性にこのようなデリケートな話をしたのかどうか、疑問の残るところではあるが、まったく可能性のない話ともいえない。また少々がった見方をすれば、サミュエルのことをよく思っていなかったスペインが、話を面白くするために創作、あるいは話を誇張した可能性も捨てきれない。いずれにしても、スペインの、この記述から、サミュエルが若いころ売春婦と関係を持ち、性病にかかったのではないかと考えられ、そのことが、最初のふたりの子どもたちの死因や、イザベラの死因、またサミュエル自身の死因と関係付けられて語られているのである。ただし、それを示す確固たる証拠はどこにもなく、所詮憶測の域を出るものではない。

人脈形成 ── 出版者サミュエル・ビートンの揺籃期 ──

　サミュエルは、修行時代の7年間にさまざまな人びとと出会い、交流を持った。それらの人びとのなかには、出版業界で活躍する際に、重要な役割を果たした人物も多くいる。修行時代にどのような人物と出会い、出版業界に入ったのち、それらの人びとと、どのようなかかわりをもったのであろうか。

　フレデリック・グリーンウッド（Frederic Greenwood, 1830-1909、図8）はプリンター・セッターとしてニュー・フェッター・レーン（New Fetter Lane）の

29）　Freeman, *op. cit.*, p. 64.

30）　Hyde, *op. cit.*, p. 30.

31）　Spain, *op. cit.*, p. 50.

第 3 章　サミュエル・オーチャート・ビートン

近くの会社で修行していた。サミュエルの右腕として約 10 年間働いたあと、『ペル・メル・ガゼット』（*Pall Mall Gazette*）の初代編集者として華やかなスタートを切った。ジェームス・グリーンウッド（James Greenwood, 1835?-1927、図 9）はフレデリック・グリーンウッドの弟であり、初期のルポルタージュ作家のひとりであった。S. O. ビートン社から *Wild Sports of the World*、*Curiosities of Savage Life*、*The Adventure of Reuben Davidger* などを出版している。ジェームス・ウェード（James Wade、生没年不詳）はフレデリック・グリーンウッドと同じ会社で修行していた人物で、初期の *EDM* などビートン社の多くの書籍を印刷した。チャールズ・ヘンリー・クラークはサミュエルより 10 歳年上の製本業者であり、サミュエルに夜の街の手ほどきをしたとされる人物である[32]。フリート街 148 番地と、ブーヴェリー・ストリートに不動産を所有していた。

図 8　フレデリック・グリーンウッド

図 9　ジェームス・グリーンウッド

　クラークは、サミュエルにとっては、少なからず影響を与えた人物であるが、これまで詳しいことは、ほとんどわかっていなかった。たとえば、大英図書館のオンライン目録によれば、Charles H. Clarke、C. H. Clarke、Charles Henry Clarke、C. H. Clarke & Co.、Clarke, Beeton & Co.、Clarke & Beeton と

---

32)　*Ibid.*, p. 50.
　スペインは、ソールズベリーではなく、クラークがサミュエルを夜の街に導いたと考えるのがもっともだと述べている。

いう複数の出版社名が確認される。そのなかで、Charles Henry Montague Clarke という人物も確認された。出版社名に関しては、C. H. Clarke and Co. は、『アンクル・トムの小屋』の出版元であることが確認できるし、Clarke and Co. は *EDM* の創刊号の出版元であることが確認できる。しかし、その 2 社以外は、Clarke という名前はつくものの、チャールズ・ヘンリー・クラークのことなのか、別人なのかこれまで確認することができなかった。ビートン夫妻の伝記を手がけた著者たちの誰も、このことを取り上げてこなかった。フリーマンは、クラークに関しては、あまりよくわかっていないと述べている。しかし、最近インターネット上に掲載された、ロバート・カークパトリック（Robert Kirkpatrick）による、The Clarkes of Paternoster Row という記事に、このクラークとその息子のことが詳しく述べられている[33]。カークパトリックは、センサスや新聞記事などを丹念に調べ、多くの有益な情報を提供してくれている。サミュエルの出版者としての経歴のなかで、重要な時期であることを考えると、クラークに関しても、できる限り知っておく必要があると考える。そこで以下に、カークパトリックの文書を参照しながら、クラークの人物像を明らかにすることを試みる。

　チャールズ・ヘンリー・クラークは、1821 年、ロンドン、ハマースミス（Hammersmith）で生まれた。父親ジェームス・クラーク（James Clarke、生没年不詳）は 1801 年のコペンハーゲンの海戦において、ネルソン指揮下の艦長を務めたひとりであった。

　1841 年のセンサスでは、両親、兄のジョージ（George、生没年不詳）とともにハマースミス、チャペル・ストリートで暮らしていた。このときの記録では、職業が出版者になっているが、実際の仕事は、印刷と製本であり、1852 年まで彼の名前で出版された出版物はない。

　1851 年には、イズリントン、サドリー・ストリート（Sudley Street, Islington 原文ママ）17 番地に居住し、ハマースミス出身のジュリア・マリア（Julia Maria）と結婚していた。職業は、製本業と書籍販売業となっていて、45 人の従業員を雇い、エマ・サウス（Emma South）という名の 15 歳の家事使用人

33）　http://john-adcock.blogspot.jp/2013_06_01_archive.html（2015 年 11 月 12 日確認）

を雇っている。ブーヴェリー・ストリート 25 番地で印刷業に携わるフレデリック・ネイラー・ソールズベリーと共同で事業をおこなっていた。ソールズベリーは、1813 年生まれで、サフォーク州の出身である。

クラークは、さまざまな所在地で、さまざまな人をパートナーとして仕事をしていたようだが、1852 年の初頭に、フリート・ストリート 148 番地に事業所を開いた。そして同年 4 月に『アンクル・トムの小屋』をイギリスで最初に出版し、その前後にサミュエル・オーチャート・ビートンが事業のパートナーとして参加した。その年の終わりには、社名を Clarke, Beeton & Co. に変更している。

1854 年 11 月には、ソールズベリーとのパートナーシップを解消。1855 年 5 月にはサミュエルとのパートナーシップを解消した (図 10)。

1857 年サミュエルから、未払いの負債が 175 ポンドあるとして告訴される。クラークは反論したが、サミュエルの主張を認める判決が下った。

その後クラークは、先に示したような、さまざまな出版社名、所在地で出版を続けたが、1862 年、1867 年、1869 年と三度の破産を経験。1877 年には妻に先立たれ、1878 年に 33 歳年下のスザンナ (Sussanah 原文ママ) と再婚、1881 年のセンサスでは、ゴールドホーク・ストリート 132 番地に、青物商と間借りで居住。1891 年のセンサスでは、グレイズモア・ロード (Gladesmore Road) 41 番地に居住、職業は出版者となっている。ただし、大英図書館では、1886 年を最後にクラークによる出版物は見られないとカークパトリックは述べている。1901 年のセンサスでは、エセックス州で息子と暮らしている。1904 年に 83 歳でこの世を去った。

大英図書館のオンライン目録に出てくる Charles Henry Montague Clarke は、息子の名前である。モンタギューもやはり、既刊書の複製を安価で販売していたようだが、カークパトリックによると、最後には投獄されてしまったようだ。

そのほか、ヒューズは言及していないが、フリーマンによるとバーケット・フォスター (Birket Foster, 1825–99、図 11) やハリソン・ウィア (Harrison Weir,

99

PARTNERSHIPS DISSOLVED.

John Fothergill and William Salmon, jun., of 8, North-ampton-place, Old Kent road, hay dealers—Sarah Plant and James Plant, of Stafford, curriers—George Moss and James D. Hind, of Chester, Liverpool, and Saltney, coal merchants —Joseph Osborne and William Sigston Winn, of Leeds, wool merchants—Henry Jewsbury and William Scott Brown, of Manchester, chemists—Edward Foster Jackson and Hatton Elwin, of Manchester, calico printers—Adolphus Stagg, Samuel Seaton, and James Thomas Milward, of Sheffield, file manufacturers—Abraham Baxandall, Joseph Baxandall, David Baxandall, David Baxandall, Isaac Baxandall, and Jacob Baxandall, of Denholme, Wilsden, and Stream Head, Yorkshire, coal miners—John Shrimpton, sen., and John Shrimpton, jun., of Swarraton, Southampton, farmers— George Wilkins and William Hill Gregory, of Derby, silk throwsters—René Dufay, Thomas Hardwick Wilson, and William Seward, of the Mauritius and London, merchants (so far as regards René Dufay)—Henry Wright, John Mercer, and Thomas Stanley, of Wigan, and Liverpool, colliers (so far as regards Thomas Stanley)—William Watson, Thomas John Coggin, and Benjamin Banks, of the Freemasons' Ta-vern, Great Queen-street, Lincoln's-inn-fields, tavern keepers —Charles Henry Clarke and Samuel Orchart Beeton, of 148, Fleet-street, and 25½, Bouverie-street, City, printers—Henry Augustus Fry and Henry Taylor, of Box, Wiltshire, quarry-men—Edward Banbury and Peyton Banbury, of Winch-combe, Gloucestershire, silk throwsters—John Wood and Joseph Gwyer Lovell, of Bristol, African merchants—William Neild and Edmund Robinson, of Warrington, Lancashire, corn millers—John Vivian and Clara Forsaith, of Gwinear, Cornwall, general merchants—John Austen and Joseph

図10 サミュエルとクラークのパートナーシップ解消を告げる新聞記事（下線は引用者）

1824-1906、図12）とも出会っている[34]。ふたりとも、高名な挿絵画家であるが、フォスターは、『ビートン社の家政書』のほか、『パンチ』（*Punch*）や『イラストレーティッド・ロンドン・ニュース』の挿絵も手がけている。ウィアは、

---

34) Freeman, *op. cit.*, p. 63.

第3章　サミュエル・オーチャート・ビートン

図11　バーケット・フォスター

図12　ハリソン・ウィア

『ビートン社の家政書』や『ビートン社のペット飼育書』、『イラストレーティッド・ロンドン・ニュース』などの挿絵を手がけている。

出版者としての船出　──『アンクル・トムの小屋』出版──

　イギリスで最初に『アンクル・トムの小屋』を出版したのは、C. H. Clarke 社であった。また、C. H. Clarke 社が『アンクル・トムの小屋』で得た利益の一部を、ストウ夫人ことハリエット・ビーチャー・ストウ（Harriet Beecher Stowe, 1811-96）に渡したとき、渡米して面会したのがサミュエルであった。ところが、C. H. Clarke 社による『アンクル・トムの小屋』の出版に関する経緯の詳細な部分となると、はっきりしない。サミュエルの出版者としての重要な出発点であるにもかかわらず、詳細な事実がほとんど語られないまま今日に至っている。もっとも気になるのは、サミュエルがクラークの共同経営者になった時期はいつかということである。つまりサミュエルが資金を提供して、事業に参加したのは『アンクル・トムの小屋』出版の前なのか、あとなのかということである。最初の『アンクル・トムの小屋』出版にサミュエルがどの程度かかわったのかということを考えるときの重要な要

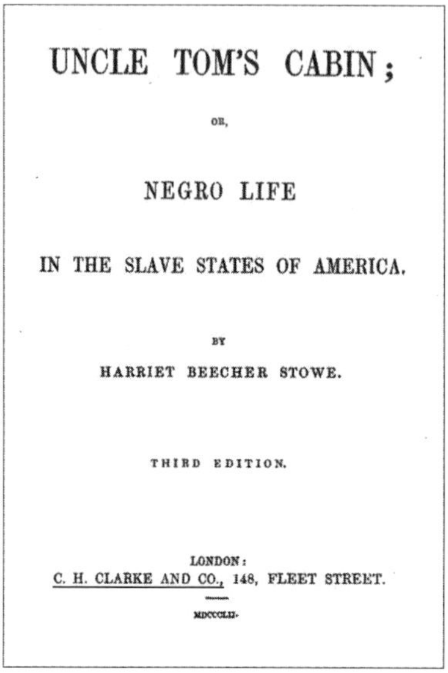

UNCLE TOM'S CABIN;

OR,

NEGRO LIFE

IN THE SLAVE STATES OF AMERICA.

BY

HARRIET BEECHER STOWE.

THIRD EDITION.

LONDON:
C. H. CLARKE AND CO., 148, FLEET STREET.
MDCCCLII.

図 13 『アンクル・トムの小屋』のタイ
トル・ページ
出版社が C. H. Clarke and Co. 社
であること。初版出版年に、少
なくとも 3 版は出版しているこ
とがわかる（下線は引用者）

素として、可能な限り明らかにしてみ
たい。このあたりの経緯に関しては、
クラーク、ソールズベリー、クラーク
の息子の三人が、それぞれに語ってい
るが、多少の違いがある。そこで、本
書では、当事者であるクラークの記述
と、もっとも最近伝記を書いたヒュー
ズの記述を中心に、これまでのビート
ン夫妻の伝記における記述や、当事者
たちの主張、社名変更の時期、さらに
はサミュエル 21 歳、クラーク 31 歳、
ソールズベリー 39 歳というそれぞれ
の年齢などを考慮しつつ、サミュエル
が出版事業に携わるようになってから
以降を再現してみたい。

　サミュエルが紙屋での修業を終え、
クラークの会社に入ったのは、21 歳
の誕生日を迎えた 3 月 2 日ごろであっ
たと考えられる。印刷と製本をおこ
なっていたクラークとソールズベリーが経営する事業に、サミュエルが加
わったといわれている [35]。サミュエルの参加が 3 月のはじめ頃だとすれば、
アメリカで『アンクル・トムの小屋』が単行本として出版される以前という
ことになる。イギリスで最初に出版された『アンクル・トムの小屋』の出版
元が C. H. Clarke and Co.（図 13）となっていることから、当初は、資本参加
していなかった可能性もある。3 人のそれぞれの立場は、もっとも多額の資
金を出したのがクラーク、もっとも年上だったのがソールズベリー、サミュ
エルは駆け出しの出版者志望の青年というところであろう。当初サミュエル
の立場は必ずしも強いものではなかったに違いない。

35）Hughes, *op. cit.*, p. 92.

第 3 章　サミュエル・オーチャート・ビートン

『アンクル・トムの小屋』は、アメリカの奴隷解放論者たちの機関紙 *The National Era* に 1851 年 6 月から連載形式で発表されたのち、1852 年 3 月 20 日に単行本として出版され、人気を博していた。クラークによると、イギリスの出版者ボーグ（Bogue）なる人物は、その年の 4 月の終わりにアメリカから、その本を手に入れた。ボーグは、最初ギルピン（Gilpin）なる人物に話を持ちかけたが断られた。そこで、ヘンリー・ヴィゼテリー（Henry Vizetelly, 1820-94）が買い取った。当時、イギリス国内の出版物には著作権はあったが、英米間での著作権条約は 1891 年まで待たなければならず、アメリカでの出版物を、著者に許可なくイギリス国内で出版することがまかり通っており、当時の出版社は、売れそうな本にはタイトル・ページと、カバーだけ自社のものをつけてそのまま複製し、販売していたのだ。できるだけ出版費用を低く抑えたかったヴィセテリーは、クラークに共同出版の話を持ちかけた。出版の是非を検討するために、1 冊をヴィゼテリーが、もう 1 冊をソールズベリーが持ち帰り読んだ。出版の決断には、ソールズベリーの意見が尊重されたのではないだろうか。1 週間で本が完成し、1 冊 2 シリング 6 ペンスで 5000 部を売りさばいた。その後、C. H. Clarke 社は、1 シリングの廉価版を出版することを早々に決断、大々的に広告をしたが、6 月の半ば頃までは特に反響もなかった。それが、突然火がつき 7 月には週に 1000 部のペースで売れた。廉価版から豪華本まで、イギリス国内で、多くの種類の『アンクル・トムの小屋』が出版された。8 月には需要が高まり、第 20 刷に達した。この時点で、400 人を雇い、印刷機を 17 台入れた。さまざまな価格の、さまざまな版を出版した。なかには、原作に新たな序文や、フレデリック・グリーンウッドによる解説的な章題が付け加えられていた版もあった。つまりこの版が意味するのは、C. H. Clarke 社の本をそのまま複製して出版すると、アメリカの著作権法は適用されなくても、イギリス国内の著作権法に違反してしまい、訴えられれば、利益をそっくり C. H. Clarke 社に渡さなければならない羽目になってしまうということであった。

　クラークは、その年、ストウ夫人と面会させるために、サミュエルを渡米させた。その目的は、次に出版されるストウ夫人の作品をイギリスで優先的に出版する権利を得るためであった。ストウ夫人との面会にあたり、クラー

103

A KEY

TO

UNCLE TOM'S CABIN;

PRESENTING

THE ORIGINAL FACTS AND DOCUMENTS UPON WHICH
THE STORY IS FOUNDED.

TOGETHER WITH

CORROBORATIVE STATEMENTS

VERIFYING THE TRUTH OF THE WORK.

BY

HARRIET BEECHER STOWE,
AUTHOR OF "UNCLE TOM'S CABIN."

LONDON:
SAMPSON LOW, SON, & CO., 47 LUDGATE HILL;
CLARKE, BEETON, & CO., FLEET STREET; AND
THOMAS BOSWORTH, REGENT STREET.
1853.

[The Author reserves the right of Translation of this Work.]

図14 『アンクル・トムの小屋への鍵』
のタイトル・ページ。
3つの出版社が正式に著者の許
諾を受けたこと。出版社名に
ビートンが含まれていることが
わかる

クは、交渉のすべての判断をサミュエ
ルにゆだねた。クラークもソールズベ
リーもサミュエルの手腕を認め、駆け
出しの身ではあったが、重要な一員と
みなされるまでになっていたのであろ
う。当初ストウ夫人は、サミュエルと
会うことを拒んだが、すぐに折れて彼
と面会した。サミュエルは、最初『ア
ンクル・トムの小屋』の豪華版を手渡
したが、これは失敗だった。というの
も、この本の挿絵には、ムチを打たれ
ているところが描かれていたが、その
ような表現を、ストウ夫人は、注意深
く避けていたからであった。のちにス
トウ夫人はサミュエルに宛てた手紙の
なかで、そのことを述べている。結局、
サミュエルは、当初 500 ポンドを、
そしてさらに 250 ポンドを支払うこ
とでストウ夫人と合意した[36]。ただし、
ストウ夫人は、このお金が、何らの代
償、契約、義務を有するものではないことを、のちにサミュエルへの手紙の
中で明確に示している。

　サミュエルは、それまでクラークが無許可で出版していたアメリカの小説
家たちにも会い、お金を支払っている。カークパトリックによると、1852
年の終わりごろに出版された版には、タイトル・ページに先立って、ストウ
夫人に 2500 ドルを支払ったことが明示された。サミュエルの資本参加を機
に、社名が Clarke, Beeton & Co.（図 14）に改められたと考えるのが最も合理

---

36)　Parfait, Claire, *The Publishing History of Uncle Tom's Cabin, 1852–2002*, Ashgate, 2007, p. 106.
　　クレアは、ストウ夫人に最初にお金を支払ったイギリス人出版者は、リージェント・ストリー
ト 215 番地のトマス・ボスワース（Thomas Bosworth）であると述べている。

的であり、社名変更の時期を考慮すれば、C. H. Clarke 社に資本参加 [37] したのは、サミュエルが帰国した 1852 年の秋以降ではないかと考えられる。

さまざまな種類の版を出版したり、特に国内での版権を意識して、グリーンウッドの序文などを付け加えたりするようなアイデアは、抜け目のないサミュエルの発案だったのではないだろうか。この出版で、サミュエルは大きな利益を手にした。修業時代が終わって最初の仕事で大成功を収め、巨額の利益を得たのであった。

妻イザベラの死 ── 出版者としてのその後 ──

1857 年に誕生した長男はその年のうちに亡くなり、1859 年に誕生した次男も 1862 年には亡くなってしまう。しかし 1863 年に三男オーチャート (Orchart, 1863-1947)、1865 年に四男メイソン (Mayson, 1865-1947) がそれぞれ誕生し、ふたりは共に 1947 年まで生きた。ところが、四男誕生の際にイザベラはこの世を去ってしまう。その突然の死に、サミュエルは深い悲しみに落ちた。サミュエルの悲しみはたとえようのないものであっただろう。というのも、サミュエルにとっては、心を痛める出来事が続いていたのだ。結婚してまだ数ヶ月しかたっていない異母妹ヘレン (Helen, 1840-63) が肺結核を患い、わずか 23 歳で 1863 年 9 月にこの世を去り、継母イライザも心臓疾患で、その 6 ヵ月後には 54 歳で他界してしまっていた。イライザは、実の母親ではなかったが、1854 年に実父が亡くなり、両親共に失ってしまったサミュエルにとって、実の母親同然の存在であった。サミュエル (図15) は、この時期に、もっとも大切な身内を相次いで失っていたのだ。

イザベラの死の原因は、産褥熱によるものとされているが、なぜ死に至ったのかということに関しては、サミュエルがイザベラを酷使したためであると考えるドーリング家の人びとと、ビートン家の人びととの間に、その後も長い間、意見の対立があった。このことを契機として、ドーリング家の人びとによる、サミュエルに対する嫌悪感が一層広がっていくことになる。

---

37) この資本参加に際してサミュエルが用意したお金は、実母ヘレンがビートン家に嫁いできたときの持参金だと考えられる。

図15　29歳の頃のサミュエル　　図16　ヘンリー・メイソン・ドーリング

　ビートン一家は、四男が生まれる少し前、1864年の春に、グリーンハイズ (Greenhithe) に転居していた。グリーンハイズは、ロンドンから約32キロ離れたケント州の小さな村であった。イザベラの死後、当時オーチィと呼ばれていた三男のオーチャートは、ドーリング家の跡取りであるヘンリー・メイソン・ドーリング（図16）が面倒を見た。一方で、生まれたばかりのメイソンの面倒をみたのは、グリーンハイズの隣人であったマチルダ・ブラウンであった。火災保険の会社で働いていた夫チャールズ・ラウズ・ブラウン (Charles Rouse Browne) と妻マチルダとは同い年で当時28歳であった。この夫妻がいつごろグリーンハイズにやってきたかはわかっていない。その後、マチルダは母親代わりとして、ビートン家のふたりの息子たちの世話をし、サミュエルが死んだあとも、ふたりの子どもたちの面倒を見続けた。*EDM* でイザベラが担当していた記事を、その後任として執筆したのも、マチルダであった。さらに、サミュエルとマチルダのあいだに恋愛感情も生まれたといわれている。マチルダはイザベラと同い年であったし、イザベラと同様に美しく聡明な女性であった。それが、サミュエルがマチルダに惹かれていっ

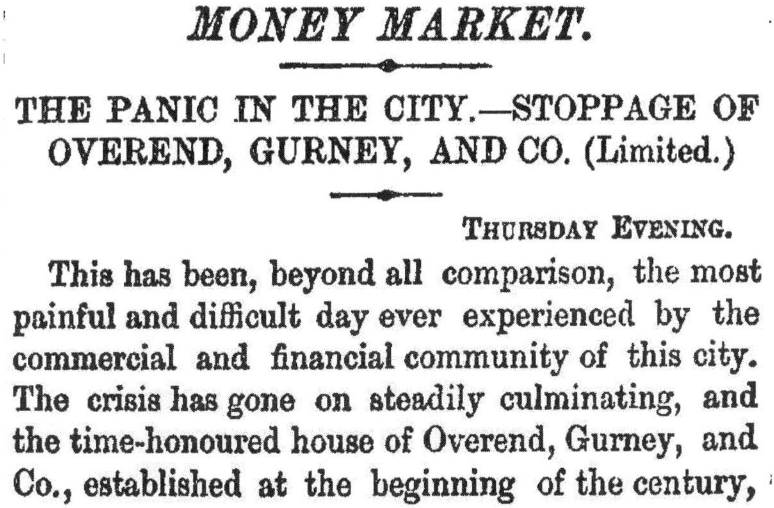

第3章　サミュエル・オーチャート・ビートン

MONEY MARKET.

THE PANIC IN THE CITY.—STOPPAGE OF OVEREND, GURNEY, AND CO. (Limited.)

THURSDAY EVENING.

This has been, beyond all comparison, the most painful and difficult day ever experienced by the commercial and financial community of this city. The crisis has gone on steadily culminating, and the time-honoured house of Overend, Gurney, and Co., established at the beginning of the century,

図17　オーバーレント・アンド・ガーニー商会破綻を報じる新聞記事の冒頭。"PANIC" の文字が、当時の人びとに与えた衝撃の大きさを今に伝えてくれる

た要因であるといわれている[38]。

　S. O. ビートン社およびサミュエルに関するその後の経緯についてこれまで知られてきたことは、およそ次のようなものである。S. O. ビートン社は、取引をしていた手形割引銀行であるオーヴァーレンド・アンド・ガーニー商会（Overend and Gurney）が 1866 年に破綻（図17）したあおりを受けて破産し、所有していた版権をわずか 1900 ポンドでワード・ロック・アンド・タイラー社に譲渡し、自身は年間 400 ポンドの報酬を受け取ってワード・ロック・アンド・タイラー社の一社員となった、というものである。そしてこのストーリーは、イザベラ亡きあとのサミュエルを象徴するような事実としてこれまで語られてきた感があり、ことさら、落ちぶれた印象をわれわれに与えてきた。

　しかし、図18 で示した版権譲渡の競売に関する新聞記事および、*Beeton's Christmas Annual* の版権に関して、サミュエルがワードとロックから訴えら

38）　Hughes, *op. cit.*, p. 336.

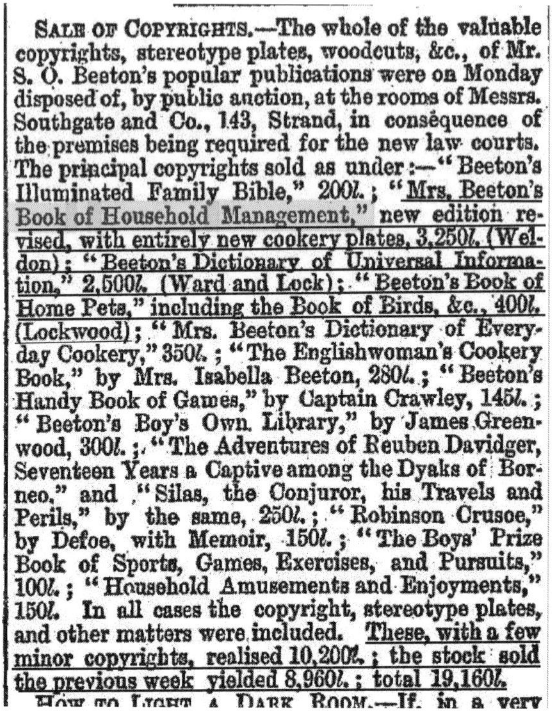

> SALE OF COPYRIGHTS.—The whole of the valuable copyrights, stereotype plates, woodcuts, &c., of Mr. S. O. Beeton's popular publications were on Monday disposed of, by public auction, at the rooms of Messrs. Southgate and Co., 143, Strand, in consequence of the premises being required for the new law courts. The principal copyrights sold as under :—"Beeton's Illuminated Family Bible," 200*l.* ; "Mrs. Beeton's Book of Household Management," new edition revised, with entirely new cookery plates, 3,250*l.* (Weldon): "Beeton's Dictionary of Universal Information," 2,500*l.* (Ward and Lock); "Beeton's Book of Home Pets," including the Book of Birds, &c., 400*l.* (Lockwood); "Mrs. Beeton's Dictionary of Everyday Cookery," 350*l.* ; "The Englishwoman's Cookery Book," by Mrs. Isabella Beeton, 280*l.* ; "Beeton's Handy Book of Games," by Captain Crawley, 145*l.* ; "Beeton's Boy's Own Library," by James Greenwood, 300*l.* ; "The Adventures of Reuben Davidger, Seventeen Years a Captive among the Dyaks of Borneo," and "Silas, the Conjuror, his Travels and Perils," by the same, 250*l.* ; "Robinson Crusoe," by Defoe, with Memoir, 150*l.* ; "The Boys' Prize Book of Sports, Games, Exercises, and Pursuits," 100*l.* ; "Household Amusements and Enjoyments," 150*l.* In all cases the copyright, stereotype plates, and other matters were included. These, with a few minor copyrights, realised 10,200*l.* ; the stock sold the previous week yielded 8,960*l.* ; total 19,160*l.*
> How to Light a Dark Room.—If in a very

図 18 　S. O. ビートン社の版権競売に関する新聞記事（下線は引用者）

れた際の裁判の記録 [39] は、事実がもう少し複雑であった可能性を示唆しているように思われる。

　では事実を整理していくことにする。まずワード・ロック・アンド・タイラー社について確認する。ワード・ロック・アンド・タイラー社は、研究者であっても、その社名を「ワード・アンド・ロック社」等と表記するほどタイラーの名称を見落としてしまいがちである。それには次のような理由があると考えられる。社名はパートナーシップを表しているものであるから、パートナーシップの変更によってその時々に名称を変化させていく。そのことは、クラークとビートンの関係について確認したのと同様である。ヒューズによ

---

39) 　Moak, Nathaniel C., *Reports of Cases Decided by the English Courts*, vol. XI., William Gould & Son, 1876, pp. 793–806.

第3章　サミュエル・オーチャート・ビートン

るとタイラーがパートナーシップに参加したのは1865年のことである[40]。また裁判の記録によると、この裁判以前の1873年6月にはパートナーシップを解消していたことが確認できる[41]。つまりこの裁判の原告はワードとロックであり、タイラーは含まれていない。このようにタイラーの名前が社名に含まれていたのはわずか8年間のことであり、その前後の時期はワード・アンド・ロック社であったし、現在でもワード・ロック・アンド・カンパニー社の社名で存在している。そのワード・アンド・ロック社は、S. O. ビートン社とほぼ同時期の1854年に産声を上げただけでなく、フリート・ストリートにあったクラークとサミュエルの会社の10軒隣に社屋があった。また出版手法も似ていて、アメリカで出版された出版物を複製してイギリス国内で出版したり、女性向けの廉価な雑誌などを出版したりしていた[42]。その出版形態から考えても、ワード・アンド・ロック社にとってS. O. ビートン社の版権を手に入れることは、じゅうぶんにメリットのあることだったにちがいない。

　さて、このタイラーという人物、ヒューズによればサミュエルとは親しい間柄であったようだ[43]。パートナーシップに参加したのはイザベラがこの世を去った年であるだけでなく、オーヴァーレンド・アンド・ガーニー商会が破綻する前年でもあった。S. O. ビートン社はこの頃すでに経営状態が思わしくなかったこと、またタイラーがパートナーシップに参加したのは、ワード・アンド・ロック社が版権譲渡を受ける際の仲介者としての意味合いが含まれていたことをヒューズは指摘している[44]。これらのことを勘案すれば、ワードとロックは、オーヴァーレンド・アンド・ガーニー商会が破綻する以前から、すでにS. O. ビートン社の買収を考えていたということは明らかである。裁判の記録によると、1866年に債権者とのあいだで、S. O. ビートン社は版権だけでなく営業資産、企業資産のすべてをワード・ロック・アン

---

40)　Hughes, *op. cit.*, p. 344.

41)　Moak, Nathaniel C., *op. cit.*, p. 793.

42)　Hughes, *op. cit.*, p. 344.

43)　*Ibid.*, p. 344.

44)　*Ibid.*, pp. 339–40, p. 344.

109

ド・タイラー社に売ることで合意した。[45] そして 1866 年 9 月にはワード・ロック・アンド・タイラー社とサミュエルのあいだの契約が発効している[46]。オーヴァーレンド・アンド・ガーニー商会の破綻は 1866 年 5 月 10 日のことであったが、債権者との契約がそれ以前のことかそれ以降のことかは確認できなかった。普通に考えれば、5 月 10 日以降のことであると考えられるが、タイラーがパートナーシップに加わった時期を考えると、それ以前に、債権者あるいはワード・ロック・アンド・タイラー社から何らかの働きかけがあったとしても不思議ではない。

　しかし新聞記事によれば、ストランド 143 にあったサウスゲート・アンド・カンパニー（Southgate and Co.）のオークションルームで競売がおこなわれたのは、1866 年 12 月 18 日の月曜日ということになっており[47]、すでに版権などがワード・ロック・アンド・タイラー社にすべて売られたあとである。競売の結果は少なくともその週の水曜日、つまり 12 月 20 日には新聞紙上[48] で伝えられているが、その記事によると、不思議なことにその競売で『ミセス・ビートンの家政書』を落札したのはワード・アンド・ロック社ではなくウェルドン（Weldon）という人物（あるいは会社）で、落札価格は、3250 ポンドということになっている。他の版権に関しては、『ビートン社の万物事典』（*Beeton's Dictionary of Universal Information*）はワード・アンド・ロック社によって 2500 ポンドで、また『ビートン社のペット飼育書』はその関連するものとあわせて 400 ポンドでロックウッド（Lockwood）氏（または社）に落札されている。競売にかけられた、すべての版権の落札額をあわせると 10200 ポンドであった。また、その前の週に処分された資産の 8960 ポンドと合わせると、総額は 19160 ポンドにのぼっている。つまり、これまで語られてきた額の約 10 倍である。フリーマンは、おそらく同程度の規模の出版社であった当時のワード・ロック・アンド・タイラー社の企業価値がおよ

45）　Moak, Nathaniel C., *op. cit.*, p. 794.

46）　*Ibid.*, p. 794.

47）　*Lloyd's Weekly Newspaper*, Sunday, December 23, 1866.

48）　*Birmingham Daily Post*, Thursday, December 20, 1866.
　　画像が不鮮明なため、図版 18 は同内容の *Lloyd's Weekly Newspaper*, Sunday, December 23, 1866. を示した。

そ 19000 ポンドであったことを指摘しているから[49]、新聞記事による S. O. ビートン社の一切を売り払った金額は妥当なものであるということができるのかもしれない。また、同時に『ミセス・ビートンの家政書』や『ビートン社の万物事典』につけられた落札価格についても、発行部数を考慮すれば妥当なものであったということができるのではないだろうか。

　一方で、ヒューズによると、売却価格は 1900 ポンドとなっているし、ワード・ロック・アンド・タイラー社が版権を競売にかけたのは、不要な版権を処分するためであったということである[50]。ただし、ヒューズが売却価格や競売に関する内容を何によって確認したかは不明である。

　この新聞記事に出てくる『ミセス・ビートンの家政書』の版権を落札したウェルドンという人物は、おそらくスペインをはじめ、ビートン夫妻の伝記の著作者たちやビーサムが取り上げてきたクリストファー・ウェルドン（Christopher Weldon）のことであると思われる。ところが、のちに出版社を興し成功を収めるウェルドンもこの時期はまだ、S. O. ビートン社の社員にすぎなかったはずで、裁判の記録にあるようにその年の 9 月から契約が発効していたのなら、すでにワード・ロック・アンド・タイラー社の社員になっていたと考えられる。その彼が 3250 ポンドもの大金で版権を落札するとは考えにくい。そのうえ、『ミセス・ビートンの家政書』が、このあとワード・ロック・アンド・タイラー社以外から出版されたことは確認できない。

　とはいえ、実際に競売がおこなわれたことは事実であろうし、『ミセス・ビートンの家政書』や『ビートン社の万物事典』につけられた高額な落札価格が、ある程度その版権の市場価値を示していると考えれば、これまでいわれてきた版権譲渡の 1900 ポンドという額が単にスペインの記述を踏襲しただけということであるならば、それは再考の余地があるものといわざるを得ないであろう。あるいは、S. O. ビートン社の負債をワード・ロック・アンド・タイラー社が引き受けることで、その負債を差し引いた額が 1900 ポンドであったという可能性もある。どちらにしても、断片的な事実と記述のあいだには、それだけでは簡単に理解することのできない隔たりがある。この

---

49)　Freeman, *op. cit.*, p. 250.

50)　Hughes, *op. cit.*, p. 344.

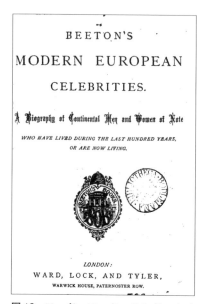

図19 ワード・ロック・アンド・タイラー社から出版された、S. O. B のコロフォンがつけられたビートンズ・ブックのタイトル・ページ

間隙を埋める新たな資料の発見を待ちたい。

　この間の経緯は、オーヴァーレンド・アンド・ガーニー商会の破綻以前にワード・ロック・アンド・タイラー社が買収を画策していたことを示唆しており、しかも版権譲渡後もワード・ロック・アンド・タイラー社の一商標としてではあるもののS. O. Bのコロフォン[51]を使用したビートンズ・ブック（図19）を出版し続けたことを考慮すれば、S. O. ビートン社は破産したのではなく、ワード・ロック・アンド・タイラー社に買収された可能性もあるのではないだろうか。

　裁判の記録から契約の内容を確認すると、この買収によってサミュエルがパートナーシップに加わるものではないことが明言されているし、許可なくビートンの名前を書名に使って出版することや、ワード・ロック・アンド・タイラー社以外の出版にかかわることを禁じている[52]。そして報酬は1866年9月から1867年7月までは年額400ポンド、次の2年間はワード・ロック・アンド・タイラー社の年間利益の6分の1、次の2年間は5分の1、それ以降は4分の1と定められている[53]。この件に関しては、毎年昇給するという記述がみられるなど、伝記によって多少の差異はあるものの、おおむね一致している。しかし、年間400ポン

---

51) 本の背表紙やタイトル・ページにつけられる出版社のマーク。
　　サミュエルはいくつかのコロフォンを使っているが、わらで作ったミツバチの巣箱（bee skep）やその周りを飛び回るミツバチをモチーフにしている。勤勉さを象徴するミツバチをイメージし、ビートンとビー・タウンをかけたのであろう。
52) Moak, Nathaniel C, *op. cit.*, pp. 794-5.
53) *Ibid.*, p. 794.

ドという報酬は、当時『年間 200 ポンドでどうやりくりしたか』[54]という本が出版されていることからもわかるように、年間 400 ポンドあればリスペクタブルな中産階級として生活することはじゅうぶん可能であったということができるであろう。しかも、最終的にはワード・ロック・アンド・タイラー社の年間利益の 4 分の 1 にまで昇給するという条件であれば、報酬においても、特に日本語文献などでこれまで語られてきたこととは異なり、むしろかなり好条件で雇用されていたということができるだろう。

図20 『S. O. ビートン追悼号』に掲載されたサミュエルの肖像画

その後、サミュエルはウェルドン・アンド・カンパニー社（Weldon & Co.）から書籍を出版するなどしていたが、1877 年 6 月 6 日サッドブルック・パーク（Sudbrook Park）でこの世を去った。彼がこの世を去ったときの年齢は 46 であった（図20）。死亡証明書によると、死因は肺結核であった。本当の死因は、梅毒であったとする説もあるが、これも憶測の域を出るものではない。死亡記事は、『アシニアム』（*Athenaeum*）と『ロンドン・フィガロ』（*London Figaro*）に掲載され、妻、次男とならんで、ノーウッド墓地（Norwood Cemetery）に埋葬された。サミュエルの死後、夫妻が恋愛中に交わした多数の手紙が残されていた。

まとめ

本章においては、サミュエルの人物像を明らかにすることを目的に、彼が生まれる以前の、祖父母の代までさかのぼり、生い立ちや、周囲の人びとと

---

54) Warren, Mrs., *How I managed My House on Two Hundred Pounds a Year*, Houlston and Wright, 1864.

のかかわりなどとともに、必要な範囲で、できるだけ詳細に彼の生涯を明らかにすることを試みた。

　サミュエルは、学校を出たあと、すぐに出版業界に入るのではなく、まず紙屋から修行を始めた。一見回り道と思えるこの選択が、むしろ、サミュエルが出版業界で成功をつかむ基礎となっている。わずか 14 歳の少年が、そこまで考えて自らの進路を選んだのかどうかはわからない。ただ、その後のサミュエルの出版事業の展開を考えると、サミュエルは、その研ぎ澄まされた感性で、いずれは出版業に携わることを念頭に置いたうえで、出版業ではなく、紙屋を選択したのではないかと思えてくる。新聞社などさまざまな業者に出入りするなかで、真っ白な紙が、雑誌、本、新聞などになっていく過程を知ることになる。多くの出版業者に出入りすることで、経営のうまい出版社、下手な出版社、上手な編集者、下手な編集者、多くのものを見、多くのことを感じたであろう。

　サミュエルの初期の業績として、しばしば『アンクル・トムの小屋』の出版と EDM の創刊があげられる。しかし、『アンクル・トムの小屋』の出版元は C. H. Clarke 社であるし、一般には S. O. Beeton 社の出版物とみなされる EDM も、創刊当時の出版元は Clarke and Co. となっていて、ともに S. O. Beeton 社ではない。このような細かな社名の変更は、今回明らかにしたサミュエルとクラークの資本関係を含むかかわり方の変化や、それぞれの立場の変化の表れと見ることができるだろう。

　サミュエルが活躍した時代、つまり EDM や『ビートン社の家政書』が出版されたころは、印刷物の需要の高まりと、技術革新 [55] がすすみ、紙の価格も安くなったことで、フリート・ストリートやブーヴェリー・ストリートなどの、紙、印刷、出版にかかわる地域が活況を呈していた。この時期に多くの出版社が設立された。カッセル、ラウトレッジ、ワード・ロック社などの現代でもよく知られた出版社が、その当時は、まだその創業者自身が経営する会社であったりした。そのようなことから、当時の出版物は、出版者の個

---

55)　技術革新によって紙の大量生産がすすむと、原料の麻くずや綿くずが不足した。そこで原料として木を砕いたパルプなど、新たに開発された安価な原料が供給されるようになり、結果として紙の価格は安くなった。

性をおおいに反映させる傾向があったといえる。どのような出版物を、どのように編集し、どのような装丁で、どのような価格で、どのように出版するのかなど、そこに出版物の特徴があり、出版社の行く末をも決定した。サミュエルもやはり、そのような出版者のひとりであった。

『アンクル・トムの小屋』をイギリスで最初に出版し、名声を博したクラークとサミュエルであったが、複製の本を中心に出版し続けることを選択したクラークは、その後3回の破産を経験することになり、跡を継いだ息子はのちに投獄されてしまった。一方、資金の行き詰まりから、自分の出版社を失ってしまったサミュエルではあったが、ライバル出版社の一社員となりながらも、引き続きビートンズ・ブックスを編集、出版し続けることができた。彼が世に送り出した出版物のなかには彼の死後も100年以上にわたって、まるで、サミュエルやイザベラが生きているかのように出版され続けているものもある。また、遠く離れた日本でも、すでに明治初期には西洋の知見を得るのに活用された本もあるし、彼が編集、出版した本が日本語に訳されたり、事典を作るのに利用されたりもしている。クラークもサミュエルも共に、彼らの出版者としての出発点で、巨額の資金を得たにもかかわらず、その後の出版者としての人生は、まったく違ったものとなったのである。まさに、出版者の個性が、出版物の特色に色濃く反映された例であるといえよう。

このように考えると、サミュエル個人について深く知ることは、単に人物像を明らかにするというにとどまらないのである。サミュエルをより深く理解することが、S. O. ビートン社の出版手法について考えたり、個々の出版物の存在意義を明らかにしようとするときに重要な手がかりになるはずである。その意味で、出自からはじまり、出版業に入るまでの人物像だけでなく、今まであまり情報がなかったクラークについて、比較的詳細な情報が得られ、紙幅を割くことができたのは意義があるものと考える。クラークに関して、彼の父親や、息子のことにいたるまでの情報を得られたとともに、『アンクル・トムの小屋』の出版に、サミュエルがどのようにかかわったのかということをある程度明らかにできた。結果として、本書の目的である『ビートン社の家政書』の本質に迫る重要な礎のひとつになるであろう。

さて、現代に生きるわれわれは、彼が世に送り出した出版物の多くを、何

115

らかの形で入手することが可能になってきており、それらを検討することは
できるが、直接サミュエルの考えや、人となりに接することはできない。些
末なことのように思えても、できる限りサミュエルに関する情報を得ておく
ことが、今後の議論の展開にも役立つであろう。

　サミュエルとイザベラは恋愛中に多くの手紙のやりとりをしていたが、現
在残っているものは、イザベラからサミュエルに宛てたものが多い。なかに
はイザベラがサミュエルの親族に読まれるのではないかと危惧し、読み終え
たら処分してほしいと頼むようなものまで含まれている。それらの手紙の多
くが、サミュエルの死後、サミュエルのコートのポケットから発見された。
サミュエルは、処分せずに、大事に持っていたのである。また、これらの手
紙のなかには、幾分セクシャルと思われる内容の記述もある。おそらく、ビー
トン夫妻のふたりの息子や孫が、長い間、ビートン夫妻に関する資料を公開
しなかったのは、そのような内容の手紙が公表されることに躊躇したからで
はないかと考えられる。ふたりの手紙の内容や、修行時代の女性関係、イザ
ベラの死後のブラウン夫人との関係などとあいまって、サミュエルに対して、
女性にだらしない男、という印象を、われわれは受けるかも知れない。だが、
憶測は所詮憶測であって、それ以上でも、それ以下でもない。女性にだらし
なく、妻イザベラを利用するだけして、ないがしろにした男というサミュエ
ル像は、ドーリング家の人びとが抱くサミュエル像ではあっても、われわれ
が求めるべきサミュエル像と一致するとは限らない。サミュエルは、婚約中
に、イザベラから頼まれていたにもかかわらず、その手紙を処分せず、妻イ
ザベラの死を経て、生涯その手紙を持ち続けていた。妻以外の女性との関係
があったか、なかったかは別として、少なくとも、イザベラを思う気持ちは、
終生変わらなかったのではないだろうか。人はみな、多面的な存在であり、
その時々に、そのなかのほんの一面を見せているにすぎない。確証もとれな
いセンセーショナルな一面にこだわるあまり、サミュエルの出版者としての
本質を見誤らないようにしたい。

　また、サミュエルとドーリング家との険悪な関係は、イザベラとの婚約中
にすでに生じていて、その後修復されることはなかった。もしも、両家が良
好な関係を築けていたら、S. O. Beeton 社の危機に際してもドーリング家か

> **Beeton**
>
> he composed his opera of "Leonore," better known in England by the name of "Fidelio," which, however, had not much success. He continued, however, to compose in every style of music, bequeathing to posterity a noble monument of his industry and genius in his many brilliant compositions. D. at Bonn, 1770; D. at Vienna, 1827.—In 1845 a statue was erected to his memory in his native town, in the presence of the queen of England.
>
> BEETON, Samuel Orchart, be'-ton, the originator and one of the editors of this work, the "DICTIONARY OF UNIVERSAL INFORMATION." In 1852 he commenced business as a publisher, and was the first to introduce to this country Mrs. Beecher Stowe's celebrated novel of "Uncle Tom's Cabin." The success of this work was so satisfactory, that he undertook a voyage across the Atlantic to present the authoress with £500, which he increased on his return by a further sum of £250. He has, from that time, continued to devote himself to the dissemination of cheap and wholesome literature amongst the people; and his "Boy's Own Magazine" and "The Englishwoman's Domestic Magazine" are amongst the most popular and successful periodicals now in the hands of the public. B. in London, 1831.
>
> BEFORT, OR BELFORT, bel'-for, a town of France, in the department of the Upper Rhine, on the small river Savoureuse, 36 miles from Strasburg. It carries on an extensive trade with Switzerland and Germany. Pop. about 8,000. It is a strong place, and was fortified by Vauban.
>
> BEGEYN, Abraham, be'-gine, a Dutch painter, who executed some fine landscapes for the royal palaces, and several good pictures, which are at the Hague.

図 21 『ビートン社の万物事典』のなかでサミュエルは、自分自身に関して項目をたてて説明している。また、ページの見出しが「BEETON」になっているが、それもおそらくサミュエルが意図的にそうなるよう配列を調整したのであろう。彼のこだわり、あるいは自己顕示欲を象徴するようで興味深い（囲みは引用者）

ら支援を受けられた可能性は高い。そもそも、ヘンリー・ドーリングがサミュエルを気に入らなかったことに端を発したことではあったが、一方でサミュエルもヘンリー・ドーリングを避けた。ピナーに新居を構えたのも、イザベラの実家があるエプソムから少しでも離れたいという意思の表れであった。ヴィクトリア時代の価値観を体現したようなヘンリー・ドーリングに対して、それを打ち破るような新しい価値観を持ったサミュエルであったから、そもそも水と油だったのかもしれない。しかし、それ以上に、サミュエルの片意地な性格が、関係修復をいっそう困難にさせた一因ではなかっただろうか。彼の片意地な性格は、見方をかえれば、こだわりの強さの表れだともいえるだろう。彼のこだわりを持った性格（図21）が、こだわりを持った出版物を生み出したのだとしたら、何を、どうこだわったのかに留意して、S. O. Beeton 社の出版物を検討する必要があるだろう。

Column 3

日本語に翻訳された『ビートン社の家政書』

『ビートン社の家政書』が明治期に日本語に翻訳されていたことは、最近ではよく知られるようになってきました。明治9（1876）年に出版された、穂積清軒訳『家内心得草――一名保家法』（図1）と明治40（1907）年に出版された『西洋料理の栞』です。

『家内心得草』に関しては、すでに研究者を含め言及も多くありますので、詳しくはそちらをご覧いただくとして、驚くべきは、早くも明治9年に日本語に翻訳したものが出版されたということです。しかし、よく見てみると、この本は一冊のなかで本編と付録に分かれています。『ビートン社の家政書』にあたる部分は本編で、清軒は明治7（1874）年5月で筆をおいています。つまり、明治7年には一部分とはいえ『ビートン社の家政書』を翻訳し終えているということです。元になった版が何年に出版されたものかは不明です。また、清軒が翻訳にどれほど時間を要したのかも不明ですが、少なくとも明治7年以前の日本に『ビートン社の家政書』が存在したことが確認できます。たった1冊だけということは考えにくいので、おそらく複数の『ビートン社の家政書』が日本に持ち込まれたのだろうと思われます。明治初期の、しかも、そのかなり早い時期に、すでに『ビートン社の家政書』が日本に持ち込まれ、それを日本語に翻訳して人びとにその知識を広めようとした人物がいたというこ

図1 早稲田大学図書館蔵『家内心得草』の扉

とです。さて、いったい誰が、どのような目的で『ビートン社の家政書』を日本に持ち込んだのでしょうか。また清軒は、どのようないきさつで『ビートン社の家政書』を手に入れたのでしょうか。清軒はイザベラをアメリカ人と勘違いしたようですので（図2）、翻訳の元になった本が、アメリカ経由で輸入されたものかもしれませんし、あるいはアメリカから来たお雇い外国人のような人が持ち込んだものを入手したのかもしれません。あるいは、直接イギリスやアメリカの業者から買いつけたものかもしれません。清軒が買い求めたものか、誰かが買い求めたものが、なんらかの経緯をへて清軒の手元に渡ったのか、入手経路などを突き止めることは非常に難しいことでしょうが、そのようなことが明らかにされてくると、明治初期の日本人の近代化に向けた意気込みのようなものがリアリティをもって感じられるのかもしれません。

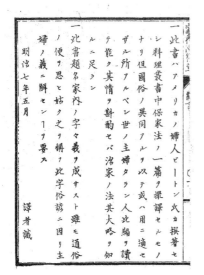

図2 早稲田大学図書館所蔵『家内心得草』「アメリカノ婦人ビートン氏」と書いてある

　さて、さきほど『家内心得草』には付録があるといいましたが、付録は「英府龍動ノ婦人ウォーレン氏」の節約術を紹介したものであるように清軒は述べています。清軒は原著の書名を明示していないのですが、本文でも紹介したウォーレン夫人の *How I managed My House on Two Hundred Pounds a Year*（図3）の抄訳であることは、八幡彩子の研究[1]などですでに明らかになっている

---

1) 明治初期における翻訳家政書の原典解明─『経済小学　家政要旨　後編』および『家内心得草』を中心に─
https://kaken.nii.ac.jp/ja/grant/KAKENHI-PROJECT-10780074/（2017年12月7日確認）

ところです。*How I managed My House on Two Hundred Pounds a Year* には、『ビートン社の家政書』と違ってアメリカで印刷、出版された版があります。それでも、清軒はウォレン夫人のことは間違わずにイギリス人といっていることを考えれば、清軒がどうしてイザベラをアメリカ人だと誤解してしまったのか、いよいよ不思議な気がします。この訳者穂積清軒ですが、実は『家内心得草』の奥付けでは「故人」と記されています。つまり、明治9年の時点で、すでに清軒はこの世を去ってしまっていたようです。

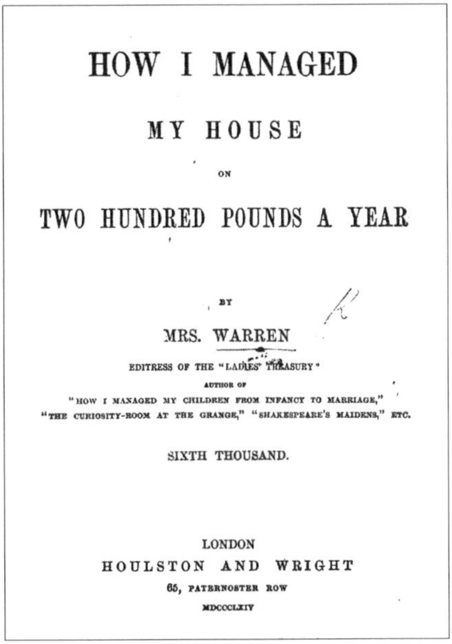

一方、『西洋料理の栞』は、明治40年に明治屋によって印刷、発行されています。著作兼発行者は山田政蔵となっていますが、この山田氏がどういう人物なのか、訳者なのかは明らかではありません。奥付けには非売品であることが明記されていますので、販売促進か何かの目的で配布されたものと思われます。巻末に、明治屋大阪支店が取り扱う商品が示されており、著作兼発行者、印刷者、印刷所、すべての住所が大阪市内になっていますので、明治屋大阪支店により製作、配布されたものと思われます。ちなみに明治屋大阪支店の取り扱い品目は洋酒、洋食料品、洋菓子、洋食器、舶来煙草、舶来化粧品となっています。巻頭の緒言では、西洋料理というものは、日本人が思っているほど高価で難しいものではなく、簡単に作ることができ、安価で、滋養に富む料理であることが強調され、日本人は衣服など外見を重視して費用を費やし、一方で食べることは軽視し、その出費を抑えているが、生命の元である身体を重視すれば、

HOW I MANAGED

MY HOUSE

ON

TWO HUNDRED POUNDS A YEAR

BY

MRS. WARREN

EDITRESS OF THE "LADIES' TREASURY"

AUTHOR OF

"HOW I MANAGED MY CHILDREN FROM INFANCY TO MARRIAGE,"
"THE CURIOSITY-ROOM AT THE GRANGE," "SHAKESPEARE'S MAIDENS," ETC.

SIXTH THOUSAND.

LONDON

HOULSTON AND WRIGHT

65, PATERNOSTER ROW

MDCCCLXIV

図3　*How I managed My House on Two Hundred Pounds a Year* のタイトル・ページ

食を軽視すべきでないことはおのずと明らかであるとして、読者を西洋料理へと導いています。明治屋は東京で創業された会社ですが、東京ではなく、大阪で発行されたということにどういう意味があるのか、興味深いところです。

　また、この『西洋料理の栞』にも「米国　ミッセス、ビートン原著」と記されており、訳者はイザベラをアメリカ人の女性だと思い込んだようです。清軒もそうですが、原著『ビートン社の家政書』にはアメリカのことなど記述されておらず、少なくとも出版地としてロンドンがタイトル・ページに明記されていたはずなのに、両訳者ともイザベラをアメリカ人だと誤解したことは、単に訳者の不注意や思い込みによるものなのか、それとも他に何か要因があるのかといったこともまた、興味深いことです。思い込みや、不注意だと解してしまえば、それだけのことですが、このような些細なことも、解明されてみれば、その裏側に何か興味深い事実が隠れていたりするものではないでしょうか。新たな資料の、発見あるいは発掘がまたれるところです。

第4章
『ビートン社の家政書』以前の料理書

　『ビートン社の家政書』以前にイギリスで出版された料理書は星の数ほどある。そのなかには有名なものもあれば、当然ながら、無名なものも多く含まれる。本章では、『ビートン社の家政書』を理解するうえで有効であろうと思われる料理書を2冊選んだ。工業化以降、『ビートン社の家政書』以前に出版期間を絞り、プロの料理人によるものを除いた上で、人びとに受け入れられた証として、版を重ねたもののなかからの2冊である。

　まず、ドクター・キッチナーの『クックス・オラクル』、次いでイライザ・アクトンの『最新料理法』を、それぞれ、その著者の出自から探索していくことにしよう。

1. ドクター・ウィリアム・キッチナー 『クックス・オラクル』

　ドクター・ウィリアム・キッチナー（以降ドクター・キッチナーという）が、『クックス・オラクル』[1]という料理書を著したのは『ビートン社の家政書』出版に先立つこと44年前の1817年のことであった。ドクター・キッチナーが主催していた食事会の招待客でもあったウィリアム・ジャーダン（William

---

[1] 書名の日本語表記に関しては、使われる日本語の語感から間違った印象を与え、先入観や誤解を生む余地を排除するため、本書では、あえて片仮名で表記することにした。

図1　ドクター・キッチナーの古代ローマ風肖像画

Jerdan, 1782～1869)は彼を評して"Dr. Kitchiner was a character."[2]（ドクター・キッチナーは異彩を放っていた。）と述べている。親しい人物からこのように紹介されるほど、周囲からは一風変わった特異な存在として認識されていたことがわかる。彼の特異性についてはこれから見ていくことになるが、まず一例をあげてみる。彼の著した『クックス・オラクル』の初版には「アピキウスの再来」という表現はあるが、著者であるドクター・キッチナーの名前はタイトル・ページのどこにもない。アピキウス（Apicius、生没年不詳）とは、現存する最古の料理書を著した古代ローマの富豪であるとされる人物である[3]。一方で、ドクター・キッチナーの肖像画のなかに、古代ローマ人さながらの姿に描かれていて、一見して異質な印象を与えるものがある（図1）。おそらく、これは自分自身をアピキウスになぞらえて描かせたものであろう。彼は、自分自身をあえて「変わり者」として演出しようとしたのであろうか。それとも、単に生来の「変わり者」であっただけなのであろうか。

今日、彼は第一義的に「変わり者」であるとみなされて言及されることが多く、そのことが人物の正当な評価や、彼の著作に対する分析がじゅうぶんに進んでいない要因のひとつであると考えられる。イザベラや『ビートン社の家政書』に比べると、現在では、ドクター・キッチナーという名前も、『クックス・オラクル』という書名も、大きく取り上げられることはなくなっている。彼に関して言及されるとすれば、料理書著者であり、美食家でもあると

---

2) Jerdan, William, *Men I Have Known*, George Routledge and Sons, 1866, p. 282.
3) ミュラ＝ヨコタ・宣子『アピーキウス　古代ローマの料理書』三省堂、1987年（Apicius, *De Re Quoquinaria*.）、26-8頁。

いうことと、むしろそれ以上に変人であったということが多い。彼がいかに「変わり者」であったのかということに関心が向けられる一方で、『クックス・オラクル』が『ビートン社の家政書』に先立つ料理書としてどのような意味を持ちえたのか。あるいはドクター・キッチナーという人物を、彼のことばや、その料理書との関係で分析し、彼が生きた時代背景のなかに置きなおして考察することによって、どのようなことが明らかにされうるのかということに関しては、いまだじゅうぶんな検討が加えられているとはいいがたい。

　しかし、『ビートン社の家政書』には、ドクター・キッチナーのレシピをもとにしたものとして「カレーパウダー」(curry powder) のレシピが掲載されているし[4]、「ミクルマス・グース」(michaelmas goose) の説明もドクター・キッチナーの記述から引用されている[5]。『ビートン社の家政書』は、掲載されているレシピのほとんどが、他の料理書からの引用であったり、料理人から教えてもらったりしたものであるといわれているが[6]、それが誰のものであるのかが明記されているレシピは決して多いわけではない。わざわざ誰のレシピであるのかを示したのは、その名前を明記することが読者に歓迎され、結果として料理書の売り上げにつながることが期待されたからである。したがって、たとえどれほど有能な料理人であったとしても、誰も知らないような人物の名前を、わざわざ料理書に明記することはありえない。つまり『ビートン社の家政書』にその名が明記されているということは、その当時、料理書を手に取ってみようとする人ならば、知っていて当たり前の人物であったということができるのである。イザベラや『ビートン社の家政書』に比べると、忘れられた存在といっていいほど、現在ほとんど言及されることがない料理書著者としてのドクター・キッチナーとその著書『クックス・オラクル』に光をあててみよう。

---

4)　Beeton, Isabella, *op. cit.*, p. 215.

5)　*Ibid.*, p. 477.

6)　ハーディは、イライザ・アクトンの『最新料理術』に含まれる多くのレシピが『ビートン社の家政書』に盗用されていると述べている。(Hardy, Sheila, *The Real Mrs Beeton: The Story of Eliza Acton*, The History Press, 2011, p. 10, 203.)

先行研究と考察の目的

　ドクター・キッチナーに関する研究、あるいは言及は決して多くはない。主なものとしては、トム・ブリッジ（Tom Bridge）とコリン・クーパー・イングリッシュ（Colin Cooper English）による伝記がある[7]。ブリッジもイングリッシュも歴史家ではなく、共に料理人である。彼らは、たまたま古本屋で『クックス・オラクル』の 1827 年版を手に入れた。そこには、彼らの想像を絶するような奇想天外な古い時代の料理が紹介されていた。生きた鳥から作ったパイ、トカゲ入りのブロス、猫入りのゼリーなどである。彼らのドクター・キッチナーに対する興味は、その人物像や、著作を調べ上げるにとどまらず、ついにはドクター・キッチナーが考案した串焼き器の再現と、その実演にまでいたったのであった[8]。

　ドクター・キッチナーは、変人という以外に、美食家、料理書著者としてその名を知られているが、常に自らをドクターと名乗っていた。実際には、開業医として医療に携わることはなかったが、医療、健康に関する著作もあることから、ロンドンのウェルカム財団（Wellcome Trust）が発行する論文集にドクター・キッチナーを扱った論文が見出される。また、研究書ではないが、同時代人でスコットランド出身のジャーナリスト、ウィリアム・ジャーダンによるドクター・キッチナーに関する記述は、実際に交流のあった人物によるものとして貴重な資料である。

　日本語の論文には、ほとんどドクター・キッチナーの名前を見出すことはできないが、中島俊郎は「ニセ海亀の文化誌―ルイス・キャロルの想像力」と題する論考の中で『クックス・オラクル』とともに、ドクター・キッチナーを料理書の著者として紹介している[9]。また「ペデストリアニズムの諸相：18 世紀末ツーリズムの一断面」のなかで、ドクター・キッチナーの経歴と、著書『クックス・オラクル』『トラベラーズ・オラクル』（*The Traveller's*

---

7)　Bridge, Tom & English, Colin Cooper, *Dr. William Kitchiner Regency Eccentric Author of The Cook's Oracle*, Southover Press, 1992.

8)　*Ibid.*, pp. xi–xii.

9)　中島俊郎「ニセ海亀の文化誌―ルイス・キャロルの想像力」『経済志林』、2011 年、63-4 頁。

Oracle, 1872) などについて紹介している[10]。

これまでのドクター・キッチナーに関する研究は、ブリッジとイングリッシュによる伝記的な調査と、それを元にした他の研究者による言及が中心であり、ドクター・キッチナーの人物的な分析や、『クックス・オラクル』の記述を分析するようなものはない。

そこで、本節においては、伝記的な事柄はブリッジとイングリッシュによる著作に依拠しつつも、ドクター・キッチナーが影響を受けたフランスの美食および、当時美食家としてフランスで名をはせていたグリモ・ド・ラ・レニエール（Grimod de la Reynière, 1758-1837）に関する橋本論文[11]などを参照しながら、彼の突飛ともとれる行動が意味するものは何であるのかを考察するとともに、ドクター・キッチナーや『クックス・オラクル』の本質にせまりたい。

そこで、まずドクター・キッチナーの人物像を明らかにすることから始めたい。そして、彼の主催した美食委員会や著作について考えてみる。その後、フランスにおける美食文化とドクター・キッチナーが展開しようとしたイギリスにおける美食文化の違いについて検討する。一連の手続きを経て、ドクター・キッチナーが展開した美食、あるいは彼が著した『クックス・オラクル』の記述の裏側にどのような力学が働いているかを考察により明らかにし、『ビートン社の家政書』を理解するための一助を得ることを目指したい。

父ウィリアム・キッチナー

ドクター・キッチナーの出自については、それほど多くのことがわかっているわけではない。父親の名前はウィリアム・キッチナー（William Kitchiner, ?-1794）、母親の名前はメアリー（Mary）（旧姓グレイヴ Grave）であった[12]。当時珍しいことではなかったが、父親と息子は同じ名前である[13]。彼は、ハー

---

10) 中島俊郎「ペデストリアニズムの諸相：一八世紀末ツーリズムの一断面」『甲南大学紀要　文学編』、2006 年、52-3 頁。

11) 橋本周子『美食家の誕生：グリモと「食」のフランス革命』名古屋大学出版会、2014 年。

12) *ODNB*（オンライン版）

13) 本書では、混同を避けるため、父親をウィリアム・キッチナー、その息子である、いわゆる

127

トフォードシャの出身で、石炭埠頭で働くためにロンドンに出てきていた。燃料としての木材の枯渇により、石炭の需要が増しており、石炭を扱う業界は活況を呈していた。彼は懸命に働き、のちには石炭を扱う商人となった。一代で財を成し、ストランドにある、ボーフォート・ビルディングス（Beaufort Buildings）で暮らすようになった。なお、ドクター・キッチナーは、1775年にこのボーフォート・ビルディングスで生まれている。1775年といえばアメリカ独立戦争（1775-1783）が始まった年である。また、カトリック教徒の身分上の差別が初めて一部撤廃されたことに対しプロテスタント協会が反対運動を起こしたことに端を発する、いわゆるゴードン暴動が1780年に起こっている。この暴動の際、ボーフォート・ビルディングスのあたりでは、石炭を守るために、兵士たちが物々しく警備を固めた。ウィリアム・キッチナーは、ウェストミンスターの治安判事をしており、ボウ・ストリート（Bow Street）の裁判所にも出仕していた。刑事裁判所の裁判長に宛てて、暴動を起こしたかどで捕えられている囚人のことを報告する彼の手紙が残っており、1780年の暴動当時も治安判事であったことがうかがえる [14]。しかし、それから14年のちの1794年7月19日にウィリアム・キッチナーは他界し、ロンドンのセント・クレメント・デーンズ教会に埋葬された。彼が残した遺産は、6万から7万ポンドであった [15]。

　以上見てきたように、ドクター・キッチナーの父ウィリアム・キッチナーは、いわゆるセルフ・メイド・マンであり、地方からロンドンに出て一代で財を成した人物であった。経済的な面だけでなく、治安判事になるなど、社会的にも認められた人物であったということができるであろう。ドクター・キッチナーが生まれたのがボーフォート・ビルディングスであったことや、ゴードン暴動時、父ウィリアム・キッチナーはすでに治安判事を務めていたということを考えると、ドクター・キッチナーが誕生したころには、キッチナー家はすでに裕福な新興中産階級の仲間入りを果たしていたと考えてよいだろう。

　ドクター・ウィリアム・キッチナーをドクター・キッチナーと呼ぶことにする。

14)　Bridge, *op. cit.*, p. 2.

15)　*Ibid.* p. 2.

ドクター・ウィリアム・キッチナー

　ドクター・キッチナーがどのような幼少期、青年期を過ごしたのか。また、どのような性格の子どもであったのかなど、多くのことがよくわかっていない。彼はイートン校で学んだ。学生時代は、スポーツ好きな少年で、ダーツをやっていて片目を負傷し、失明した。将来、医学の道に進むことを決意し、グラスゴー大学で学んだ。グラスゴー大学で学位を取得したが、その学位ではイングランドで開業する資格が得られず、ロンドンで開業することはできなかった。しかし、以上述べた学歴は、ドクター・キッチナー自身が吹聴した自らの学歴であり、実際にはイートン校でも、グラスゴー大学でも学んでいない[16]。それでも、自らをドクターと名乗り、それを周囲の人に信じ込ませたのは、膨大な医学に関する著作物を所有し、知識を得ていたからにほかならない。

　ドクター・キッチナーが、その生涯において、何らかの賃金労働に従事した形跡はない。19歳のとき父親が他界し多額の遺産を相続したため、彼はあくせく働くこともなく、若くして悠々自適の生活を送ることができたのである。また、ドクター・キッチナーの名前で出された新聞の広告記事（図2）によると、1804年の時点で、ボーフォート・ビルディングスに、岸壁、テムズ川に面した更地、事務所、立派な住居、馬小屋、倉庫などを所有し（図3）、それを賃貸ししていたことがわかる。著作家や美食家として世に知られる以前の彼の暮らしぶりはほとんど明らかにされていないが、彼には、父親から相続した不動産による不労所得があったことや、世に名を知られるようになる以前から「ドクター」を名乗っていたことがこの記事によって明らかにされる。

　彼は、1799年8月、24歳のときにエリザベス・オラム（Elizabeth Oram）と結婚した。この結婚は『ジェントルマンズ・マガジン』でも告知されたが、わずか3ヶ月で破綻し、ふたりは別居した。その後、妻のことは、ドクター・キッチナーの遺言にさえ記述がなく、現在までも彼女の人物像は、何も明ら

---

16)　*ODNB*（オンライン版）

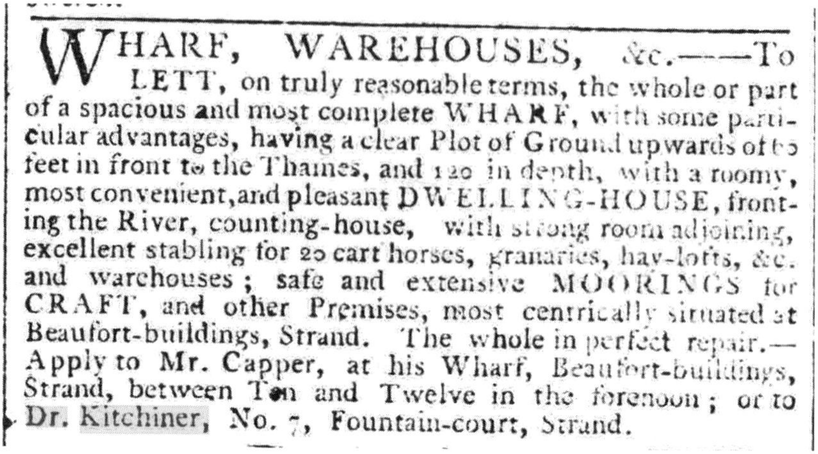

WHARF, WAREHOUSES, &c.——To
LETT, on truly reasonable terms, the whole or part
of a spacious and most complete WHARF, with some parti-
cular advantages, having a clear Plot of Ground upwards of 6?
feet in front to the Thames, and 120 in depth, with a roomy,
most convenient, and pleasant DWELLING-HOUSE, front-
ing the River, counting-house, with strong room adjoining,
excellent stabling for 20 cart horses, granaries, hay-lofts, &c.
and warehouses; safe and extensive MOORINGS for
CRAFT, and other Premises, most centrically situated at
Beaufort-buildings, Strand. The whole in perfect repair.——
Apply to Mr. Capper, at his Wharf, Beaufort-buildings,
Strand, between Ten and Twelve in the forenoon; or to
Dr. Kitchiner, No. 7, Fountain-court, Strand.

図2　ドクター・キッチナーの名前で掲載された新聞広告

かになっていない。

　ドクター・キッチナーはロンドンのウォーレン・ストリート43に居を構えた。妻と別居したあと、エリザベス・ギフォード（Elizabeth Gifford）という女性とのあいだに一子をもうけている。1804年に生まれたこの子どもはウィリアム・ブラウン・キッチナー（Williamu Brown Kitchiner, 1804-?）（以後ブラウンという）と名付けられた。当時、非嫡出子に対する風当たりは強く、ブラウンはそのことに負い目を感じていた。そのこともあってかドクター・キッチナーは息子の教育には熱心であった。1818年から1822年までチャーターハウス校で、その後1824年からはケンブリッジ大学セント・ジョンズ・カレッジで学ばせている。しかし、意に反して息子ブラウンの学業は振るわなかった。1824年にファースト・クラスであった成績が、翌年までにサード・クラスに、さらに次の年にはフォース・クラスに成績を落とし、1826年、ついには病気を理由に試験を受けず、学位を取得することができなかった。非嫡出子であることは、息子本人にとっては世間に対して、父ドクター・キッチナーにとっては息子に対して、うしろめたさを感じさせることであったに違いない。だからこそ、息子の教育には人一倍心血を注いでいたのだろう。わが子を不憫に思い、自分の事業を継がせ、将来を安定したものにしてやり

たいと思うのは父親としては、当然のことである。そのように考えると、息子ブラウンが学業を成就できなかったときのドクター・キッチナーの落胆ぶりは、いかばかりであっただろうかと想像させるのである。のちにドクター・キッチナーは、エリザベス・フレンド（Elizabeth Friend）という女性を内妻とし、その後生涯をともにすごした。

　ここまで、ブリッジらによる伝記などを頼りにドクター・キッチナーの人物像を見てきたわけだが、彼の出自を考えるとき、彼が生まれたときの家庭がどのようなものであったのかが重要となろう。確かに、父ウィリアムは、ロンドンに出てきたとき、港湾で働く労働者であった。しかし、その後財を成し、ドクター・キッチナー誕生時には、経済的にも豊かで、社会的にも認められた人物になっていた。このことから明らかになるのは、ドクター・キッチナーが生まれたのは、労働者の家庭というよりは、むしろ経済的に恵まれた新興の中産階級とみなされうる家庭であったということができる。そして重要なことは、その真偽は別として、イートン校、グラスゴー大学で学んだという学歴である。さらに付け加えるならば、親から相続した遺産による不労所得があった。これらのことは、ドクター・キッチナーがいわゆる「擬似ジェントルマン」[17]としての要件を備えていたということを示しているのである。また彼は、医学に直接関係のない著作であっても、常にドクターを名乗っている。それも、医者としての

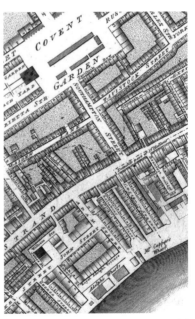

図3　ボーフォート・ビルディングス周辺の地図
広告に示された岸壁などが描かれている

---

17)　擬似ジェントルマンについては、川北稔著『工業化の歴史的前提』岩波書店、1983年、269-351頁が参考になる。

経験など全くないはずなのにである。これらのことから明らかになるのは、彼が自らジェントルマンであることを強く意識し、そのことにこだわり、それをことさら主張しようとしたということである。

座談会と美食委員会

ドクター・キッチナーは、自宅を利用してふたつの食事会を主催した。座談会（Conversazion）と美食委員会（The Committee of Taste）である。座談会は火曜日に、美食委員会は水曜日に開かれた。

座談会というのは、ドクター・キッチナーが友人を自宅に招待し、なにかしらのトピックスについて語り合い、そのあと一緒に食事をするというものであった。ここで、ドクター・キッチナーの特異性が発揮される。座談会に招待された招待客の最初の3人が、ドローイング・ルームに入室したところで、ドクター・キッチナーは、グランドピアノの前に腰を下ろし、「見よ、勇者は帰る」（See the Conquering Hero Comes）を演奏するのであった。われわれ日本人にとってもなじみのある、運動会の終盤、各種競技の表彰式の際スピーカーから流れてくるあの印象深い曲である。そのときのドクター・キッチナーは、シルクのストッキングに、正装用のパンプス[18]といういでたちであった。さらに興味深いのは、このピアノには、足で操作してドラムと

図4　ドクター・キッチナーの肖像画。背景にピアノと望遠鏡は描かれているが、料理に関するものは描かれていない

18）ここでいうパンプスとは、当時は男性の正装用の靴を意味することばであって、現在われわれが思い浮かべるような女性用の靴ではない。

トライアングルを鳴らす仕掛けが仕込んであったのだ。この仕掛けによって、たったひとりで、ピアノ、ドラム、トライアングルを同時に演奏できたのである。図4で示した肖像画は、おそらくその時の姿を描いたものと思われる。

そして、これもドクター・キッチナーならではのことであるが、招待客が通されたダイニング・ルームのチムニーピースの上には「7時に来て、11時に帰ること」(At seven come, at eleven go)と書かれたプラカードが置かれてあったのである。招待客は、時間厳守で、7時にやってきて、11時には、キッチナー邸を出なければならなかった。

一方、美食委員会は毎週水曜日に開催された。招待客に届けられた招待状には、緋色のしゃれたワックスで"BETTER NEVER THAN LATE"（遅れてくるなら、来ないほうがまし）というモットーが添えられた委員会の封がされていた。以下に示すのは、招待状の一例である。

拝啓
来る10日、水曜日に、美食委員会に出席いただきたく、謹んでご案内申し上げます。
5時ちょうどに食事がテーブルに供せられますとただちにその日の審査を開始いたします。
あなた様の忠実な僕とならんことを、心より祈念いたします。
1825年8月
フィッツロイ・スクエア　ワレン・ストリート43

座談会は7時であったが、こちらは5時に始まると書かれている。また文章からは、時間厳守の徹底ぶりがうかがえる。招待状のなかには、11時に帰らない者は次回からは招待しない、と書かれたものもあったようである。

委員会には次のような決まりごとがあった

一、招待状を受け取ったら、そこに記載された日付から少なくとも24時間以内に、可能な限りすみやかに返事をすること。さもなき場合は、招待は明確に辞退されたものとみなす。

二、料理が完璧な状態であるのはつかの間のことである、したがって、

1分でも遅れて来ようものなら、もはや美食委員会の一員としてはふさわしくない。主催者が食事の用意ができたと告げたあとは、どのような高位のものであっても、門番が入室を差し止める。

このような決まりごとは、美食のためには、料理人が食べる人に合わせるのではなく、食べる人が料理人の都合に合わせなければ、最高の料理は食べられない、という考え方にもとづくものであるが、座談会と同様、ここでも時間厳守の徹底ぶりがうかがわれる。

　トム・ブリッジらによると、美食委員会に招待されたのは次のような人物である[19]。ドクター・ジョン・ハスラム（Dr. John Haslam, 1764-1844）は、医師であり、医学関係の著書も多数ある。彼はドクター・キッチナーにとっては最も親しい友人であった。詩人のサミュエル・ロジャース（Samuel Rogers, 1763-1855）は、よくジェントルマンズ・マガジンに寄稿していた。また彼は豪華な朝食会を開くことで有名であったが、招待客には、ドクター・キッチナーのほか、バイロン、コールリッジ、キーツ、シェリー、ワーズワース、ブレイク、ターナー、コンスタブル、ゾファニー、スタッブスなどがいた。チャールズ・マシューズ（Charles Mathews, 1776-1835）は有名な喜劇俳優であった。セオドール・フック（Theodore Hook, 1788-1841）はイタズラ好きな小説家で、煙突掃除人からロンドン市長を含む何千人というロンドン住人に偽の手紙を送り、バーナーズ通りのトッテナム夫人の住居前に集めたイタズラは有名である。ジョセフ・バンクス（Joseph Banks, 1743-1820）は王立協会会長、キュー植物園の科学顧問などを歴任した人物である。1768 年から約3年間、ジェームス・クック（James Cook, 1728-79）が第 1 回目の世界探検航海をおこなったとき、植物学者として同行した。ジャーナリストのウィリアム・ジャーダンは、著書『我が知り合いし人びと』のなかでドクター・キッチナーを紹介している。チャールズ・ケンブル（Charles Kemble, 1775-1854）はドクター・キッチナーと同年生まれの役者で、1820 年にコベントガーデン劇場のオーナーになっている。ジョン・ブラハム（John Braham, 1774-1856）

---

19)　Bridge, *op. cit.*, pp. 11-6.

は一世を風靡したテノール歌手であり、ドクター・キッチナーとはレシピの交換をしあう仲であった。詩人で劇作家のジョージ・コールマン・ザ・ヤンガー（George Colman the younger, 1762-1836）は、父の跡を継いでヘイマーケット劇場の支配人になった。チャールズ・ディブディン・ザ・ヤンガー（Charles Dibdin the younger, 1768-1833）は劇作家、作曲家であり、サドラーズ・ウェルズ劇場の支配人になった人物である。ジョン・ソーン（John Soane, 1753-1837）は建築家であり、その作品にはイングランド銀行が含まれている。ハンス・バスク・ザ・エルダー（Hans Busk the Elder, 1770-1862）は貴族の末裔であり、治安判事、州長官をつとめた。建築家、フィリップ・ハードウィック（Philip Hardwick, 1792-1870）はユーストン駅の入り口、いわゆるユーストンアーチを設計した人物である。トーマス・フッド（Thomas Hood, 1799-1845）は詩人であり、ユーモア作家であった。摂政皇太子（Prince Regent, 1762-1830）、つまりのちのイギリス国王ジョージ4世である。

　さて、この美食委員会であるが、単に集まってご馳走を食べていただけではない。彼らが審査し、認められたレシピは、『クックス・オラクル』という料理書に掲載されたのである。逆にいえば、『クックス・オラクル』に掲載されたレシピはほぼすべて、美食委員会で認められたものであるということができるのである。

　さて、この『クックス・オラクル』という料理書には、どのような特徴があるのだろうか。次に、ドクター・キッチナーの著作の全体像と『クックス・オラクル』について考えることにする。

『クックス・オラクル』とその他の著作

　ドクター・キッチナーの著述は料理に関するものだけでなく、光学や音楽にまでわたっている。1811年に『望遠鏡必携』を出版したのが最初であった。ついで1814年に『フィロソフィカル・マガジン』（*Philosophical Magazine*）に「色消しレンズに最適な大きさ」（On the Size best adapted for Achromatic Glasses）を寄稿、翌1815年に『望遠鏡実習』を出版している。そして彼の名を有名にした『クックス・オラクル』が出版されたのは1817年のことで

あった。この本は、好評を博し、版を重ね、少なくとも、1880年まで出版されたことが大英図書館のオンライン目録から確認できる。

ドクター・キッチナーの著作を以下に示す。

1811年　　『望遠鏡必携』（*A Companion to the Telescope*）
1815年　　『望遠鏡実習』（*Practical Observations on Telescopes*）
1817年　　『クックス・オラクル』
1818年　　『クックス・オラクル』第2版
1821年　　『活力と長生きの秘訣』（*The Art of Invigorating and Prolonging Life*）
1821年　　『声楽実習』（*Observations on Vocal Music*）
1821年　　『消化の指針』（*Peptic Precepts*）
1822年　　『満足のいく遺言書作成』（*The Pleasure of Making a Will*）
1825年　　『家計簿のつけ方』（*The Housekeeper's Ledger*）
1827年　　『トラベラーズ・オラクル』
1829年　　『ハウスキーパーズ・オラクル』（*The Housekeeper's Oracle*）

これらの著作以外に、多数の楽譜が大英図書館に所蔵されているが、最も早いものは、1809年に出版されている。

ドクター・キッチナーの著述は、まず音楽に始まり、次いで科学的な分野に移る。つまり、もともと彼の興味や関心は、料理などではなく、音楽や光学に向いていたということは明らかである。しかし、ひとたび『クックス・オラクル』が出版されるや、彼の代表作となり、それ以降の著作物には、しばしば彼の名前のあとに「『クックス・オラクル』の著者」という記述が添えられるようになる[20]。

さてこの『クックス・オラクル』であるが、美食委員会のお墨付きのレシピを掲載するということが建前である。掲載されたレシピの数は実に600近くに及ぶ。前述したように初版のタイトル・ページには、アピキウスの再

---

20)　例えば、Kitchiner, William, M. D., *The Traveller's Oracle Part I*, Henry Colburn, 1827. のタイトル・ページ。

第4章 『ビートン社の家政書』以前の料理書

来とあるだけで、ドクター・キッチナーの名前はない。しかし何年の版からかは確定できないが、少なくとも1827年の版からは、著者としてドクター・キッチナーの名前が明記されるようになる。

『クックス・オラクル』1817年出版の初版のタイトル・ページに書かれていることによると、この料理書では食材の分量が明示されていて、熟練した料理人のように素晴らしい料理を作ることが

図5　ドクター・キッチナーが発明した、船上で使用するための回転式キッチナー・ストーブ

できるという。そして掲載された600近いレシピは、合理的美食（Rational Epicure）にふさわしい調理法を編み出すために、医者の調理場で実際に確かめてみたものであることなどが述べられている。この医者の調理場とは、当然ドクター・キッチナーの自宅の調理場のことである。さらにこのタイトル・ページには本文から抜き出した文章が引用されている[21]。そこには、レシピの記述に大変苦労したことが述べられたあと、これらのレシピは中産階級の日々の料理に供されて満足いくものであることが述べられている。タイトル・ページに続いて、約30ページに及ぶ自序があり、その後料理人へのアドバイスが7ページ、計量等に関して1ページ半が割かれている。そしてやっと目次、レシピへと続く。

自序の冒頭、ドクター・キッチナーが主張するのは、『クックス・オラクル』で紹介されるレシピが、これまで出版されてきた有名な料理書からの寄せ集

---

21)　タイトル・ページには、自序の3ページを見るようにとの記載があるが、実際は、序文ではなく Sauces and Gravies の項目中の記述である。Kitchiner, William, *Apicius Redivivus; or, the Cook's Oracle*, Samuel Bagster, 1817, タイトル・ページ, p. 3, Sauces and Gravies の4ページ目（ページ番号が記載されていないため）参照。

図6 科学者としての雰囲気が出ているように思える、望遠鏡を持った姿で描かれたドクター・キッチナーの肖像画

めではないということである。裏を返せば、当時、いかに既刊の料理書からの盗用がまかり通っていたのかを示しているといえよう。その上で『クックス・オラクル』はそういった類の料理書ではないことを、なによりもまず表明している。

そして、次に述べられるのは、これまでの料理書では具体的な調理の仕方がわかりにくく、知りたいことが示されていなかったが、それをわかりやすくしたということである。既刊の料理書をただ引用するのではなく、実際に調理場に立って、片手に焼き串、片手にペンを持ちつつレシピを書いたこと、料理の知識のない素人でも、簡単に理解できるように、平易で実際的な記述を心がけたことを述べ、『クックス・オラクル』を執筆しようと思った動機を次のように語っている。

> 私が本書を執筆しようと思ったのは、知識のない初心者が、失敗したり、時間を無駄に費やしたりすることがないようにと思ったからであり……
> 　本書で示したことを注意深く実践すれば、最も知識のない人でも、たやすく調理の仕方を習得できるのであって、それは、単においしいばかりでなく、優雅で、しかも節約できる調理法なのである。[22]

ドクター・キッチナーは、時間と、食材の計量にことのほかこだわり、調理には、細心の注意を払うべきだと主張する。おぼつかない経験にたよって、分量や時間を正確に調整することは不可能であると述べ『クックス・オラクル』は、正確さを求めた最初の料理書であると主張する。さらに、計量のための調理器具がどこにいけば手に入るかも明示する。実際、『クックス・オ

---

22) *Ibid.*, pp. 3-4.

ラクル』のレシピには、調理に関して、時間や分量が示されている。『クックス・オラクル』は、これまでになかった画期的な料理書であると胸を張る[23]。

この自序に特徴的なことがふたつある、ひとつは「胃」という語が20回ちかく使われているということである。そのほか、「食欲」、「滋養物」、「舌」、「内臓」、「健康」、「消化」、「咀嚼」、「臓器」などの語が用いられ、著者が「ドクター」であることを強く意識させるものになっている。健康に配慮したレシピは、タイトル・ページで述べられた「合理的美食」、つまり言い換えると「健全な美食」という概念とも一致している。もうひとつは、さまざまな文献からの引用が多いということである。しかもドクター・キッチナーは、それらの引用元を明示している。さまざまな文献にあたって調査研究したことを示そうとしたのだろうか。客観性とか、科学的であるといった要素を『クックス・オラクル』に付与し、他の料理書と一線を画するものに仕上げようとしたように思われる。ここでも、単なる料理書著者ではなく、科学者の立場から料理書を執筆したのだということを強く意識させるものになっている。

ドクター・キッチナーの「合理的美食」
── グリモとの比較から ──

ドクター・キッチナーは『クックス・オラクル』の序文で、フランス人美食家グリモ・ド・ラ・レニエールの著作『美食家年鑑』(*Almanach des Gourmands*, 1803-12) に触れている。ドクター・キッチナーがグリモの「食審委員会」(Jury dégustateur) をヒントに「美食委員会」を主催し、『美食家年鑑』や『招客必携』(*Manuel des Amphitryons*) を念頭に入れ『クックス・オラクル』を著したことは間違いない。また、ドクター・キッチナーは片方の目に障害があったが、グリモも生まれつき手に障害を負っていた。同じように身体に障害を持っていたことは、グリモに対して共感を持つ要因のひとつになりえたであろう。

---

23) *Ibid.*, Preface.

139

図7 ドクター・キッチナーの肖像画

では、ドクター・キッチナーは、単にグリモを模倣しただけであったのだろうか。橋本周子によると、「食審委員会」の規定は、審査の結果に説得力を持たせることを目的とした厳格なものであったという[24]。しかし、その厳格さが、ドクター・キッチナーが強いこだわりを見せた時間厳守という方向に向かう気配はない。

グリモの目指した美食を、橋本は次のようにいう。

> 18世紀にその頂点を極めたという心地よい社交、革命と共に失われたと一般に言われるこの社交を、美食という世界に託して守っていこうという、グリモの願い……[25]

あくまでも、グリモの理想は、革命前の貴族的な社交であった。そのすべてを肯定するわけではないにしても、そこに範としての礼儀作法という価値を見出し、新たな食べ手たちを啓蒙しようとしたということであろう。

一方で、ドクター・キッチナーの目指したものは、『クックス・オラクル』のタイトル・ページに示された「合理的美食」、「合理的娯楽」(Rational Recreation)という言葉に収斂されるように思われる。それは、決して貴族的な社交を範とした美食ではなく、社会の新たな担い手として立ち現れ、上流階級に次ぐ経済力、社会的地位を得、上流階級と共にイギリス社会を支えていく自覚を持った人びと、つまり新興の中産階級の人びとが、イギリス社会の未来を築くための価値観として用いた「合理性」を、「美食」あるいは「会食」という行為と組み合わせることによって広く中産階級の人びとに範を示そうとしたということではなかっただろうか。そして、その「合理性」のな

---

24) 橋本、前掲書、47-54頁。
25) 同書、265頁。

かに、工業化以前のイギリス社会においては希薄であった、時間厳守の価値観も重要な位置を占めていたことはいうまでもない。

まとめ

　まず『クックス・オラクル』の料理書としての特徴について考えてみたい。想定される読者層が中産階級であることは明言されている。そのうえで、合理的娯楽（健全な娯楽）としての美食、つまり合理的美食が提案されている。そしてこの合理的美食なるものは『クックス・オラクル』が美食委員会で認められたレシピをまとめ上げたものであることに象徴されるように、家庭内での日常的な食事というよりは、会食としての美食、言い換えれば他人との交流を前提とした、社交としての美食と考えるべきである。

　ドクター・キッチナーは食材の分量を正確に示し、手順をわかりやすく記述することに腐心したと明言しているし、また『クックス・オラクル』でのレシピの提示の仕方は、今までの料理書にはなかった新たな試みであることを主張している。そしてそこには科学的な視点が盛り込まれており、まるで科学の実験のように、正確に計量し、指示されたとおり正確に手順を追っていけば、誰もが正しい結果を得られるのである。そのことが意味するのは、おいしい料理が出来上がるということはいうまでもないのだが、それだけではなく、たとえつくり手が代わったとしても、見た目も味もほぼ同じ料理を共有できるということなのである。

　次にドクター・キッチナーの人物像から考えてみたい。たしかに彼は、賃金労働に従事しなくてもよいほど経済的に豊かであったし、その状況は生まれながらのものであった。しかし、一方で彼の父親は、どれほど経済的に成功した人物で、社会的な役割を果たしていたとしても、労働者出身の成り上がり者であることにかわりはなかった。ドクター・キッチナーは成り上がり者の息子であり、その意味では、部分的にジェントルマンの要件を備えた人物であったということができるだろう。しかし、そのうえで、彼は限りなく本物のジェントルマンに近づこうとし、徹底的にジェントルマンとして振舞った人物であったといえるだろう。それは、彼が自らの学歴を偽っていた

141

ことや、それにもかかわらず、常に自分自身を「ドクター」と名乗り、著作のなかでは徹底的に医者として振る舞ったことにも表れている。ジェントルマンをジェントルマンたらしめる要素は、生まれ、学歴、職業、そしてその人間関係などである。職業やどのような人的ネットワークに帰属するかということは、その人物の現在を評価する重要な要素であった。本節でみてきたドクター・キッチナーという人物は、それらの要件を満たすべく振舞っていたと解釈できるし、それが彼のこだわりだったといえよう。

　美食委員会にはどういう意味があったのだろうか。貴族の社交においても、食事を共にする社交のありかたは存在したが、それは、庶民にとっては決して手の届かないものとしての社交であり、威厳を示すものにはなり得ても、範を示すというものではなかった。しかし、ドクター・キッチナーが主催した美食委員会はそうではなかった。ことさら他者への、あるいはイギリス社会へのアピールを目的とし、同様の価値観を広めるべく、その範として存在していたように思われる。そこでは、評価し、また評価されるという人間関係が成立していた。美食委員会に招待された人びとは、みなそれぞれの領域で一流の人物であった。それぞれ領分は違っていても、プロフェッショナルな人びとの集まりであった。つまり評価に値する人が招待を受けていたということである。しかしそれ以上に美食委員会での「評価」を端的に示すのが「時間厳守」をするということであった。時間を守れぬものは、評価に値しない。評価に値しない者は門前払いされるのである。それは工業化以降の新興中産階級の人びとの価値観とも合致し、誰の目から見ても非常にわかりやすい評価基準であり、他者へのアピールという意味でも効果的であった。評価され認められた者だけが集まり、料理を評価する。そして、認められた料理だけが、『クックス・オラクル』に掲載されるのである。評価し、認めるという行為が、人間も、料理をも支配する構図をここに見出すのである。

　1817年に出版された『クックス・オラクル』は、中産階級の家庭のために書かれたものであり、そこに掲載されたレシピは合理的娯楽のためのものであった。それを実践してみせたのが美食委員会であったとすれば、時間を厳守し、お互いに評価されうる人物であるよう努め、健全な社交を楽しむことを奨励しているのである。「美食」あるいは「会食」という行為を娯楽と

とらえ、中産階級を健全な方向へ向かわせる手段として「合理的美食」なるものを発明し、それを人びとの啓蒙に役立てようとしたのであれば、ドクター・キッチナーが美食委員会や『クックス・オラクル』を通してなした仕事は、それまでになかった新たな美食文化の創造であったといえよう。

最後に、ドクター・キッチナーが主催した座談会、美食委員会、あるいは彼が著した『クックス・オラクル』、さらには彼が示した特異性に関して、その本質あるいは、その背後に存在する力学を、まずは「共有」ということばをキーワードとして考えてみたい。座談会や美食委員会においてその基本となるのは、時間、空間、食の共有であるが、ここまでみてきたように主催者としてドクター・キッチナーが提供した時間も空間も他にはない特別なものであった。特別な時間と空間、そしておそらく特別なごちそうを彼らは共有した。そして、「お互いに評価されうる」前提として価値観の共有があることはいうまでもない。さらに、ルールやそのルールを厳格に守ることも共有されていたことをみてきた。つまり、この「共有」するということが人的ネットワークを構築する際の骨格となっている。そのように考えると、ドクター・キッチナーがジェントルマンらしさにこだわるあまり、学歴や職業を詐称したのは、自分がその一員となるべき人的ネットワークにおいて共有されるべき重要な条件のひとつをみたすためではなかっただろうか。もし彼が、正直に自分の学歴を明かし、本当は医者ではないことも明かし、相続した遺産からの不労所得をたよりに生活していること自体はジェントルマン的なことではあるが、その遺産を形成した父

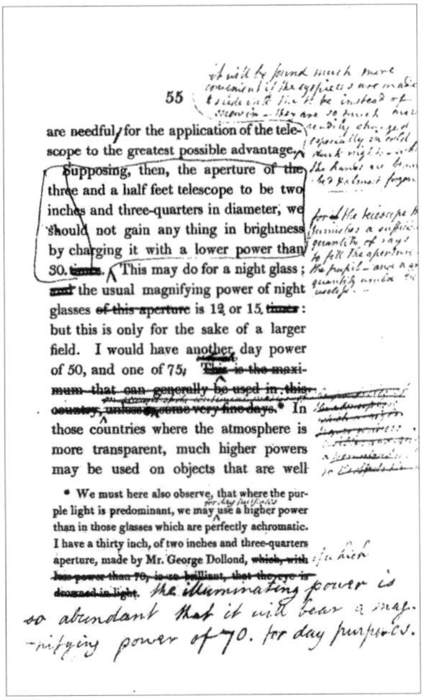
55

are needful for the application of the telescope to the greatest possible advantage.

Supposing, then, the aperture of the three and a half feet telescope to be two inches and three-quarters in diameter, we should not gain any thing in brightness by charging it with a lower power than 30. times. This may do for a night glass; and the usual magnifying power of night glasses of this aperture is 12 or 15. times: but this is only for the sake of a larger field. I would have another day power of 50, and one of 75; This is the maximum that can generally be used in this country, unless in some very fine days.* In those countries where the atmosphere is more transparent, much higher powers may be used on objects that are well

* We must here also observe, that where the purple light is predominant, we may use a higher power than in those glasses which are perfectly achromatic. I have a thirty inch, of two inches and three-quarters aperture, made by Mr. George Dollond, which, with less power than 70, is so brilliant, that the eye is drowned in light. the illuminating power is so abundant that it will bear a magnifying power of 70. for day purposes.

図８　ドクター・キッチナー自身が所有していたとされる『望遠鏡必携』には著者自身によると思われる書き込みが見られる

親はいわゆるセルフ・メイド・マンであり、実は自分は成り上がり者の息子であることを告白し、そのことを、彼が徹底的に医者として振舞ったことと置き換えて、徹底的に成り上がり者の息子として振舞ってみせていたら、主催者として、これほどの一流の人びとを集めて食事会を開くことはきわめて困難なことであったにちがいない。つまり、学歴や職業の詐称でさえ共有されるべき自己を作りだす手段であったと理解できる。

　そして、さらに深く理解するために、もうひとつのキーワード「リスペクト」（尊敬）ということばを付け加えて考えてみる。先に述べた「評価し、認める」ということは、リスペクトするということに通じる。このことが彼の突飛ともとれる行動を理解する鍵となろう。彼の座談会でのいでたちや、独自に加工されたピアノ、強行に時間厳守を求める招待状、これらはややもすれば忌避の対象になる危険性をはらんでいよう。しかし、こういったドクター・キッチナーの振る舞いを忌避するような人は、彼の人的ネットワークの一員になることはできない。彼の一連の行動を理解することができ、単に許容、あるいは受容するだけではなく、むしろそれを積極的に楽しみ、さらにそれをリスペクトすることができてはじめて彼の人的ネットワークに参加することができる。彼を肯定的に理解できるということが重要な参加資格となっているのである。言いかえれば、ドクター・キッチナーという人物や彼の振る舞いを理解できるだけの資質を備えているかどうかが各人に問われているともいえる。そのことは、座談会で話題を共有できる、あるいは美食委員会で食についての認識を共有し、同じような基準で評価しあえる資質を備えているかどうかということに通じる。そして、この人的ネットワークにおいては、そういった資質を共有する者が、さらに時間、空間、食を共有しつつ、お互いがリスペクトしあえる存在であることを確認する、そしてそれと表裏をなすように、自分自身がその人的ネットワークにおいてはリスペクタブル（尊敬に値する）な存在であることをも確認するのである。食事会はいわば自他共にリスペクタブルな存在であることの確認の場でもあるのだ。さらに言えば、ドクター・キッチナーの場合、この人的ネットワークそのものが社会のなかでリスペクタブルな存在として認識されるよう、社会の範としてその存在を主張するかのように、ことさら時間厳守の軌範を前面に押し出し

ていた。そう考えると、『クックス・オラクル』という料理書の出版自体が、ドクター・キッチナーの人的ネットワークがリスペクタブルな存在であることを主張する手段をも担っていたといえる。

　ドクター・キッチナーの出自で見てきたように、地方から都市への人びとの移動と、それにともなって経済力をつけ、さらに社会的にも認められる存在になった人びとの、リスペクタブルな人的ネットワークの一員たらんとする意識あるいは動機が、ドクター・キッチナーをして座談会や美食委員会を主催させ、『クックス・オラクル』を出版させた。そして、美食委員会が社会に範を示し、それを明文化して『クックス・オラクル』が出版されたことは、ドクター・キッチナーに続く、新たな新興中産階級の存在があったことを示している。『クックス・オラクル』の記述からも明らかなように、ドクター・キッチナーは常に上に立って、新たに仲間入りしようとする新興の人びとの模範となるべくふるまった。

　彼らが共有したのは価値観やさまざまな資質、そして時間、空間、食であった。リスペクタブルな人びとの交流の中心に食が存在した。気の会う友人や家族、あるいは一人で、純粋に料理を楽しむ今日的で日本人的ないわゆる「グルメ」とは違った美食のありようがそこにはあった。現代に生きるわれわれ日本人が考えるのとは違った美食のあり方を、ドクター・キッチナーは見せてくれた。しかし一方で、日本語には「通」ということばがある。誤解を恐れずにいうならば、彼らはある種の「通」であったかもしれない。では、彼らは「食通」の集まりであったのかと問われると、単に「食通」ということばでは表しきれない存在であったことは、本節でみてきたことからも明らかである。やはり、彼らが生きた時代の社会的背景によって生み出された存在として理解すべきなのである。

2.　イライザ・アクトン『最新料理法』

　イライザ・アクトンによる『最新料理法』の初版が出版されたのは、『ビートン社の家政書』出版に先立つこと16年前の1845年であった。この料理書は、出版直後から好評であった。それを裏付けるように、初版出版と同年

の 1845 年にすでに第 4 版が出版され、1847 年には第 7 版が、1854 年には第 14 版が出版されている。さらに、1855 年には改訂版が出版されている。

　それほど好評を博した料理書であったにもかかわらず、『ビートン社の家政書』が何度も改訂されながら、出版され続け、現在でも広く人びとに知られているのとは対照的に、イライザ・アクトンという名前も彼女の出版物も、いつしか忘れ去られた存在になってしまっていた。

　イライザ・アクトンに関する研究としては、伝記的記述を中心とした、シャイラ・ハーディ（Sheila Hardy 以降ハーディという）の *The Real Mrs Beeton: The Story of Eliza Acton*[26] がある。ハーディ以前のものとしては、『最新料理法』の復刻版の解説のなかでエリザベス・レイ（Elizabeth Ray）が伝記的な事柄を中心に簡潔にまとめている[27]。また日本語文献では、中島俊郎が「ニセ海亀の文化誌」と題する論考のなかでイライザ・アクトンに触れ、略歴と料理書に関して言及している[28]。

　イライザ・アクトンに関する資料は、決して多く残ってはいない。しかし、ハーディは、イライザ・アクトンが書いた詩を丹念に読み、そこから、どのような暮らしぶりだったのか、どのような人間関係があったのかなどを読み取ろうとしている。また、公的な記録や、出版物、センサス等から、アクトン家に関する記述を抽出することにも成功している。その上で、ハーディ自身の知見などを加味して、不明な部分を推測によって補い、詳細な情報を提供してくれている。ただし、ハーディはイライザ・アクトンへの思い入れが強すぎるのか、ビートン夫妻の出版手法に対して拒否感を示し、敵視するような面がある。それは *The Real Mrs Beeton* という書名にも表れているように思われる。本来イライザ・アクトンが得るべき栄誉をすべてミセス・ビートンに盗みとられてしまったといわんばかりである。イライザ・アクトンに関する実際残された資料が必ずしもじゅうぶんでなく、ハーディの推測による部分も少なくないので、ハーディの伝記を検討する場合にはその点に注意しな

26）　Hardy, Sheila, *The Real Mrs Beeton: The Story of Eliza Acton*, The History Press, 2011.

27）　Ray, Elizabeth, Introduction, Acton, Eliza, *Modern Cookery for Private Families*, Southover Press, (reprinted) 1994.

28）　中島俊郎、「ニセ海亀の文化誌」、49–51、60–3 頁。

第 4 章　『ビートン社の家政書』以前の料理書

ければならない。とはいえ、現在のところ、イライザ・アクトンに関する情
報源は、ハーディのものが、最新にして最良のものといえよう。本節では、
伝記的な部分においてはハーディの著作に依拠しながらも、料理書に関して
はいくつかの資料を提示しつつ分析を加えていくこととする。『ビートン社
の家政書』出版の直前とも言える時期にプロの料理人以外によって出版され
た料理書および料理書著者としてイライザ・アクトンとその料理書をとりあ
げ、『ビートン社の家政書』を理解するための一助を得ることを目的とした
い。

祖父ジョセフ・アクトン

　イライザ・アクトンの出自に関する情報は、ビートン夫妻に関するものほ
ど過去にさかのぼることはできない。われわれが知ることができるのは、祖
父母までである。
　まずハーディは、イライザ・アクトンが、サフォーク州の名家アクトン家
と関係があるようにいわれてきたが、それは間違いであると指摘することか
ら語り始める。祖父の名はジョセフ・アクトン（Joseph Acton, ?–1788 以降ジョ
セフという）、祖母の名はイザベラ（Isabella、旧姓スラッター Slatter）であった。
イライザ・アクトンが生まれたサセックスには祖父の洗礼の記録が残ってい
ない。1762 年になって初めてサセックスのヘイスティングス（Hastings）とい
う町の公的な記録に彼の名前が出てくるので、それまでのことはわからない。
ハーディは、ジョセフがそのときまでに法律顧問になるための訓練を終えて
いたということから、当時の彼の年齢を 21 歳くらいであっただろうと推測
している[29]。ハーディはそれ以上言及していないが、おそらく徒弟法に従い
徒弟奉公を終えると、通常 21 歳で一人前として認められたことから判断し
たものと思われる。遺言書を作成したり、財産の譲渡や、その他法的な問題
を解決して、個人顧客から手数料を得て生計を立てていたようだ。彼は法律
顧問として働くかたわら、いくつかの仕事を同時にこなした。1762 年にペ

---

29)　Hardy, *op. cit.*, p. 18.

147

ヴェンシー（Pevensey）の役人になり、1763 年には自らを「ジョセフ・アクトン　紳士（gent）」と書類に記載している。その後ライ（Rey）の検死官、ウィルミントン（Wilmington）やメイフィールド（Mayfield）でお屋敷の執事補や執事を務め、1781 年までヘイスティングスで役人として働いた。長男ウォルター（Walter）は父の跡を継ぎ法律顧問に、弟ジョン（John, 1775-1847）すなわち、イライザ・アクトンの父親も、兄と共に法律顧問となるべく教育を受けたと考えられる [30]。

　1788 年に祖父ジョセフはこの世を去った。法律顧問として、多くの遺言書を作成してきた経験もあってか、ジョセフが残した遺言書は、簡潔ですばらしい遺言書であったということである。遺言書は、まず妻に残す遺産から始まっていた。妻に残すものとして書かれていたのは、「家」ではなくて、ジョセフが亡くなったときに家の中にあった「家財」であった。薪、炭、酒、食料品などである。そして、彼は単刀直入に、さまざまな人から借りた、自分には返済不可能な、どれくらいあるかわからない借金があると述べるのであった [31]。

父母の世代のアクトン家

　ここでは、祖父の死後からイライザ・アクトンの幼少期にかけての父母について確認していく。一家について、その後の情報は多くはないが、おそらく住んでいた家を追われ、苦しい生活であったことは間違いないだろう。イライザ・アクトンの父ジョンは当時 13 歳であった。ジョンは、ジョセフのように法律家には向かなかったのかもしれない。というのも、さまざまな商売をおぼえるため母方（イライザ・アクトンからみると祖母方）のおじさんジョージ・スラッター（George Slatter）に徒弟奉公しているからである。食料雑貨商、チーズの販売、陶器商、ワイン、酒類の販売などである。ジョンは結婚するまでは、兄ウォルターとともに法律顧問として働いていたが、仲たがいしてヘイスティングスを離れたのではないか、とハーディは推測してい

---

30)　*Ibid*, pp. 18-9.
31)　*Ibid*, p. 19.

148

る。そして、おそらく叔父ジョージの人脈を頼ってトロットマン・ハリディ・アンド・スタッド (Trotman, Halliday & Studd) 社というエセックス州、イプスウィッチの醸造会社の経営に参加することになった[32]。

　1800 年までに、父ジョンと母エリザベス (Elizabeth, 1774-1855)、そしてまだ赤ん坊であった長女イライザ・アクトンは、サセックスを離れイプスウィッチのドック・ストリート (Dock Street) にあるセント・ピーターズ醸造会社 (St Peter's Brewery) に隣接する家に暮らすようになった。第 2 子にして長男でもあるジョン (John) が生まれた。父の名前をとってジョンと名づけられたこの子どもは、うまく育たなかった。しかし 1801 年には次女アンナ (Anna)、1802 年には三女キャサリン (Catherine) が誕生している[33]。9 番めに生まれたルーシー (Lucy) も幼くしてこの世を去ったが、1815 年に最後の家族ジョン・セオバルド・スタッド・アクトン (John Theobald Studd Acton) が誕生した。11 人生まれたうちのふたりが幼くしてこの世を去ってしまったので、イライザ・アクトンは 9 人兄弟、11 人家族の一員として暮らしたということになる[34]。

　ハーディは、子どもたちの名前に注目している。父ジョンは、何がしかの思い入れがあって、自分の子どもたちにミドル・ネームを与えているとして、その由来を探っている。そのなかで、最後に生まれたジョン・セオバルド・スタッド・アクトンに関しては、イプスウィッチで醸造業の経営に共同参加していた 3 人のうちのひとり、スタッドの名前にちなんでつけられていることに注目している。ロバート・トロットマン (Robert Trotman) の死後、スタッドが会社経営の中心になっていたのだが、ジョンも主要な共同経営者にならないかと誘いを受けた。1811 年 3 月 30 日付けの『イプスウィッチ・ジャーナル』(*The Ipswich Journal*) には、スタッド・ハリディ・アンド・アクトン (Studd Halliday & Acton) という新しいパートナーシップが誕生したことが報じられている。しかし、スタッド自身はその 1 年後、この世を去ってしまったので、その代わりに彼の妻が共同経営者としての任を引き継ぐこととなっ

---

32)　*Ibid*, p. 21.
33)　*Ibid*, p. 25.
34)　*Ibid*, pp. 30-1.

149

た。その結果、ハリディが会社経営の中心となった。ジョンは、自分の子ど
もに、ハリディではなく、スタッドにちなんだ名前をつけていることから、
ハリディとの人間関係は、ビジネスパートナー以上のものではなかったので
はないかと推測している [35]。

またハーディは、のちにオークションにかけられたアクトン家の家財から、
当時の一家の暮らし向きを推測している [36]。彼らの暮らした家は、成功した
実業家にふさわしく 11 人の家族が暮らすにはじゅうぶんな広さであった。
所有していたソファーやソファー・テーブル、多くの椅子、象嵌の施された
カード・テーブルなどからは、夫妻が夕食に知人などを招いてもてなしてい
た様子をうかがい知ることができる。さらに、書斎に収蔵されていた 400
冊という蔵書数は、彼らが文化的な面においても評価されうる一家であった
ことを示しているだけでなく、子どもたちの教育が家庭内でおこなわれたで
あろうことをも示唆している。[37]

ジョンは、1815 年から 2 年間、教区委員の、より高位の役職に選ばれて
いる。ところが、そのわずか 3 年後、1818 年の彼に関する記録には、居住人、
借家人という言葉が使われている。このことから、アクトン家は短期間に経
済的な状況が悪化したものと思われる。そのことを示すように、ジョンは、
1811 年に亡くなった、イギリス生まれで、ナポリの首相になったアクトン
将軍と自らが何らかの血縁関係がある可能性を示唆する記事を、1816 年 11
月の『イプスウィッチ・ジャーナル』に掲載している [38]。あわよくば遺産の
分け前に預かろうとしたのであろうが、それほどの窮状においこまれていて、
藁にもすがる思いであったのだろう。

イライザ・アクトンの祖父ジョセフは、法律家として一家を支える一方で、
大きなお屋敷の執事補や、執事なども引き受けていた。自らを「紳士」と称
していることから、大土地を所有していたわけではないにしても、社会的に
認められていると自認していたようであり、社会の中流階層あたりに属する

---

35) *Ibid*, p. 34.

36) *Ibid*, pp. 34-5.

37) *Ibid*, p. 35.

38) *Ibid*, pp. 45-6.

第 4 章　『ビートン社の家政書』以前の料理書

ような人物ではなかったかと思われる。父は 18 世紀から 19 世紀にかけて
生きた人物であった。ジョセフの死後、経済的に苦しい時期もあったが、ジョ
ンは実業家として成功し、少なくともイライザ・アクトンが幼少の頃までは
経済的にも豊かであった。アクトン家は、古くからある名家というわけでは
なかったが、祖父も父も、社会的に認められた人物であったということがで
きる。経済的な面をみると、祖父の時代から父の時代にかけて浮き沈みがあっ
たが、ふたりともジェントルマンであることを自認していたようであり、そ
れに相応した社会的役割も果たしていたといえる。

　次に、その後の一家の様子を、イライザ・アクトンの生涯とともに確認し
ていくことにする。

イライザ・アクトン

　イライザ・アクトンは、1799 年にサセックス州のバトル（Battle）で、アク
トン夫妻の長女としてこの世に生をうけた。一家は間もなくバトルを離れた
ので、兄弟姉妹のうちバトルで生まれたのは彼女だけである。彼女の幼少期
については、不明なことが多いが、ハーディは次のように推測している。父
ジョンは、自分は良家の出自であるという意識を持っていた人物であり、そ
のため、子どもたちには、その身分にふさわしい教育を受けさせなければな
らないという信念を持っていた。教育を重視することが、自らの利益になる
という考えから、子どもたちの教育には熱心であった。しかし、どれほど名
士たちとの交流を持ったとしても、現実的に考えて、6 人の娘がみな、自分
の意に沿う男性のもとに嫁ぐことができるとは考えていなかった。娘を一生
自分で面倒みることができない以上、必要ならば、自らの道を、自ら歩める
ようにしてやらなければならぬと考えた。そのような考えから、父ジョンは、
娘たちには与えうる最高の教育を与えた。以上がハーディの推測である[39]。

　イライザ・アクトンが、世の中に姿をあらわすのは 17 歳のころであった。
1816 年 4 月 2 日の『イプスウィッチ・ジャーナル』には次のような広告が

---

39)　*Ibid*, pp. 37-8.

151

掲載されている。

> ミス・ニコルソン（Miss. Nicholson）とミス・アクトンが、謹んで皆様方にお知らせいたします。
> 来る4月1日、両名は、イプスウィッチにほど近く、快適で健康的な地、クレイドン（Claydon）において、ヤング・レディのための寄宿学校を開校する所存であります。そこでは……[40]

　ミス・ニコルソンの人物像は明らかではないし、この学校がどこにあったのかも不明であるが、とにかくこの年、イライザ・アクトンとミス・ニコルソンは、女子寄宿学校を設立したのである。
　広告によると、この学校では、裁縫、読み、書き、算術、英文法、地理、刺繍、絵画、フランス語の基礎などを教えていた。この広告には、問い合わせ先が記載されてあった。ハーディによると、問い合わせ先は、通常は広告を掲載した出版元にしてあることが多かったようだが、この学校に関する問い合わせ先は、スタッド・ハリデイ・アンド・アクトン社となっていたということである。つまり父ジョンが経営に参加している会社である。このことから、この事業に対しては、資金面も含めて父ジョンの支援があったのだろうとハーディは推測している[41]。
　以下はハーディの仮説である[42]。このふたりは親友で、常日頃から自分たちの学校を持ちたいという夢を語っていた。ミス・ニコルソンが少し年上であった。イライザ・アクトンは、教師として見込まれてこの事業に参加した。その際イライザ・アクトンの父ジョンが、資金的な面も含めて支援した。学校について詳細な情報が、広告に記載されていることから、ふたりは綿密に調査をして、事業に乗り出したものと思われる。また、寄宿学校であったため、生徒も教師も、クリスマス、その他のわずかな期間しか帰宅できなかった。それで、自然と地域に密着する学校になっていった。学校での行事に住民たちを招待する一方で、村の婦人たちによる慈善市に招待されたり、お屋

---

40) *Ibid*, p. 40.
41) *Ibid*, p. 41.
42) *Ibid*, p. 41.

敷でおこなわれる催しに招待されたりしたであろう。

　学校経営がうまくいったのか、生徒数はどれくらいだったのかなど、ほとんど何もわからない。わかるのは、1820 年 6 月 28 日と 29 日に学校の備品などが競売にかけられていることから、同年同月、学校が閉鎖されたということだけである[43]。

　この学校の閉鎖に関して、断片的な記録からこれまで語られてきたことは、イライザ・アクトンは、その前年からずっと病気を患って、海外に静養に出ていたので、閉校の主たる原因は、ミス・ニコルソンにある、ということであった。しかし、ハーディは、『イプスウィッチ・ジャーナル』の 1819 年の記事から新たな事実を明らかにしている。そこには、9 月 29 日に女学校を開校するため、アクトン姉妹がグレート・ビーリング（Great Bealing）に家屋を取得したこと。ミス・アクトンはクレイドンを去り、ビーリングに向かうが、ミス・ニコルソンは引き続き学校経営をおこなうつもりであると報じられている[44]。したがって、これまで語られてきたこの時期の病気療養説は、覆されたことになる。その後、アクトン姉妹は、1822 年にはグレート・ビーリングからウッドブリッジ（Woodbridge）に学校を移している。ハーディは、アクトン姉妹の学校経営は、そう長くは続かなかっただろうと推測している[45]。

　ウッドブリッジに移ったイライザ・アクトンは、法律顧問や医者など社会で活躍している人びとや、その妻、娘などと積極的に交流したようだが、1826 年に Poem という詩集を出版するまでのイライザ・アクトンに関する情報は多くない。ハーディは、大英図書館に保管されているこの詩集の、61 枚の彼女の手書きの原稿から、この間のイライザ・アクトンの生活を探ろうとしている。この原稿のなかには、日付が入ったものが 5 点あり、時期を特定するのに役立っている。そのなかに "On Approaching Paris" と題されたものがあり、1826 年に書かれている。先にも述べたように、1819 年にミス・ニコルソンと袂を分かった直後、静養のためフランスに渡った、というのが

---

43) *Ibid*, p. 42.

44) *Ibid*, p. 43.

45) *Ibid*, p. 51.

誤りであることは明らかとなった。ハーディはイライザ・アクトンの渡仏は
おそらく 1823 年であろうと結論づけている[46]。しかし、たとえそうではあっ
ても、そのとき、彼女が転地療養を必要とする病におかされていたという確
たる情報はない。一方で、この時期、平和を取り戻したヨーロッパ大陸へ、
男も女も、こぞって簡易版「グランド・ツアー」[47]にいくことがはやり始め
ていたことを考えると、イライザ・アクトンの渡仏の目的は、転地療養以外
の可能性もあるとハーディは指摘している[48]。

　Poem と題された初めての詩集は、1826 年にイプスウィッチのリチャード・
デック（Richard Deck）社から出版されている。ここに収められた彼女の詩か
ら、フランス人の兵士と恋に落ちたことがわかっている。しかし、ふたりが、
いつ、どこで、出会ったのか、恋愛期間がどの程度あったのかを示す資料は
今のところない。ふたりの出会いに関して、ハーディはふたつの可能性を示
している。ひとつは、恋愛相手がフランスからの亡命家族の一員で、英国軍
がフランス軍と戦うため、イプスウィッチあるいはウッドブリッジに駐屯し
ていた際、その部隊に所属していて知り合ったのではないかということであ
る。しかし、それではイライザ・アクトンが若すぎることから、もう一つの
可能性として、イライザ・アクトンがフランスへ行ったときに出会ったフラ
ンス軍兵士であったのではないかとしている[49]。

　これまで、イライザ・アクトンの料理書の復刻版につけられた解説などの
なかで、イライザ・アクトンは、このフランス人兵士との間に娘をひとりも
うけたとされてきた。娘は、非嫡出子であることから、イライザ・アクトン
の妹の子どもとして育てられたといわれている。確たる証拠はないが、イラ
イザ・アクトンがこの子どもを、ことさらかわいがったことが、もっともら
しい理由として語られてきた。ハーディは、この話が、1965 年にメアリー・
エイレット（Mary Aylett）とオリーヴ・オーディシュ（Olive Ordish）が著した
First Catch Your Hare: a History of the Recipe-Maker のなかで示されたことである

---

46)　*Ibid*, p. 56.
47)　本来のグランド・ツアーとは異なり、観光としての意味合いが強く、旅行期間も短かった。
48)　*Ibid*, p. 57.
49)　*Ibid*, p. 63.

154

と指摘している[50]。ハーディはこの説に懐疑的だが、もし仮にイライザ・アクトンが本当に出産していたとしても、フランスから帰国した 1826 年 5 月以降だろうし、イライザ・アクトンの性格なら子どもはどこか里親のもとに預けただろうと推測し、暗にこの説を否定している[51]。

その後、父ジョンの仕事は行き詰まり、共同経営のパートナーシップもぎくしゃくした関係になっていった[52]。1827 年 1 月 13 日アクトン家の家財を競売にかける告知がなされている。一家は破産し、イプスウィッチを離れた。ジョンは、1826 年 12 月 31 日時点でフランスのカレー（Calais）に滞在している。同時期イライザ・アクトンはパリに滞在しており何らかの病気にかかっていたことが明らかになっている[53]。このとき、ジョンが妻エリザベスを帯同したかどうかは定かでない。エリザベスはイプスウィッチを離れたあと、トンブリッジ（Tonbridge）に移り住んでいる[54]。彼女はここで、かつて学校として使われていた建物を借り、ボーダイク・ハウス（Bordyke House）と改名し、学校経営を始めた。当時 14 歳の息子エドガー（Edgar）は 1827 年にこの学校に入学していることがわかっている。紳士録には "Gentry & Clergy" の項目の最初に "Acton, Mrs Eliz, Bordyke House" と記載されており、また "Lodging House Keepers" の項目には、"Acton, Elizabeth, (& boarding), Bordyke." と記載されている[55]。娘たちはガヴァネスになったり、結婚したりした。学生たちは、校長や教師の家に下宿し、食事の提供を受けたと思われる。またトンブリッジには有名な湧水があり、多くの人びとが水を汲みにやってきた。エリザベスが借りた大きな家では、そういった人びとを宿泊させたり、同行してきた使用人が料理を作れるように台所を貸したりしたと思われる。また、作った料理を提供することもあったであろう。イライザ・アクトンの料理に対する興味はこのような環境の中で醸成されたのかもしれないと

---

50) *Ibid*, p. 72.

51) *Ibid*, pp. 72–3.

52) *Ibid*, p. 76.

53) *Ibid*, p. 28

54) トンブリッジのボーダイク 1 番に居住したようだ。現在は修道院になっている。
（http://www.tonbridgehistory.org.uk/people/eliza-acton.htm　参照　2015 年 10 月 9 日確認）

55) *Ibid*, p. 80.

ハーディはいう[56]。しかし、イライザ・アクトンは、トンブリッジで学校経営することもなく、ガヴァネスにもならなかった。彼女は、あくまでも詩人としての自分自身を意識し、文学雑誌に詩を投稿し続けた。ハーディは、その理由として、イライザ・アクトンが失恋の痛手から癒えていなかったであろうことや、病気がちであったことから前向きな気持ちを失っていたのではないかと推測している[57]。1833年にエドガーはトンブリッジの学校を出て、オックスフォード大学セント・ジョンズ・カレッジに入学を許可され、また奨学生にもなっている。残念ながら、その後学業が振るわず、学位を取得することはできなかったが、このときのオックスフォードに残っている記録では、"son of John Acton, Gent, of Ipswich"となっている[58]。父ジョンのこの時期の所在ははっきりしない。エリザベスは、町の人びとには未亡人と認識されていたようだが、ハーディは、エリザベスがドーバー海峡に近いこの町に暮らしていたのは、頻繁にフランスに渡って夫に会うためであったのではないかとしている[59]。

　イライザ・アクトンは、その後1842年に2冊目の詩集 *The Voice of the North* をリチャード・アンド・ジョン E. テーラー（Richard & John E. Taylor）社から出版している。1841年のセンサスでは、アクトン一家のうちトンブリッジに暮らしていたのはイライザ・アクトンただひとりであった。彼女は、家事使用人アン・カービー（Ann Kerby）とふたりでボーダイクに暮らしていた。その一方で、医者になった弟エドワード・アクトン（Edward Acton）のもとには、両親の名前が見いだせる[60]。

『最新料理法』初版

　イライザ・アクトンがロングマン社から『最新料理法』を出版するようになった経緯については、以前からひとつの逸話があった。イライザ・アクト

---

56)　*Ibid*, p. 82.
57)　*Ibid*, pp. 82–3.
58)　*Ibid*, p. 85.
59)　*Ibid*, p. 85.
60)　*Ibid*, p. 86.

ンが、詩集を出版してもらおうと、書き溜めた詩を持参してロングマン氏を訪れたとき、ロングマン氏は「詩ではなく、料理書を持ってきなさい」といったというのである。しかし、ハーディはこの逸話に疑問を呈している。ロングマン氏のそのような発言を証言する者は誰もいないというのである。おそらくロングマン氏は、出版者として、当時どのような出版物に需要があるのかを考えて対応したに過ぎないだろうとハーディは考えている。すでに詩は流行らなくなっていて市場も限定されている。道徳的な内容を含む小説に人気が出ていて、その市場は労働者階級をも含めて拡大していたというのだ。しかし、ロングマン社は小説を執筆する作家をすでにたくさん抱えていた。一方で、海外からの新奇な食材の輸入、新興中産階級の旺盛な消費欲、客をもてなすための食事を用意するために、単なる家事使用人ではなく、腕のいい料理人を中産階級の人びとがほしがっていたこと。さらに、すでに 1805 年に出版されていた料理書『新式家庭料理法』(*A New System of Domestic Cookery*, 1806) が好評を博していたこと。そのような状況から、ロングマン氏は、イライザ・アクトンに、小説ではなく料理書を書くように勧めたのだろうとハーディは推測している [61]。

　出版の準備に 10 年かかったとイライザ・アクトン自身が語っていることから [62]、少なくとも 1834 年ごろには準備に取り掛かっていたことになる。ハーディは、『最新料理法』の広告が最初に出たのは 1845 年 1 月 18 日の『モーニング・クロニクル』(*The Morning Chronicle*) 紙であったと述べているが、今回新たに、それより早い 1845 年 1 月 7 日の『スタンダード』(*The Standard*) 紙に広告が掲載されていることが確認できた。『モーニング・クロニクル』紙の広告が出版後の広告であるのに対して、『スタンダード』紙の広告は、出版前の広告である。このことによって、『最新料理法』の初版が出版された日にちがほぼ特定されよう。もちろん、今日のように発売日に一斉に書店に並ぶというようなことはなかったかもしれないが、出版社が予定した出版日がいつであったのか特定を試みたい。

　まず 1 月 7 日火曜日の広告を見てみよう (図 9)。「次の土曜日」とあるこ

---

61)　*Ibid*, pp. 89–90.
62)　*Ibid*, p. 96.

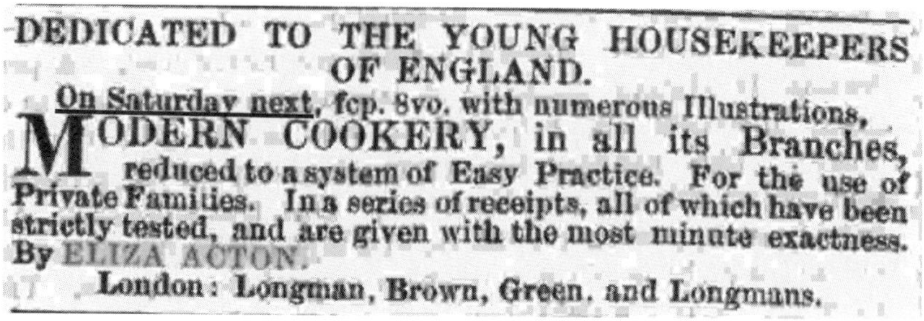

DEDICATED TO THE YOUNG HOUSEKEEPERS
OF ENGLAND.

On Saturday next, fcp. 8vo. with numerous Illustrations,
MODERN COOKERY, in all its Branches, reduced to a system of Easy Practice. For the use of Private Families. In a series of receipts, all of which have been strictly tested, and are given with the most minute exactness. By ELIZA ACTON.
London: Longman, Brown, Green, and Longmans.

図9 『最新料理法』の新聞広告 （1845 年 1 月 7 日）

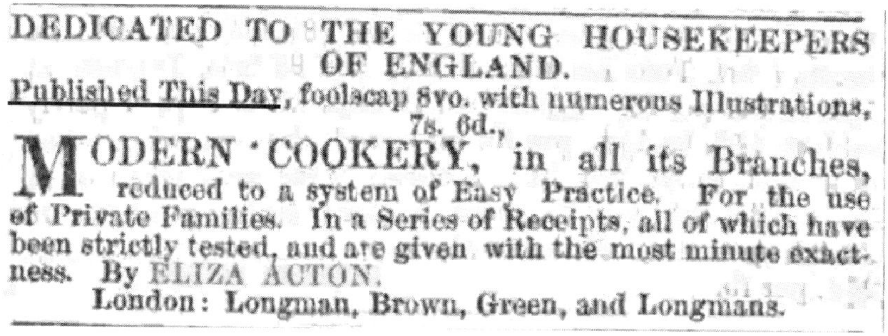

DEDICATED TO THE YOUNG HOUSEKEEPERS
OF ENGLAND.

Published This Day, foolscap 8vo. with numerous Illustrations,
7s. 6d.,
MODERN COOKERY, in all its Branches, reduced to a system of Easy Practice. For the use of Private Families. In a Series of Receipts, all of which have been strictly tested, and are given with the most minute exactness. By ELIZA ACTON.
London: Longman, Brown, Green, and Longmans.

図10 『最新料理法』の新聞広告 （1845 年 1 月 16 日）

とから、これは出版前の広告であることがわかる。この時点で出版は 4 日後の 11 日である。まったく同じ広告が次の日にも『スタンダード』紙に掲載されている。同日、少し体裁は違うが、内容はまったく同じ広告が『モーニングポスト』（*The Morning Post*) 紙にも掲載されている。次に同月 16 日に『スタンダード』紙に掲載された広告を見てみよう（図10）。16 日の広告には「本日出版」と書かれているが、17 日にもまったく同じ広告が、やはり『スタンダード』紙に掲載されていて、「本日出版」の文句も変わらない。ハーディのいう 18 日の広告では、「本日出版」のところが「只今出版」（Just published）に代わっている。このあたりの表現は正確に出版の日を指しているのではなく、広告の常套文句と考えてよいだろう。したがって、ロングマン社は、『最新料理法』の出版日を 1 月 11 日土曜日に設定したものと考えて差し支えな

第 4 章 『ビートン社の家政書』以前の料理書

いであろう。

さて次に、広告内容から読みとれる情報である。用紙にはフールス紙[63] を使用している。大きさは全紙の 8 分の 1、つまり縦 22.8cm、横 15.25cm ほどの大きさであった。掲載されているレシピは、すべて厳格に試作してみたものであること。細かい点まできちんと書かれてあることなどが強調されている。出版前の広告には価格の表示はないが、出版後の 1 月 16 日の広告には 7 シリング 6 ペンスの価格が示されている。

次に比較のため 1807 年 10 月 21 日水曜日の『モーニング・クロニクル』紙に掲載されたミセス・ランデル (Mrs. Rundell, 1745-1828) の『新式家庭料理法』の広告 (図 11) をみてみる。ここにも「本日出版」という文句が見いだせるが、先にみたように、これも「最近出版されたもの」という程度の解釈で問題ないであろう。こちらは初版ではなく新版である。一見して広告量が多い。紙質の明示はないが、紙面の大きさはほぼ同じ全紙の 8 分の 1 である。価格は 7 シリング 6 ペンス、『最新料理法』と同価格である。家庭向けに書かれた、これまでにない実践的なレシピであること、誰にでも理解できるようにわかりやすく平易に書かれていることなどが、『アンチ・ジャコバン・レヴュー』(Anti-Jacobin Review) 誌 8 月号から、この本の書評を引用するかたちで表明されている[64]。売り方の違いとして気が付くのは、『最新料理法』が著者を明示しているのに対して、『新式家庭料理法』は著者名を明らかにせず、"By A LADY" と表記しているところである。しかしこれは、特に珍しいことではなく、たとえば 1747 年に初版が出版されたハナ・グラス (Hannah Glasse, 1708-70) の『料理術』(The Art of Cookery, 1747) も著者は "By a LADY" と表記された。著者が女性の場合、"By a Lady" と表記したり、単にイニシャルで表記することは珍しいことではなかった。『最新料理法』は最

---

63) 平判の大きさを規定した BS (イギリス標準規格) の一つ。通常は 16.5in × 13.5in (419.1mm × 342.9mm) であるが、印刷ではラージフールスキャップ、画用紙ではハーフフールスキャップ、封筒用紙では 9.5in × 4.25in (241.3mm × 108mm) のエクストラフールスキャップもある。語源は、かつてイギリスのある工場で道化師 fool の帽子を透かし模様として入れた紙を作り、その判の大きさをさしたものといわれる。

(世界デジタル平凡社 世界大百科事典・年鑑・便覧 Ver2.01.0 を参照した)

64) 初版の出版からしばらくして、ロングマン社も書評を利用した広告を出すようになる。

159

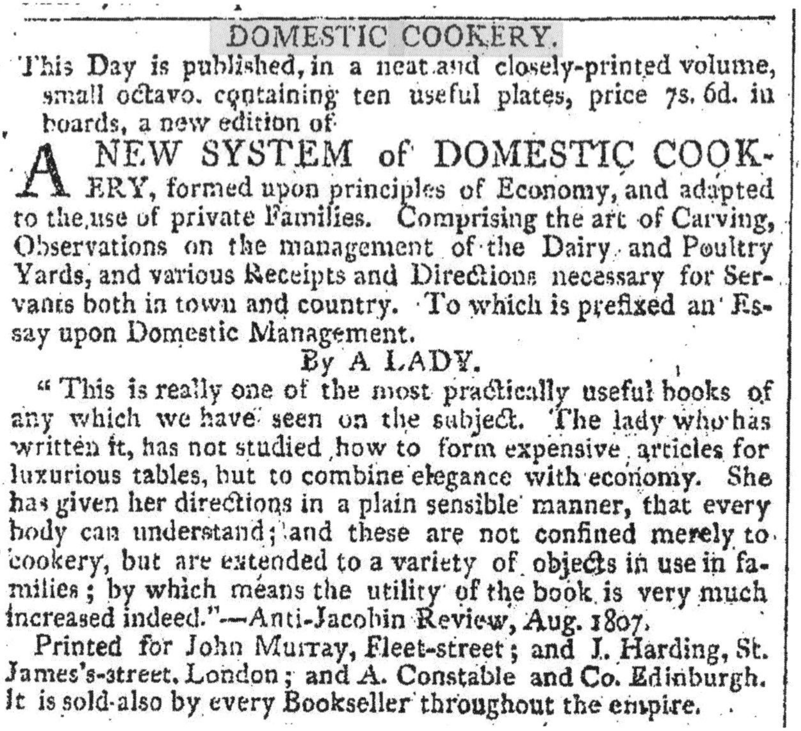

> DOMESTIC COOKERY.
> This Day is published, in a neat and closely-printed volume, small octavo, containing ten useful plates, price 7s. 6d. in boards, a new edition of
>
> A NEW SYSTEM of DOMESTIC COOK-ERY, formed upon principles of Economy, and adapted to the use of private Families. Comprising the art of Carving, Observations on the management of the Dairy and Poultry Yards, and various Receipts and Directions necessary for Servants both in town and country. To which is prefixed an Essay upon Domestic Management.
>
> By A LADY.
>
> " This is really one of the most practically useful books of any which we have seen on the subject. The lady who has written it, has not studied how to form expensive articles for luxurious tables, but to combine elegance with economy. She has given her directions in a plain sensible manner, that every body can understand; and these are not confined merely to cookery, but are extended to a variety of objects in use in families; by which means the utility of the book is very much increased indeed."—Anti-Jacobin Review, Aug. 1807.
>
> Printed for John Murray, Fleet-street; and J. Harding, St. James's-street, London; and A. Constable and Co. Edinburgh. It is sold also by every Bookseller throughout the empire.

図 11　『新式家庭料理法』の新聞広告　（1807 年 10 月 21 日）

初から著者を明示することで、当面のライバル料理書である『新式家庭料理法』に対して「新しさ」をアピールしようとしたのかもしれない。

　では次に 1845 年の第 4 版を本のページをめくるように見ていきたい。本を開くとまず、"MODERN COOKERY, IN ALL ITS BRANCHES" と書かれたページが現れる、そしてまたページをめくると、通常よく見る形式のタイトル・ページが目にとまる（図 12）。新聞広告とほぼ同じことが書かれているほか、第 4 版であることや出版年も明示されている。タイトル・ページを見ただけで、1845 年に出版された第 4 版であることがすぐにわかる。しかし、注意深く見ると、広告では "...receipts, all of which have been ..." であった部分が "…RECEIPTS, WHICH HAVE BEEN..." となっている。タイトル・ペー

160

第4章 『ビートン社の家政書』以前の料理書

ジの裏側には、印刷会社が小さく書かれてある。タイトル・ページをめくると、次に"DEDICATED TO THE YOUNG HOUSEKEEPERS OF ENGLAND"とだけ書かれたページが目に入る。ハウスキーパーは女中頭を意味することばで、女性の家事使用人のなかで最も地位が高く、家事全般を差配し、家事使用人たちを監督するような立場の女性であって、ふつうは経験を積んだ女性家事使用人のなかから選ばれるものである。しかし、ここでは"young housekeepers"となっている。若い家事使用人が他の使用人を監督することは考えにくいことから、家事使用人を少人数、場合によってはひとりだけ雇っているような家庭を想定

図12　1845年に出版された『最新料理法』第4版のタイトル・ページ

したものと考えられる。このことは、タイトル・ページにある"IN ALL ITS BRANCHES"とか"FOR PRIVATE FAMILIES"という表現からも、そのように考えることが適当であろう。したがって、ここでいうハウスキーパーは、経験の少ない若い家事使用人もしくは、家庭を持ったばかりの若い女性ということになろうが、どちらかといえば、家庭を持ったばかりの若い女性を指すと考えたほうが、より現実的であろう。規模の小さな中産階級の家庭では、少人数の家事使用人を雇い、主婦がハウスキーパーを兼ねることが一般的になっていたことを示しているように思われる。

　そしてページをめくると"PREFACE"がある。この自序には、5ページが割かれている。自序にはおよそ次のようなことが述べられている。まず、これまで料理がないがしろにされてきたと述べる。そして、イギリスは他の国に比べると、海外からの輸入も含めて、必需品もぜいたく品も食材が豊富に供給されていることを指摘し、その一方で、調理法といえば、旧態依然とし

161

たものだったと述べる。しかし、このところは、合理的で自由な精神が広がり、新たな試みに対する抵抗感も薄らぎつつあるとし、我々が生きているのは、広く早く知識が浸透していく時代なのだと述べる。そして次に、倹約することの重要性を説いていく。雇主の財産も自分の財産と同じように大事にしようという誠実な家事使用人もいるにはいるが、全体としてはごくわずかで、おおかたの家事使用人は監視の目がいき届かなければ、浪費に関して野放図である。経験のないハウスキーパーは、そのことにすぐには気づかない。かといって、結婚前に家事に関する知識を得る機会がまったくないということも起こりうる。やる気も能力もあるのに、その知識がないばかりに、うまくいかないということが起こっている。教えてくれる人が近くにいない場合、必要な情報を提供してくれる本に頼ることになる。よくできた本が巷に出回っている。しかし、大量に出回っている料理書を詳細に検討してみたが、まったくの未経験者に向けた、あるいはそのような人向きといえる本を見出すことはできなかった。我々が考える初心者向けの本とは、料理の基礎が、実際的で、分かりやすく、簡潔に書かれ、一見して理解でき、予備知識のない者でもたやすくまねのできるようなものである。本書が、その不足している部分を補うのである。どんな階級の学習者にも容易に理解できるように、分かりやく詳細な説明に徹底的にこだわった。さらに、本書に掲載したレシピは、ほんのわずかな例外を除いて、自分たちが実際に調理場で調理してみて審査したものばかりである。これまでの料理書になかった新たな特徴もある。料理に使う食材をまとめて示したこと、調理時間を正確に示したことである。その結果、どのような食材が必要か、所要時間はどれくらいかが一目でわかるようになった。家禽や猟鳥獣類の骨の抜き方を掲載したのは、おそらく本書がまったくの最初であろう。

　自序で強調されているのは、これまでにはなかった料理書であるという点であろう。料理の経験がまったくなくても理解できるよう記述された調理手順、食材の分量を手順とは別にまとめて提示したこと、調理時間を正確に示したこと、ほぼすべてのレシピが実際に著者により調理され確認されていること、食材の骨抜きの仕方を提示したことは、特に強調したかった『最新料理法』の他の料理書に対する優位性としてあげられている。

第4章　『ビートン社の家政書』以前の料理書

　さらにページをめくると第3版に寄せられた序文がある。これは三人称で
書かれていることから、イライザ・アクトン以外の誰か、おそらく出版者側
の誰かによって書かれたものであろう。イライザ・アクトンのことを
"authoress" あるいは "she"、"her" で表現している。ここでは、初版からの
変更点が述べられている。新たに多数のレシピが追加されたこと、それらの
レシピは初版のレシピと同様に審査されたことが述べられている。また、フ
ランス語でアントレと呼ばれる第1のコース、アントルメと呼ばれる第2の
コースに、それぞれ使えるよう料理を工夫したことが述べられている。

　この第3版の序文には1845年7月と書かれていることから、初版出版か
らわずか半年ほどで第3版が出版されたことを示している。それほど実際の
売れゆきが好調であったことを示しているといえるだろう。しかし一方で、
わずか半年後に、大幅にレシピを増やす等の改訂がおこなわれたことをどう
理解すればいいのだろうか。初版出版の準備に10年かかったとアクトン自
ら言っていることを考え合わせるならば、たとえレシピを増やすだけとはい
え、半年という期間は非常に短い。ということは、初版出版の時点で、すで
に改訂版の準備にかかっていた可能性が高い。初版、第2版の売れ行きが良
くなければ第3版の出版はありえなかったことだが、その売り上げ結果を待
たず増補版が準備されていたことを示している。つまり、そこから見えてく
るのは、より多くのレシピを掲載するほど、料理書としての価値が高まり、
売り上げ部数も見込めるという出版社の判断があったことはあきらかである
が、裏をかえせば、当時の料理書を必要とする人びとが、より多くのレシピ
を求めていたということを示している。

　さて、実際のレシピについてみてみる。ここではキャロット・スープのレ
シピを取り上げ比較してみよう。図13は1845年に出版された『最新料理法』
に掲載されているものである。図14はミセス・ランデルの『新式家庭料理
法』から、イライザ・アクトンの初版のものと出版年が近い1842年版のも
のを取り上げた。

　一見したところ、そう大きな差はないように思われる。どちらのレシピも、
タイトルが独立していて目にとまりやすい。食材の分量に関しては、ランデ
ルのレシピにおいても示されているが、独立した項目として食材とその分量

163

COMMON CARROT SOUP.

The easiest way of making this soup is to boil some carrots very tender in water slightly salted; then to pound them extremely fine, and to mix gradually with them boiling gravy-soup (or bouillon) in the proportion of a quart to twelve ounces of the carrot. The soup should then be passed through a strainer, seasoned with salt and cayenne, and served *very* hot, with fried bread in a separate dish. If only the red outsides of the carrot be used, the colour of the soup will be very bright: they should be weighed after they are pounded. Turnip soup may also be made in the same manner.

Soup, 2 quarts; pounded carrot, 1½ lb.; salt, cayenne: 5 minutes.

図 13 『最新料理法』(1845) よりキャロット・スープのレシピ

CARROT SOUP.—E. R.

Take twelve carrots scraped clean, then rasp them to the core, which must not be used; four heads of celery cut small, two large onions shred, a few tomatos, and some peppercorns, stew them in half a pound of butter very slowly over a stove, and keep stirring until the vegetables are soft; then place the crumb of a penny roll in the stewpan, and pour the stock or gravy over the whole; boil till the bread has become very soft, and then pulp the whole through a sieve. Boil the soup slowly for a short time, skimming if necessary: it should be as thick as cream, and of a fine red colour. Tomato soup may be made the same way, leaving out the carrots, and putting in a greater number of tomatos: when the latter are not to be had, a small quantity of lemon juice should be added to carrot soup to give the requisite acid. A simpler method of making carrot soup is to boil the carrots till they are tender, and pulp them through a sieve, together with a small quantity of rice or French roll, also boiled tender, and then add them to the stock, or broth.

図 14 『新式家庭料理法』(1842) よりキャロット・スープのレシピ

第 4 章　『ビートン社の家政書』以前の料理書

Carrot Soup.

Put some beef-bones, with four quarts of the liquor in which a leg of mutton or beef has been boiled, two large onions, a turnip, pepper, and salt, into a sauce-pan, and stew for three hours. Have ready six large carrots scraped and cut thin; strain the soup on them, and stew them till soft enough to pulp through a hair sieve or coarse cloth: then boil the pulp with the soup, which is to be as thick as peas-soup. Use two wooden spoons to rub the carrots through. Make the soup the day before it is to be used. Add Cayenne. Pulp only the red part of the carrot, and not the yellow.

図 15　『新式家庭料理法』(1808) よりキャロット・スープのレシピ

が示されているのは、イライザ・アクトンのレシピのみである。時間の表示は、イライザ・アクトンのものには、食材の分量表示とともに総調理時間として末尾に示されているが、ランデルのレシピには文章中にも示されていない。しかし、どちらのレシピもどのような状態になるまで加熱すればよいのかが示されているので、家庭により火力の差に大きな違いがある場合は、このような表現のほうが良い結果が得やすい場合もあるだろう。ただし、ランデルの他のレシピには、加熱時間が示されているものもあるし、食材の分量が示されていない場合もある。また、イライザ・アクトンのレシピでも、文章中に調理時間が表示されているレシピもあれば、総調理時間が示されていないレシピもある。ここでは、ページ全体を示さず、一種類のレシピをそれぞれの本から抜き出して比較したので分からないが、紙面全体の構成については、どちらの料理書も、レシピとレシピの間に余白を設けてあるので非常に見やすい印象である。

　ここまで出版年の近いものを比較してみたが、次に『新式家庭料理法』のもっと古い版を確認してみよう。図 15 をみると分かるように、改訂時にレシピが大幅に書き換えらたことがわかる。同じ『新式家庭料理法』でも、40 年近く前のレシピのほうは、材料の分量だけでなく、加熱時間までもが示さ

165

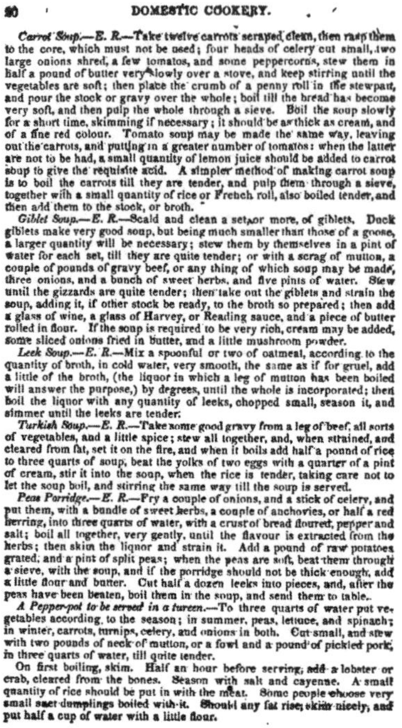

90 DOMESTIC COOKERY.

Carrot Soup.—E. R.—Take twelve carrots scraped clean, then rasp them to the core, which must not be used; four heads of celery cut small, two large onions shred, a few tomatos, and some peppercorns, stew them in half a pound of butter very slowly over a stove, and keep stirring until the vegetables are soft; then place the crumb of a penny roll in the stewpan, and pour the stock or gravy over the whole; boil till the bread has become very soft, and then pulp the whole through a sieve. Boil the soup slowly for a short time, skimming if necessary; it should be as thick as cream, and of a fine red colour. Tomato soup may be made the same way, leaving out the carrots, and putting in a greater number of tomatos: when the latter are not to be had, a small quantity of lemon juice should be added to carrot soup to give the requisite acid. A simpler method of making carrot soup is to boil the carrots till they are tender, and pulp them through a sieve, together with a small quantity of rice or French roll, also boiled tender, and then add them to the stock, or broth.

Giblet Soup.—E. R.—Scald and clean a set, or more, of giblets. Duck giblets make very good soup, but being much smaller than those of a goose, a larger quantity will be necessary; stew them by themselves in a pint of water for each set, till they are quite tender; or with a scrag of mutton, a couple of pounds of gravy beef, or any thing of which soup may be made, three onions, and a bunch of sweet herbs, and five pints of water. Stew until the gizzards are quite tender; then take out the giblets and strain the soup, adding it, if other stock be ready, to the broth so prepared; then add a glass of wine, a glass of Harvey, or Reading sauce, and a piece of butter rolled in flour. If the soup is required to be very rich, cream may be added, some sliced onions fried in butter, and a little mushroom powder.

Leek Soup.—E. R.—Mix a spoonful or two of oatmeal, according to the quantity of broth, in cold water, very smooth, the same as if for gruel, add a little of the broth, (the liquor in which a leg of mutton has been boiled will answer the purpose,) by degrees, until the whole is incorporated; then boil the liquor with any quantity of leeks, chopped small, season it, and simmer until the leeks are tender.

Turkish Soup.—E. R.—Take some good gravy from a leg of beef, all sorts of vegetables, and a little spice; stew all together, and, when strained, and cleared from fat, set it on the fire, and when it boils add half a pound of rice to three quarts of soup, beat the yolks of two eggs with a quarter of a pint of cream, stir it into the soup, when the rice is tender, taking care not to let the soup boil, and stirring the same way till the soup is served.

Peas Porridge.—E. R.—Fry a couple of onions, and a stick of celery, and put them, with a bundle of sweet herbs, a couple of anchovies, or half a red herring, into three quarts of water, with a crust of bread floured, pepper and salt; boil all together, very gently, until the flavour is extracted from the herbs; then skim the liquor and strain it. Add a pound of raw potatoes grated, and a pint of split peas; when the peas are soft, beat them through a sieve, with the soup, and if the porridge should not be thick enough, add a little flour and butter. Cut half a dozen leeks into pieces, and, after the peas have been beaten, boil them in the soup, and send them to table.

A Pepper-pot to be served in a tureen.—To three quarts of water put vegetables according to the season; in summer, peas, lettuce, and spinach; in winter, carrots, turnips, celery, and onions in both. Cut small, and stew with two pounds of neck of mutton, or a fowl and a pound of pickled pork, in three quarts of water, till quite tender.

On first boiling, skim. Half an hour before serving, add a lobster or crab, cleared from the bones. Season with salt and cayenne. A small quantity of rice should be put in with the meat. Some people choose very small suet dumplings boiled with it. Should any fat rise, skim nicely, and put half a cup of water with a little flour.

図 16 『新式家庭料理法』(1844) アメリカ版よりキャロット・スープのレシピが掲載されたページ

れている。レシピのタイトルも、このときすでに独立して示されているが、『最新料理法』のように食材の分量を独立した項目として示すことはない。

参考のために、レシピのタイトルが独立しないで書かれた料理書のページを示しておく。図 16 はアメリカで出版された 1844 年版の『新式家庭料理法』から「キャロット・スープ」のレシピが掲載されたページを示したものである。レシピ自体は図 14 とまったく同じである。ページ全体で見ると、レシピのタイトルが独立していないだけでなく、単に段落をかえるだけで、このようなレシピが行間を開けずに連続して記載されているので、目的のレシピを探そうとするときは、相当ストレスを感じるものと思われる。

『最新料理法』1855 年版

『最新料理法』は 1855 年に改訂版が出版されているが、この際 “Modern Cookery, <u>in all its Branches</u>” から “Modern Cookery, <u>for Private Families</u>” に書名が変更されている。ただし、“Private Families” という表現は 1845 年の初版から使われていた表現なので、全体からすれば特に目新しいものではないが、“branches” という表現を退け、“families” という表現を前面に出したかたちとなっている。

改訂版出版から 5 年後に出版された 1860 年の版でページを追って紙面を確認する。1845 年の版にあったタイトル・ページに先立つ “MODERN

COOKERY, IN ALL ITS BRANCHES" とだけ書かれたページはこの版にはなく、通常のタイトル・ページ（図 17）から始まっている。タイトル・ページに書かれている内容は、1845 年のものとほとんど変わらないが、特徴的なのはリービッヒ男爵はじめその他の著名な著述家の理論に最大限適応させているという記述である。このリービッヒ男爵というのは、おそらくドイツの化学者ユストゥス・フォン・リービッヒ男爵[65]（Justus Freiherr von Liebig 1803–1873）のことであろう。それと関連するように、グレゴリー博士（Dr. Gregory）の「科学的基礎知識の欠如が、いかに調理法を非合理的で、有害なものにしていることか」ということばが引用されている。今回グレゴリー博士に関して特定はできなかった。タイトル・ページの裏側に印刷会社が書かれてあるのは 1845 年版と同様である。ページをめくると、"DEDICATED TO THE YOUNG HOUSEKEEPERS OF ENGLAND" と書かれたページは字体が変更されてはいるが 1845 年版と同様に存在する。次のページには、前年の 1857 年に出版された『英国のパンの本』（*The English Bread Book*）を紹介するページになっているが、これは当然 1855 年の版には挿入されていないはずである。次に自序にどのようなことが書かれているのかを確認する。自序には、約 6 ページ割かれている。1845 年の版と比べると約 1 ページ分増えている。とはいえ、1845 年版の自序から約 1 ページ分引用されていることを考えると、ちょうどその分だけ増

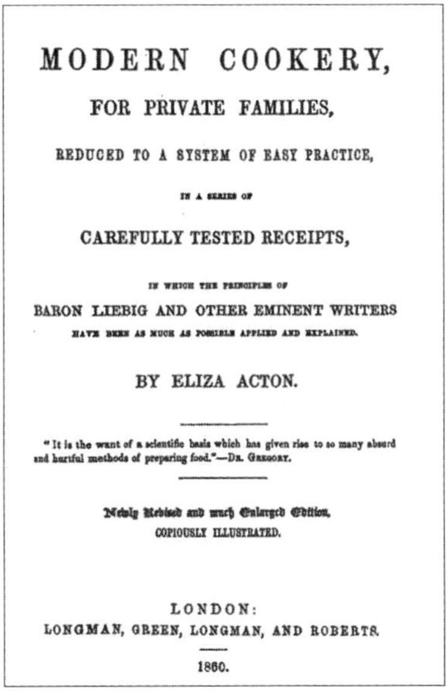
MODERN COOKERY,
FOR PRIVATE FAMILIES,
REDUCED TO A SYSTEM OF EASY PRACTICE,
IN A SERIES OF
CAREFULLY TESTED RECEIPTS,
IN WHICH THE PRINCIPLES OF
BARON LIEBIG AND OTHER EMINENT WRITERS
HAVE BEEN AS MUCH AS POSSIBLE APPLIED AND EXPLAINED.
BY ELIZA ACTON.
"It is the want of a scientific basis which has given rise to so many absurd and hurtful methods of preparing food."—Dr. Gregory.
Newly Revised and much Enlarged Edition,
COPIOUSLY ILLUSTRATED.
LONDON:
LONGMAN, GREEN, LONGMAN, AND ROBERTS.
1860.

図 17　『最新料理法』の 1855 年改訂以降のタイトル・ページ（図版は 1860 年の版）

65）ドイツの化学者。有機化合物の定量分析法を考案し、基（き）の理論の発展に寄与。生化学では動植物の栄養を研究し、人工肥料を作った。また、学生実験室を創設して、近代的化学教育に貢献。著「化学通信」など。（デジタル大辞泉参照）

えたとみてよいだろう。引用されたのはこの料理書の独自性を強調した箇所
である。未経験者にも理解しやすいように徹底的にわかりやすい解説にこだ
わったこと、掲載されているレシピのほぼすべてが著者によって実際に点検
されていること、他の料理書にはない家禽や猟鳥獣の骨抜きの仕方が紹介さ
れていることである。これらは 1845 年版から一貫して『最新料理法』の独
自性であるという意味を込めて、改訂前の自序からの引用というかたちで述
べられたものと考えられる。つまり、それほど強調したい箇所であるという
ことがみてとれる。手間を惜しまず、読者本位に、丁寧に作られた料理書で
あることを主張しているのだろう。そして、この引用箇所に関して、注意し
て見比べてみると、ただ単に引用したのではなく、ほんの少しだけ変更され
ている箇所があるのに気づく。おそらく、ふたつ並べて見比べてみなければ
気が付かないであろうほどの、意味の変化もほとんど気にならないような変
更点である。たとえば、関係代名詞の前のカンマがなくなっていたり、助動
詞 "may" がなくなっていたり、"genuine" が "general" に、"foreign ones" が
"others" に変えられているのである。このあたりは、文学者としてのイライ
ザ・アクトンのこだわりであろうか。

　それ以外では、無知や、間違った料理法によって食材が想像以上に大量に
破棄されていることや、リービッヒ男爵に関連させるように、食と栄養に関
することなどが述べられている。しかし、この自序で最も注目に値するのは、
レシピの盗用に関する記述であろう。イライザ・アクトンは、何の断りもな
く無節操に自分のレシピが盗用されていると主張し、これまではこういった
不正も、辛抱して許してきたが、自己防衛の手段として、このたび、本書の
レシピには "Author's Receipt" とか "Author's Original Receipt" という表現を
付け加えることにしたと述べている。レシピに対してどの程度著作権を主張
できるのかという技術的なことはさておいて、これが、出版社の意図ではな
くイライザ・アクトンの意思によるものだとすれば、やはりこれも著作権に
敏感な文学者らしい発想であるように思われる。

第 4 章　『ビートン社の家政書』以前の料理書

まとめ

　イライザ・アクトンの父ジョンは1847年にこの世を去り、母エリザベスも1855年に、ハーディによると『最新料理法』改訂版出版前にこの世を去っている[66]。イライザ・アクトン自身も1859年に59歳でこの世を去っている。現在イライザ・アクトンに関する手紙や日記などの資料が見当たらないのは、死に直面して、身の回りの書類を処分するよう妹に頼んでいたからではないかとハーディはいう[67]。そうであれば、やはりフランス人兵士との間に子どもがあり、妹に託したわが子を思う親心から、非嫡出子である事実を自分の死とともに永遠に葬り去ろうとしたのだろうか。いずれにしても、

図18　1845年にアメリカで出版された『最新料理法』のタイトル・ページ

真実はイライザ・アクトンのみ知るところであるし、われわれは、それ以上詮索すべきではないだろう。『最新料理法』はイギリスで初版が出版されたのと同じ1845年にさっそくアメリカでも出版されていて（図18）、そこには第2版からのものであることが示されている。アメリカ版には、イギリスでの多くの書評がつけられ、タイトル・ページも新たに作り直され、アメリカ版のための序文も付け加えられている。アメリカ版は少なくとも1858年までは出版されている。しかし、イギリスではすでに改訂版が出版されたあとであるにもかかわらず、内容は1845年版のままであった。それがどういう意味を持つのかは、現時点では不明である。

　ハーディによると、その後、イギリスでの『最新料理法』の出版は20世

---

66) Hardy, *op. cit.*, p. 163.
67) *Ibid.*, p. 14.

紀初めまで続いた。ハーディは、1873 年の『ペル・メル・ガゼット』の広告を示し、それまでに 12 万 5 千部を売り上げたと述べる[68]。しかし、販売部数を示す広告はこれだけではなかった。今回それ以外の販売部数を示す広告の存在を確認することができたので、以下に示す。

<u>新聞広告にみる『最新料理法』の販売部数</u>
1867 年	12 月 16 日	10 万部近く
	12 月 30 日	10 万部近く
1868 年	1 月 6 日	10 万部近く
	12 月 9 日	11 万部近く
	12 月 14 日	11 万部近く
1869 年	確認できず	
1870 年	確認できず	
1871 年	確認できず	
1872 年	2 月 29 日	約 12 万部
	3 月 1 日	約 12 万部
	12 月 16 日	約 12 万部
	12 月 17 日	約 12 万部
1873 年	12 月 24 日	約 12 万部
	12 月 25 日	約 12 万部
	12 月 29 日	約 12 万 5 千部
	12 月 30 日	約 12 万 5 千部

　販売部数は 1845 年の初版出版からの累計と思われる。ここからわかることは、1873 年 12 月までに 12 万 5 千部販売したとすると、平均で 1 年に約 5 千部販売したことになるということである[69]。一方で、12 万部の販売から

---

68)　*Ibid.*, p. 200.

69)　年間 5 千部という販売部数が多いのか少ないのかは、判断が難しいが、たとえばミセス・ランデルの『新式家庭料理法』は、1835 年の新聞広告によると、初版から約 28 年後の 1834 年に 1 万 5 千 3 百部売ったということであるから、年間平均約 5 千部販売したことになる。

第 4 章　『ビートン社の家政書』以前の料理書

12 万 5 千部の販売までに 2 年近くかかっている。広告の日付と販売部数が
厳密に一致しているとは限らないとしても、理由はわからないが、明らかに
販売部数が減少していることはみてとれる。このころになると、わずか 3 行
だけの広告が紙面の隅のほうに掲載されていることが多くなる。さらに付け
加えると、1867 年の広告から、少なくともこの年までに、本の価格が 7 シ
リング 6 ペンスから 6 ペンスへと引き下げられていることがわかる。最終
的に販売部数を決めるのは読者である。著者も、編集者も、出版者も、より
多くの人に利用されるよう努力と工夫を重ねる。しかし、それが的を射てい
なければよい結果は得られない。読者にとって価値があれば買うし、価値が
なければ買わない。さらに、読者が求める価値は時代によっても変化する。『最
新料理法』の販売部数の変化は、読者の求める価値と、出版社が提供する価
値にズレが生じ始めていることを示しているように思える。

　本節では、イライザ・アクトンの人物像を明らかにし、そのうえで『最新
料理法』に関して考察を進めた。アクトン家は祖父母の代までしかさかのぼ
ることができず、また古くからの名家でもないようだが、祖父も父もジェン
トルマンであることを自認していた。弟エドガーは、学位こそ取得すること
はできなかったが、オックスフォード大学に入学を果たしている。祖父や父
がそうであったように、家族全員が、ジェントルマン家族の一員であること
を意識していた。母親は学校経営、娘たちは結婚するか、教師あるいはガヴァ
ネスになった。経済的に苦しい時期もあったが、決してレディとしての規範
を逸脱することはなかったように思える。そのなかでも、イライザ・アクト
ンは文学に才能を発揮し、また一方で渡仏したり、恋に落ちたり、学校経営
や教師としての経験も積む。また自らの詩集を出版すべく出版者を訪れる積
極性も持ち合わせていた。

　料理書に関する分析をおこなったが、ここではまず初版および改訂版のタ
イトル・ページ、自序、新聞広告等を検討した。その結果わかったことは次
のようなことである。この料理書が、家事使用人を少人数雇うことができる
ような家庭の、経験の乏しい主婦に向けて書かれていること。読者を「学習
者」と表現していることからは教育者としての意識が、また細かな表現の変
更、あるいは著作権にこだわったことからは文学者としての意識が垣間見ら

171

れたこと。次にそのレシピをミセス・ランデルの『新式家庭料理法』のもの
と比較した。その結果わかったことは、調理時間の表示や食材の分量の明示
は、すでに、『新式家庭料理法』でも実現されており、『最新料理法』の独自
性とはいえないということであった。「わかりやすさ」という点では、読者
の好みもあると思われるので、レシピの記述に関して優劣をつけることは難
しい、しかし、食材とその分量を独立させて明示したことが『最新料理法』
を特徴付ける意味は大きく、読者にとっても『最新料理法』のほうが、『新
式家庭料理法』よりも利用しやすさという点でまさっていたといえるだろ
う。

　さらに今回の分析でわかったのは、新聞広告や自序で謳われている独自性
や目新しさが、必ずしも真実を伝えるものではないということであった。実
際に時間や分量がどれほど正確に示されているか、あるいは文章がどれほど
分かりやすいかということは、客観性を担保できないのでここでは立ち入ら
ない。しかし、どちらの料理書にも「家庭向け」とか「わかりやすい」とい
う謳い文句が、「これまでにない」という表現とともに使われる。こういっ
た表現は、現実の料理書を表現しているというよりは、料理書出版時の宣伝
の常套句として存在していたのかもしれない。そのことは、どの広告にも見
いだせる「本日出版」という常套句の存在とも矛盾しない。所収するレシピ
の多さもまた、宣伝文句として使われるが、たとえば 1845 年版の『最新料
理法』が、601 ページであったのに対して、1808 年版の『新式家庭料理法』
はその半分以下の 296 ページしかなかった。しかし、同じ『新式家庭料理法』
でも 1842 年版では、571 ページと大幅にページ数を増やしている。読者の
求めに応じ、レシピは増える傾向にあったといえよう。

　さて、ハーディは『ビートン社の家政書』に対して手厳しく批判する。恥
知らずにも、イライザ・アクトンのレシピを盗んだばかりか、夫は、妻の名
前を金のなる木に仕立て上げたのだと。イザベラ・メアリー・ビートンのこ
とを、ずる賢い剽窃者だと決めつける[70]。たしかに、イライザ・アクトンは、
1855 年の改訂版で自分のレシピが無断で盗用されていることに不満の意を

---

70)　*Ibid.*, p. 10.

第4章 『ビートン社の家政書』以前の料理書

表している。しかし、イライザ・アクトンがいう盗用している料理書著者の
なかに、イザベラ・メアリー・ビートンは含まれない。なぜなら、この時点
でまだ『ビートン社の家政書』は出版されていないからだ。しかも、『ビー
トン社の家政書』が出版されたときイライザ・アクトンはすでにこの世には
いなかった。それでも、ハーディは、知っていながら盗用した裏切者と切り
捨てる [71]。しかし、多少なりとも、イライザ・アクトンという名前が知られ
るようになり、彼女の料理書や、彼女の人物像に関心がもたれるようになっ
た背景には、イザベラ・メアリー・ビートンに対する関心の高まりのなかで、
『ビートン社の家政書』に目を通す人が増え、その結果、そこに示されてい
る「アクトンのレシピ」ということばを目にした人のなかから、アクトンと
いう人物や彼女の料理書に関心を持つ人がでてきたからだろう。イライザ・
アクトンのことばを意識したかどうかは定かでないが、『ビートン社の家政
書』では、無断で盗用する他の多くの料理書著者とは違い、すべてではない
にしても、誰の料理書からのレシピかが示されている。ハーディにとっては
皮肉なことだが、イライザ・アクトンの再発見は、イザベラ・メアリー・ビー
トンあるいは『ビートン社の家政書』に関する関心の高まりの結果であると
もいえよう。ハーディはイライザ・アクトンを評価するあまり、ややもすれ
ばイザベラやサミュエルを非難しがちである。しかし、イライザ・アクトン
を評価することと、イザベラ・メアリー・ビートンを非難することは同じで
はない。イライザ・アクトンもイザベラ・メアリー・ビートンも、さらにい
えばミセス・ランデルもドクター・キッチナーも等しく公正に評価されるべ
きなのである。

71)　*Ibid.*, p. 163.

173

Column 4

『伊呂波分　西洋人名字引』と吉田五十穂

『ビートン社の万物事典』を用いて作られた事典のひとつに『伊呂波分　西洋人名字引』（図1）というものがあります。この事典は吉田五十穂という人物によって纂訳されたもので、日本で最初の西洋人名事典といわれています[1]。『ビートン社の万物事典』のほか、『チェンバース百科事典』(Chambers's Encyclopaedia)、『アップルトン人名事典』(Appletons' Cyclopædia of Biography) を参考に明治12 (1879) 年に出版されています。ちなみに吉田五十穂訳纂として『西哲小傳』という人名事典もありますが、内容は『伊呂波分　西洋人名字引』と同じです。

図1　『伊呂波分　西洋人名字引』の扉

では、この吉田五十穂とは、どのような人物なのでしょうか。五十穂は、大聖寺藩士、吉田甚右衛門の二男、磯之進としてこの世に生をうけます。大聖寺藩は、今の石川県加賀市にあたります。藩の儒学者東方芝山に学びました。芝山は一風変わった人のようでしたが、国を憂い、旧弊を打破しようとするような人物で、福沢諭吉の理念に共感し、優秀な門下生を選んで、藩から慶応義塾に送っていました。五十穂も明治2 (1869) 年、22歳のときに慶

---

1)　川戸道昭「西洋人名移入考」『明治期外国人名事典　別冊解説』1996 年、14-24 頁。

応義塾に入社[2]したことが記録に残っています[3]。ちなみに、この記録では、名前はまだ磯之進となっています。その後、五十穂は、高知藩からの求めで、諭吉に推薦され、小林雄七郎、塚原周造、梅浦精一らとともに高知藩[4]病院（図2）付属吸江学校（洋学校、洋学司という記述もある）に英語を教えるために明治4（1871）年に赴任しています[5]。契約は4年4月からであったようです[6]。品川沖から高知藩のもみぢ丸という蒸気船に乗り込み5日がかりの船旅で、一行は高知に到着しました[7]。雄七郎の兄は「米百俵」で有名な小林虎三郎で、このとき一緒に高知に赴いています。彼らは一年後の明治5（1872）年5月には吸江学校を去っています。この間、高知藩病院を舞台に「膏取り騒動」が起こっています。高知藩病院は、西洋の医学知識を導入するために明治2年に中央政府に請願され、明治3（1870）年に着工、明治4年に高知における最初の洋風2階建て建築として出現しましたが、そこで雇用された医師兼医学教師がイギリス人であったため、その知識を吸収するには、まず英語を

---

[2] 入学、あるいは入塾とはいわずに「入社」といったようです。

[3] 『調査史料集　慶応義塾入社帳　第一』慶応義塾塾監局塾史資料室、1978年、47頁。

[4] この時期の藩名として、土佐藩という表記と高知藩という表記が混在しているようである。本コラムで扱う時期は版籍奉還以降であるため、書名等を除き、高知藩あるいは高知という名称で統一する。

[5] 『復刻　薩長土肥』に掲載されている小林魁一朗氏の手記「小林雄七郎略歴」によれば、海南校となっており、そこから雄七郎の赴任した学校を海南校とする記述も多くみられます。しかし、それでは年代が合いません。そこで坂本保富の論文「明治初期における教育近代化の問題状況」や杉山剛の研究ノート「明治4年における高知縣の学校改革」のように、この学校を藩校の致道館であるとする記述も見られます。しかし、土屋喬雄『財閥を築いた人々』には高知出身の豊川良平が致道館で2年間学んだあと明治3年に吸江学校に転じ、そこではじめて洋学を学んだことが記されていますし、雄七郎たちの薫陶を受けたとされる仙石貢というひとは、明治5年に吸江学校に入学し英語を学んだことがわかっています。吸江学校が英語を学ぶ目的で病院とあわせて設立された学校であったこと、五十穂や雄七郎たちが英語を教えるために福沢諭吉から高知に派遣されたこと、また、なにより五十穂が伏木小学校の初代校長に選ばれたときの理由のひとつに、高知で学校設立に従事した経験があったという記録が残っていることなどを考えあわせれば、筆者としては、五十穂や雄七郎が赴任したのは、海南校でも致道館でもなく、五十穂たちが高知に向かったのと同時期に設立され、新たに英語教師を必要としていたであろう吸江学校であったと考えるのが、もっとも合理的であるとの結論にいたりました。

[6] 柳田泉『政治小説研究』下巻　春秋社、1968年、434頁。

[7] 同書、434頁。アメリカの古い蒸気船を修繕したもので、速度も遅く、揺れが大きく、船酔いで大変な思いをしたと「小林雄七郎研究」にはありますが、この船が「紅葉賀」という船と同一の船であったとすれば、古い船ではなく、新造船であったという記述もあります。（東條正「港湾都市長崎における近代交通体系の形成過程」『放送大学研究年報』放送大学、2014年、101-102頁。）

コラム4 『伊呂波分 西洋人名字引』と吉田五十穂

学ぶ必要がありました。イギリス人から西洋医学を学ぶため、それに必要な英語を習得する目的で設立されたのが吸江学校であったのです。同僚の雄七郎は、慶応義塾で最上位の成績であり、高知でも研究や翻訳に精力的に取り組んでいたことがわかっています[8]。同じように五十穂も諭吉に推薦されるほどの人物でしたから、雄七郎に劣らず、高い英語力を有していたでしょうし、まじめに翻訳や研究に取り組んでいたものと考えられます。高知での仕事を終え、東京に帰る途中、郷里に立ち寄った五十穂は、師である芝山を訪れます。そのころ、地元伏木村では、豪商であり、篤志家、先覚者の藤井能三(ふじいのうぞう)が小学校を設立しようとしていました。能三の師でもある芝山は、高知で学校設立にかかわった経験をもち、英語教育もできる五十穂を小学校の校長に推薦します。五十穂もその要請を承諾し、伏木小学校（図3）の初代校長に就任しました。明治2年に22歳であったことがわかっていますから、このころ25歳くらいであったと思われます。われわれがもっている校長先生のイメージとはずいぶん違います。この小学校は、能三が土地や建物だけでなく、教科書までも提供して設立されましたが、そこで教える教師がいなかったため、五十穂が師範となり、寺子屋の先生や医者を教師として養成しました。五十穂が校長を務めたのは、明治6（1873）年2月から7月までの短い期間でしたが、教室に地球儀をもって行き、地球が太陽の周りを回っているのだと、地動説を教えたり、英語のスピーチの授業をしたりしたようです。

図2　高知藩病院の建物（移築後）

図3　伏木小学校校舎

8)　『復刻　薩長土肥』慶応義塾福沢研究センター、2001年、176頁。

当時の庶民は、まだ地動説を知らない人もいたようで、当時の児童の次のような逸話が残っています。

　　先生が地球儀を持ってきて、太陽は動かないもので、地球が西から東へ廻転して昼夜の別が出来るものであると教えられた。私は学校から帰って復習するときに、祖母さんにその話をしたら、そんな馬鹿なことはない、お日様は動くもので地球は動かないものである。そんな間違った教へをするものは耶蘇の信者であるから、そんな事をこれから云ってくれるなと、手を合して頼まれたことを覚えております。（昭和8年2月発行　満60周年記念『港の学校』、『赤松俊秀教授退官記念国史論集』より）

　その後の、五十穂の様子を知る手がかりは決して多くありません。明治9（1876）年に、イギリスの砂糖製造に関する文献を日本語に翻訳した『甜菜砂糖製造法』（図4）が勧業寮から出版されています。明治11（1878）年から12年にかけて、新聞の記事を日本語に翻訳したものがいくつか確認できます。それらの文書には、大蔵省翻訳課の印が押されています。明治12年には『伊呂波分　西洋人名字引』と『米商必携』（図5）が出版されています。明治19（1886）年と20（1887）年に内閣官報局から出された『職員録』に五十穂の名前が見いだされます。『職員録』によると農商務省総務局判任官七等となっています。『甜菜砂糖製造法』の発行元になっている勧業寮は農商務省の前身であることから、『甜菜砂糖製造法』の翻訳は勧業寮の職員としての仕事だったのかもしれません。また大蔵省翻訳局には、明治8（1875）年まで、当時の英語の第一人者である尺振八が出仕していたことから、翻訳局と翻訳課が同じものか、違うものかは今回分かりませんでしたが、尺とも面識があった可能性もあります。また、一緒に高知の吸江学校へ赴任した小林雄七郎、塚原周造、梅浦精一は、その後みな大蔵省へ出仕していますし、そのうち梅浦精一は、そこでイギリス書の翻訳をしていたようですから、伏木小学校の校長を終えた五十穂も、東京で同様の仕事をしていた可能性は、非常に高いといえます。
　川戸道昭は、『伊呂波分　西洋人名字引』に非常に興味を持ったようです

コラム4 『伊呂波分 西洋人名字引』と吉田五十穂

図4 『甜菜砂糖製造法』の扉　　　図5 『米商必携』の扉

が、五十穂がどのような人物か、ほとんど情報を得ることができなかったようです。そのことから、無名の人が、これほどの本を翻訳ができる能力があったのかと疑問に思ったようです[9]。それで、筆者とは別の根拠で、尺と五十穂に接点がある可能性を見いだし、実際には尺の翻訳ではなかったかと考えているようです。しかし、ここまで見てきたように、五十穂は芝山にも諭吉にも、教育者として推薦されるような人物でしたし、他にも、多くの翻訳を残しており、その英語力は、当時としては、相当なものであったと考えられます。なにより、高知に赴いた若き4人の英語教師たちのうち五十穂を除けば、少し調べればどのような人物であったのかわかるような経歴の持ち主たちです。五十穂がどのような人物であったかは推して知るべしでしょう。ですから、五十穂が、翻訳に際して誰かに助言を求めることはあったとしても、他人の翻訳を自分の名前で出版した可能性は低いのではないでしょうか。

　大正7（1918）年に出版された『人事興信録』5版の吉田太郎という人物の

9）　川戸道昭　前掲書、14-24頁。

説明に、吉田五十穂の長男という記述があります。太郎氏は明治9年1月に生まれ、大正5 (1916) 年1月に家督を相続したとあります。母親に関する情報も記載されています。そこから、五十穂は明治9年までには福岡出身の渡邊トミという女性と結婚し、子どもをもうけ、大正5年にこの世を去ったということが分かります。長男の太郎氏は、東京帝国大学を卒業し、工学博士になったことがわかっています。大正7年、海軍造兵大監として舞鶴に住んでいたようです。

　吉田五十穂は、現在決して世に知られた人物とはいえないでしょう。しかし、『ビートン社の万物事典』が現在あまり関心をもたれていないからといって、その果たした役割が小さいとはいえないのと同様に、五十穂のなした仕事も決して小さなものではなかったはずです。たとえば、『甜菜砂糖製造法』が精糖技術を習得するために参照されていたことは、この書に対する言及がいくつも確認できることからも明らかです。実際この書が出版された3年後に官製の精糖所の設立計画が決定されています。五十穂が教育者として、あるいは翻訳家としてなしたさまざまな仕事は、明治維新以降の日本が、西洋の文化や技術を吸収し、近代化を成し遂げていこうとするときの、礎のひとつであったことは間違いないでしょう。

　今回、吉田五十穂という人物について明らかにできたことは以上です。『人事興信録』5版には、息子太郎氏の子どもたちの名前もあります。五十穂は、明治初期のかなり早い時期に、小学校で英語教育を実施した人物ですから、そのような方面からも研究が進み、吉田五十穂がどのような人物であったかが、さらに明らかになることを期待します。

第5章
伝統的家政書と『ビートン社の家政書』

　イザベラは、自身が編集した『ビートン社の家政書』の序文を締めくくるにあたって、分冊出版が完了するまでに、出版社に寄せられた読者からの好意的な手紙に対して感謝の意を表したあとで、自分が4年間、骨身を惜しまず、全力を傾けて作り上げたこの家政書が、英国の男性にも、英国の女性にも受け入れられるであろうことを確信している旨述べている。
　さて、イザベラがここで言及している手紙とは、いったい誰から送られてきたものなのだろうか。当時彼女は、夫のサミュエルが出版していた *EDM* という女性向け雑誌の編集に携わっていた。そして、『ビートン社の家政書』は、その *EDM* から派生した本であった。*EDM* の誌上では、読者とのやり取りが掲載されたり、レシピが募集されていたこともあり、レシピ以外にも、助言などさまざまな手紙がイザベラのもとに届いていたものと考えられる。したがって、これらの手紙は、この雑誌を通して彼女に寄せられた読者からの手紙などを指していると考えるのが妥当であろう。
　では、完成した『ビートン社の家政書』が、女性だけでなく、男性にも歓迎されるだろうと述べているのはどういうことであろうか。家政書である以上、女性を対象に出版されたものであると考えるのが自然であり、女性に歓迎されるであろうと述べることに違和感はない。事実同じ序文の冒頭で、この本を手がけようと思った動機として、間違った家政によって不快や苦痛をこうむっている男女をずっと目にしてきたと述べ、一家の女主人は、料理についてその理論と実践を完璧に習得する必要があるし、それと同時に、快適

な家庭を作り、それを維持することのすべてに精通していなければならないと述べている。つまり『ビートン社の家政書』が、女性が家政を取り仕切るために書かれた本であることは明らかである。だとすれば、同書が男性に歓迎されるとはどういうことであろうか。現代に生きるわれわれが、素直に考えれば、妻がおいしい料理を作るようになり、家政をうまく切り盛りするようになることによって、快適な家庭で暮らすことができるようになった男性、つまり序文の冒頭で示された、間違った家政によって、不快な思いを強いられてきた英国の男性のことであるということになるだろう。

　しかし、ここでもう少し深く考えてみたい。現代のわれわれには理解しがたくなってしまった150年前の人びとの意識がありはしないだろうか。たとえば、EDM は書名が示すとおり女性のための雑誌であったが、抗議する内容であったとはいえ、出版社には男性からの手紙も寄せられていた。サミュエルは、自身が担当していた EDM の読者投稿欄でこの手紙を取り上げている。実際、EDM には家事以外の記事も多く、特に読み物には多くの紙幅を割いており、家のなかに何気なく置いてあれば、男性でも手にとって読んでみたであろうことは容易に想像できる。そこで、現代人が陥りがちな固定観念をいったん取り払って、『ビートン社の家政書』に関する考察を試みたい。

　本章において、そのよすがとなるのは、ヨーロッパの伝統的家政書（以降伝統的家政書という）である。かつて、ヨーロッパにおいては、家政は男のものであったというのである。男の家政書とはいかなるものであったのだろうか。そして、『ビートン社の家政書』にその痕跡はあるのだろうか。

　まずは、伝統的家政書をより理解しやすくするために、現代のわれわれの意識を探るべく、家政とは何を意味するのか、また家政という言葉からどういう印象を受けるのかを簡単に考えてみたい。そのあと、伝統的家政書とはどのようなものか、そしてそれらがどのように解体されていったのかを、先行研究を頼りに概観する。また、1冊の農書を取り上げ、『ビートン社の家政書』と比較検討してみる。この農書は、今回その存在を確認することができたものだが、『ビートン社の家政書』以前に出版されたにもかかわらず、書名やタイトル・ページの挿絵に共通点を見出すことができる興味深い1冊である。この2冊を比較してみることで、どういうことが明らかになるかを

第5章　伝統的家政書と『ビートン社の家政書』

検討してみたい。以上の手続きを経て、『ビートン社の家政書』の本質に近づく一助を得ることが本章の目的である。

現代人にとっての家政

まず、伝統的家政書の理解を容易にするために、われわれが持つ家政に対する概念について考えてみたい。

われわれが使う家政という言葉には、どのような意味があるのだろうか。国語辞典[1]で調べてみると次のようになる。

家　政：　一家をまとめ、おさめること。日常生活を処理していくこと。一家の暮らし向き。

家政婦：　家事の手伝いに雇われる職業婦人。派出婦についていうことが多い。

家政学：　料理、被服、家計など、日常の家庭生活を営むのに必要なことについての学問。

家政科：　家政学を教える科目。また、それを教える学科。

さらに、大学や短期大学の家政学部や家政科でどのようなことを学ぶのか、そのホームページから取り上げてみると以下のようになる。

　女性の生き方が多様化する現代、社会の発展に貢献できる人材を育成すると同時に、将来家庭の中で家族を支える女性に必要な知識、技術を身につけます。そのために、一般教養、被服、食物、住居、保育、健康などの分野を幅広く学ぶほか、専門職としての資格が得られる課程も用意しています。
　（大妻女子大学短期大学部家政科家政専攻ホームページより[2]）

　家政科では、日常的な生活行為を対象としながら、根底にある生命・家族や

---

1)　『国語大辞典』小学館、1981 年、492-3 頁。

2)　http://www.jun.otsuma.ac.jp/kaseika/domestic/（2015 年 11 月 11 日確認）

183

生活を大切にすることの価値を理解し、家族や周囲の人びととの人間関係や広い環境との共生を視野に入れた分野を専門的に追究します。
（京都教育大学教育学部家庭領域専攻家政科のホームページより [3]）

家政とは別に、「家事」という言葉がある。「家事」は、国語辞典 [4] で次のように定義されている。

1　家庭内の事柄。一家内の私事。「家事を言わず」
2　家庭内の暮らしに関するいろいろな仕事。また、その仕事のきりもり。家政。「家事に手を出さない亭主」

　1の用法は、「家事都合のため」などというときの使い方であり、この意味での「家事」は本章での考察対象ではないと考え、今後特に言及しないことにする。一般的に家政との関連で「家事・育児」などという場合の家事は2の意味で使われる。家政と家事の境界は明確でないが、学問的な定義は別として、一般的な認識として考えるならば「家事・育児」などという表現があるように、家政のうち家計や家財の管理、育児などは家事とは呼ばず、家のなかでおこなわれる掃除、洗濯、料理など、日々の労働を特に家事と呼ぶと考えて差し支えないと考える。
　以上で取り上げた、国語辞典の記述も、大学や短期大学のホームページでの記述も、ともに現代に生きるわれわれにとって、違和感をいだかせるようなものではない。われわれが家政という言葉に対して持つイメージは、おおむね次のようなものになるだろう。
　ひとつの家のなかで生活する、血縁で結ばれた人びとの営み、それは被服、食物、住居、保育（あるいは育児、子育て）、健康といった分野を含む家庭生活と言い換えることもできるであろうが、その営みそのもの、あるいはその営みを管理すること、それが現代人にとっての家政と定義してよさそうである。

---

3)　http://www.kyokyo-u.ac.jp/kasei/index.php（2015 年 11 月 11 日確認）
4)　同書、481 頁。

第5章　伝統的家政書と『ビートン社の家政書』

　そして、この家政は、家庭科という科目名で日本の初等、中等教育にも組み込まれている。今日では、男女共修になっている科目であるが、ほんの数年前までは、小学校の間は男女共修だが、中学校、高等学校になると女子生徒のみが履修する科目であった。また、家政学部や家政科は、そのほとんどが女子大学あるいは女子短期大学に設置される学部、学科であった。このようなことから、家政の主な担い手は女性であると一般的に認識されてきたし、現代でもおそらく、それはおおきく変わっていないと思われる。なぜなら、料理や育児などに積極的にかかわる男性が増えてきたとはいえ、わざわざお弁当男子やお料理男子、あるいはイクメン[5]などと名前をつけること自体が、そのような男性を特別視していることの表れであり、女性の領域に進出してきた男性として、多少なりとも違和感を伴って認識されていると考えられるからである。そもそも、本章の最初に「家政書である以上、女性を対象に出版されたものであると考えるのが自然であり…」と述べたとき、違和感を覚えたかどうか考えてみていただきたい。おそらく、ほとんどの人が違和感なく読めたのではないだろうか。それほど、現代人にとって家政書とは女性のものであるという認識が固定観念として浸透しているということであろう。

　次に、ここまでみてきた、現代人の家政に対する一般的なイメージに対して、伝統的な家政とはいかなるものかをみていくことにする[6]。

伝統的家政書（家政学）

　オットー・ブルンナー[7]（Otto Burunner, 1898-1982、以降ブルンナーという）

---

5)　自分で弁当を作る男性をお弁当男子、料理好きな男性をお料理男子という。イクメンは育メンとも書き、育児を楽しむ男性のことである。厚生労働省は父の日（6月20日）に先立つ、2010年6月17日にイクメンプロジェクトを立ち上げ、サイトを運営するなど現在も積極的に取り組んでいる。

6)　本章では、家政書を論じているが、家政学を論じている文献も参照している。厳密には、家政学と家政書を分けて考える必要があると思われる。しかし、家政学の実践を指南するのが家政書であると考えれば、そこに込められた意識、概念、価値観等はほぼ同一のものと考えてよいだろう。よって、ここでは家政学と家政書を厳密に区別することなく、議論を進めても問題ないものと考える。

7)　オットー・ブルンナーはドイツの歴史家である。オーストリアのメードリングに生まれ、ウィーン大学に学ぶ。1929年ウィーン大学私講師、41年同教授。一時教職を離れたのち、54年

は次のように述べている。

　　旧ヨーロッパの家政学は、倫理学、社会学、教育学、医学、それに家政と
農業についての様々な技術といった分野にわたる理論の複合体といえる。それ
は、国民経済学でもなければ経営学でもなく、単なる家計ないし消費の教
えでもない。その背後には「家」の内的一体性がそこでの生活の総体として
存在していたことを、今日のわれわれはもはやほとんど見てとることができ
ない。したがって、のちの人間がそのような家政学を一種の百科事典のよう
なものと見ることも、しばしばおこりえたのである。[8]

　英和辞典[9]で、economy という語を調べてみると、その語源が次のように
示されている。

　　ラテン語←ギリシャ語 oikonomíā（oîkos 家 + -nomia -NOMY 管理＝家の管
理）。

　日本語としても「経済」とか「経済的な」という意味でよく使われるエコ
ノミーという言葉の語源には、家の管理という意味があった。そして、その
語を含むオイコノミコスという書物が家政書の起源であるとされている。
　ブルンナーによると、その伝統は、中世スコラ学を経由して近世に及んで
いる[10]。工業化以前のヨーロッパでは、封建領主（貴族）の生活は、農場（所領）
経営の上に成り立っており、家とは、家長の支配権力（人びとを庇護する義務
や、人びとのために責任を負い、広範な懲罰権も持っていた。）と、夫婦を中心
とし、子ども、使用人、領民、農地、家畜などを含んでいた。家は生産と消
費の場であり、支配と被支配の関係で成り立ち、それだけで完結したひとつ

　　からハンブルク大学教授となる。戦後ドイツ史学の一潮流である社会史的国制史研究の開拓者。
　　代表作『ラントとヘルシャフト』は、ドイツ中世国家史に関する 19 世紀以来の〈古典学説〉を
　　実証的にも理論的にもくつがえし、近代国家と異なる新しい中世的政治社会の構造を明らかにし
　　た。（日立デジタル平凡社　世界大百科事典・年鑑・便覧 Ver2.01.0 参照）
8)　オットー・ブルンナー著　石井紫朗ほか訳『ヨーロッパ―その歴史と精神』岩波書店、1974
　　年、155 頁。
9)　『プログレッシブ英和中辞典』第二版　小学館、（デジタル版）。
10)　ブルンナー、前掲書、152 頁。

186

の社会として成立しうるものであった[11]。ヴィルヘルム・ハインリヒ・リール（Wilhelm Heinrich Riehl, 1823-97、以降リールという）は、それを「全き家」(das ganze Hous)[12]と名づけた。それは、単独でひとつの閉じた社会を形成し、なおかつ社会全体のなかでは、ひとつの単位として存立していた。「全き家」という社会形態は、農業的諸関係のもとにおいてのみ存在したし、貴族の生活形態もまた、拡大された大農経営にすぎなかった[13]。それは、農民の経済が、家族員の無償労働、主人・家長の家族員に対する「支配」なしには考えられないものであって、必然的に「全き家」という社会形態をとったからであった[14]。だから、近世ヨーロッパの家政学は、農民的意味における「経済」の学、「全き家」の学であって、家・家政は、すべて農民的および農民＝貴族的文化の基礎をなす社会形象であったし、農民の経済は、つねに、家のなかの人間関係をも含む古い意味での「経済」であった[15]。

　「全き家」が農業を基盤にしていた以上、伝統的家政学が農学や家父学と分かちがたいものとなるのは必然であった。つまり、伝統的家政書のなかに、農書や家父の書に相当する部分が多く含まれることもまた必然であった。

　では、次に家政書の起源にもなったクセノフォン（Xenophōn, 前 427?–前 355?）の『オイコノミコス』(Oikonomikos)、さらに、ブルンナーが「家父の書」の一重要著作であるという『貴族の地方生活』(Georgica curiosa, 1682) をみてみることにする。

『オイコノミコス（家政について）』

　『オイコノミコス』はクセノフォンによって記述され、家政書の起源とされている。クセノフォンは、前 426 ころ–前 355 ころの人物で、ソクラテス（前

---

11)　飯塚信雄『男の家政学　なぜ〈女の家政〉になったか』朝日新聞社、1986 年、245-50 頁を参照した。
12)　「全き家」（まったきいえ）の概念については、ブルンナー、前掲書、151-189 頁にくわしく記述されている。
13)　ブルンナー、前掲書、158 頁。
14)　同書、158 頁。
15)　同書、156-7 頁。

470-前 399）の弟子であった。アテナイに生まれ、のちに追放された。『アナ
バシス』『ギリシャ史』『ソクラテスの思い出』など著述は膨大で多岐にわ
たっている。

オイコノミコスとは、

オイコス（oikos）＝家
ネモー（nemo）＝統治する、管理する
ノモス（nomos）＝慣習、法

という三つの言葉からなり、全体としては、「家政について」という意味に
なる [16]。

対話形式で記述されており、前半は師ソクラテスとクリトブロスの家政論
を聞いたクセノフォンの報告という体裁をとっているが、途中からソクラテ
スがイスコマコスから聞いた話をクリトブロスに話して聞かせるという体裁
にかわる。

内容の概略はつぎのようなものである。良い家政家は、自分自身の家財を
きちんと管理できる人である。家とは、住居以外に人が所有している善いも
のすべてを指し、所有者と同じ都市にいなくても所有するすべてのものは
「家」に属する。真っ当な人間にとって、もっとも有益な仕事と技術は、人
間が生活するうえで必要とするものを供給する農業である。また、家を富ま
せるためには、家政の良き協力者である妻が、金銭について夫と良くつり合
いのとれている人であることが重要である。なぜなら、多くの場合は、金銭
は夫の働きによって家に入ってくるけれども、それを差配して使うのは妻だ
からである。金銭の出入りがうまくゆけば家は栄えるけれども、そうでなけ
れば没落する。家のなかのことは妻がすべて取りしきり、財産は共有である
こと。夫や妻がしなければならないのは、自分達の所有物をできるだけ良い
状態にして、しかも、徳と正義に則って、それ以外のものをできる限り付け
加えるようにすること。さらに整理整頓の重要性、召使い頭の決め方、召使
い頭への接し方へと話は及ぶが、これらは妻の仕事として提示されている。

召使い頭への接し方については次のように述べられている。

16）書名については、クセノフォン著　越前谷悦子訳『オイコノミコス　家政について』リーベ
ル出版、2010 年、163–4 頁参照。

188

第5章　伝統的家政書と『ビートン社の家政書』

　　そして、妻にこう考えたらどうかと言いました。つまり、彼女もまた家の
　　内のことについて定められた規則の番人なのだ、だから丁度指揮官が部隊を
　　視察するように、適時、用具を注意深く調べるように、議会が馬や騎士を検
　　分するように、家財用具の保存状態の良し悪しを検分するように、そして、
　　女王のように、功績のある者を自分の度量によって褒賞し時には、その必要
　　のある者を叱責するようにと。[17]

　ここでいう「彼女」とは、前後関係から考えて召使い頭のことである。同
様の記述が『ビートン社の家政書』にもみられる。この記述に関しては
「『ビートン社の家政書』と伝統的家政書」で再び取り上げ考察することにす
る。

　家を保っていくためには、夫婦の協力は欠かせないものであるとし、良好
な夫婦関係を築くことの重要性を説いているが、一方で妻を躾けるのも夫の
役割であるとしている[18]。神がつくった男女には、平等に与えられた能力と、
分けて与えられた能力があるので、夫婦はお互いに不足している能力を補い
合うことが重要で、夫は家の外の仕事、妻は家のなかの仕事[19]に努めるのが
神の定めであるとしている[20]。

　このように夫の領分と妻の領分が区別されて述べられているが、あくまで
も家父たる夫が知っておくべきこととして記述されている。そのあと、農業
に関する内容が続き、それが全体の 40 パーセント以上を占めている。『ビー
トン社の家政書』と比較すると、料理に関する記述がみられないのも特徴的
である。

『貴族の地方生活』（別名、『緻密なる農業』）（1682 年）

　本書は『篤農訓』とも訳され、オーストリアのヴォルフ・ヘルムハルト・
フォン・ホーベルク（Wolf Helmhart von Hohberg, 1612-88、以降ホーベルクとい

---

17)　同書、82 頁。
18)　同書、59-61 頁。
19)　ここでいう「家」とは建物としての「家」のことであって「全き家」の「家」ではない。
20)　同書、63 頁。

う)[21]によって書かれた。ブルンナーの研究により広く知られるようになった。ブルンナーの『ヨーロッパ─その歴史と精神』(*Neue Wege der Verfassungs-und Sozialgeschichte*, 1968) のなかで触れられており、また飯塚信雄も詳しく紹介している。ここでは、ブルンナーと飯塚の記述を手がかりに、この家政書について概観してみる。

　書名からも明らかなように、農書として言及されることが多い。では、どのような内容を扱っているのだろうか。以下にブルンナーの記述にしたがって、目次構成を見てみる[22]。

第 1 巻　農場─貴族の所領構成
　　　　　副業─水車、煉瓦窯、石切場、塩坑、鉱山、冶金場など
第 2 巻　「家父」の活動、家父の神や妻子との関係、教育、貴族的教養を身
　　　　　につける過程、僕婢や従属農民との関係、戦争や疫病の危難にさい
　　　　　しての対処のしかた、一種の気象学、家と菜園と畑における月々の
　　　　　作業を指示する仕事暦
第 3 巻　「家母」主婦の役目の範囲、すなわち子とくに娘の教育、料理、パ
　　　　　ン焼き、肉や果実や飲料の貯蔵、常備薬の整備のための手引き、お
　　　　　よび、家において医師の助力なしに施しえた限りでの医術について
第 4 巻　葡萄栽培と酒蔵の管理、その他の果樹栽培
第 5 巻　蔬菜、薬草、花卉の園芸
第 6 巻　第 5 巻と同じ
第 7 巻　農耕とその副業、麦酒醸造、火酒製造、製粉
第 8 巻　馬の飼育、獣医学的指示
第 9 巻　牛、羊、豚、家禽の飼育
第 10 巻　養蜂、養蚕
第 11 巻　給水、水車のための引水、養魚、水禽、水辺の土地の利用
第 12 巻　林業、狩猟

---

21)　表記はブルンナー、前掲書、153 頁によった。
22)　同書、153 頁。

第 5 章　伝統的家政書と『ビートン社の家政書』

全部で 12 巻となっており、扱う内容は多岐にわたっている。飯塚は、「農業技術書を兼ねた家父学の、いわば実用百科事典」[23]であり「まぎれもなく、古代ギリシャ・ローマ以来のヨーロッパ教養世界の伝統をフルにいかした知識と倫理の集大成」[24]だと述べている。そのほか、百科事典などの記述では、農書ではなく家庭教育の項目にホーベルクの名前が見出される。すなわち、『貴族の地方生活』は、家父の書であり、農書であり、さらに家庭教育の書でもあったということができる。このことは、先ほど述べた飯塚の「いわば実用百科事典」という言葉とも一致し、この時代の家政書（家政学）の特徴をあらわしているものと考えられる。

　この家政書のなかで、ホーベルクは良好な夫婦関係が、家を保つために重要であることを説いている。そのために、家父は妻に対してどうふるまうべきか、また妻は夫をどう扱うべきかが述べられている[25]。ホーベルクはいう、「結婚生活は荒海のようなものであり、家父はけわしい絶壁や、すべてを呑みつくす渦巻きや怒れる砂丘などの間を行く船の思慮深い船頭だ」[26]と。あくまでも、主導権を持つのは一家の長たる夫なのだということであろう。家政書全体としては、男性優位の価値観を基調として述べられる傾向にあるが、これは、時代の制約というべきものであろう。むしろ、彼は決して妻に対して高圧的にふるまう夫の姿を描いてはいない。夫に対しては、妻の財産を尊重し、妻に信頼されるようにとか、暴力的でなく、おだやかに妻に接することを説く[27]。ホーベルクは、また次のようにもいっている「家父はただ自分が男性として女性に優越しているからという理由で、妻の思いつきやいい意見をわけもなくしりぞけるようなことがあったら、彼は男性の優越権のみならず妻の愛をも失ってしまう。それに、妻が夫の意見に対して理性的におだやかに、しかも、相当の理由をもって反対することが許されないとすれば、妻と下婢の間に何の相違もなくなってしまうだろう」[28]と。妻に対するこの

---

23)　飯塚、前掲書、14 頁。
24)　同書、15 頁。
25)　同書、70-85 頁。
26)　同書、73 頁。
27)　同書、72 頁。
28)　同書、74 頁。

ような態度は、『ビートン社の家政書』が出版されたヴィクトリア時代の価値観とは異なっており、現代に生きるわれわれの目には、ホーベルクの家政書に書かれていることの方が、むしろ進歩的であるように映る。この点に関して、EDM でサミュエルがみせた女性観とあわせて考えると興味深い。それは、彼が生きたヴィクトリア時代のものよりは、むしろ、もっと以前のホーベルクの家政書で示された価値感に近いものであり、あとの「『ビートン社の家政書』と伝統的家政書」で取り上げ考察することにする。一方、妻に対しては、夫婦間にできるだけ波風を立てぬように、うまく夫を操縦するすべを解いている。

　子育ての際留意するべきことが、父親の項と母親の項にそれぞれ分けて記述してある。そして、使用人の扱い方、領民の扱い方、家父が知っておくべき一般的知識へと続く。

　『オイコノミコス』では触れられていなかった料理に関してはどうだろうか。ホーベルクは、台所を薬剤室にたとえて、「主婦は誠実な料理人の男女を監督してすべての料理を清潔においしく調理させ、ちょうどよい時間に温かい食事を食卓にはこばせる。塩、香料、バター、ラード、魚、肉、野菜などを適切につかうことによって胃に活力をあたえ、体に馬力をつけ、健康を維持させ、病人の体をまもるわけである。」[29]と述べている。また、オーストリアの料理がおいしいことの証明として、妻の料理の腕前と、手元にある料理書を挙げている[30]。自分の妻の料理の腕前に関しては、それが、妻が直接料理したものなのか、料理人にやらせたものなのかは明らかにしていない。ただ、ここで注目すべきことは、一切のレシピが記載されていないことである。そのことについてホーベルクは、「私はその秘法を伝授するのをやめることにした。世の奥様がたは、それぞれの経験によってどう料理したらおいしいかを知るようになるわけである。」[31]と述べるにとどまっている。おそらく、具体的なレシピに関しては、専門の料理書にゆだねるということであろう。パンの記述に関しても、パンの焼き方でなく、さまざまな種類のパンを

---

29)　同書、138 頁。
30)　同書、138 頁。
31)　同書、138 頁。

第5章　伝統的家政書と『ビートン社の家政書』

紹介し、その栄養価の違いから、どのような人にどのようなパンを食べさせるべきかが記述されている[32]。パンの記述のなかに「飾り料理」という言葉が出てくる。飯塚は、「シャウ・エッセン」[33]の訳語だとしている。目で見て楽しむ料理だそうだが、言い換えると、見せるための料理ということができよう。この「飾り料理」に関しては、食という観点からも興味深く、今後の課題として『ビートン社の家政書』を料理書として検討する際に参考になるのではないかと考える。

伝統的な家政学の崩壊

　先に確認したように、かつてヨーロッパにあった「全き家」は、農業に基盤を置いた自給自足の小社会であった。そして、その頂点には家父がいた。家父の最も重要な仕事は「全き家」の経営であり、その最も重要な協力者が妻であった。それは、まるで車の両輪のようであった。お互いの持ち場を定め、役割を分かち、義務を遂行するために協力した。その先にあったのは、「全き家」を維持し、可能な限りその財産の拡大を追求するという使命であった。ここで重要な視点は、その義務を遂行し、目的を達成するための仕事が、広い意味での家、つまり「全き家」のなかにあったということである。

　ではどのようにして、この「全き家」が存立しなくなり、伝統的な家政（書、または学）が崩壊していったのだろうか。それは、工業化以前の、農業に基礎を置いた貴族世界が崩壊していったことを抜きにしては考えられない。

　ブルンナーによると、伝統的家政学は、高度に発達した交換経済が見られた、ギリシャのポリスや、ローマの元首政のもとにおいても、さらに中世中期以降の時代においても、その支配はゆるがず、二千年を通じて支配的地位を維持した[34]。また、都市部においてでさえ、農業的生活形態が浸透しており、

---

32)　同書、141-4頁。
33)　飯塚は、飾り料理という意味で「シャウ・ゲリヒト」という別の語があることも紹介しているが、これはロウでできており、今日の料理見本のようなもであるとしている。（同書、144頁。）
34)　ブルンナー、前掲書、171頁。

193

家計と経営の分離はほとんどみられなかった[35]。しかし、それほどヨーロッパに深く根ざしていたにもかかわらず、18世紀以降それまでの貴族世界は崩壊し、18世紀後半には古典古代から続いた家政学の伝統は終焉を迎える。それを象徴するのが、もろもろの新しい科学の成立であったというのだ[36]。

ヨーロッパ社会において、貴族的世界が崩壊したのは、工業化によって家が生産の場ではなくなってしまったからである。かつて生産も消費も家のなかにあったが、それは、貴族世界が農業を基盤とした自給自足の小社会であったからこそ成立していたのだ。そして、その貴族世界を成立させるために、家父を頂点として、妻がそれを支える、いわば夫婦が二人三脚で家を経営する必要があった。ここにおいて、妻の役割は非常に重要であった。しかし、工業化により家が生産の場でなくなると、夫が家のそとに出て行くことになる。大農経営にとって必要であった「全き家」の人びとの、家族同然のつながりは不必要なものになり、共に食事を取り、共に働く使用人も姿を消した。仮に農業経営が続いたとしても、必要とされたのは、家のなかの人とみなされ、家族同様の扱いを受ける住み込みの使用人ではなく、労働の対価として金銭的報酬を求める農業従事者という名の労働者、つまり家のそとから働きにやってくる人であった。家が、夫婦と子ども以外、他人の入り込む余地のない世界となり、単に消費の場となることによって、妻は夫の協力者という立場から退かざるを得なくなった。妻もまた生産労働に関与しなくなり、家事労働に専念するようになったのだ。こうして家政はその機能を縮小されて家事になった。男の家政から女の家政へと変化し、家政書は、男の家政書から女の家政書へと姿を変えた。「家事」という「女の家政」の中で、ホーベルク家政書の精神は見失われてしまったのである[37]。

リールはその著『家族』のなかで、すでに崩壊しつつあった伝統的家族、つまり「全き家」には父親の権威、家族的な絆、伝統的習俗が保持されていたとして賛美し、これに対して工業化と個人主義の影響下に成立した近代的

---

35) 同書、159頁。
36) 同書、170頁。
37) 飯塚信夫、前掲書、164-178頁。

第5章　伝統的家政書と『ビートン社の家政書』

小家族を批判した[38]。この著作が出版されたのは1854年[39]のことであった。また、ブルンナーは「全き家」の没落を示す手がかりとして、19世紀中ごろの数点の著作をあげているが、いずれもリールの著作と同時期のものである[40]。そして、『ビートン社の家政書』が出版されたのも、まさしく、それらの著作の出版時期と一致するのである。

　伝統的な家政学の崩壊は、言い換えると、「全き家」の崩壊にほかならない。それは、工業化がもたらした社会の変化であり、単に貴族世界の変化にとどまるものではなかった。この社会の変化は、サミュエル自身の経歴にも影響を及ぼした。それが何を意味するのかに関してもあとの「『ビートン社の家政書』と伝統的家政書」で考察する。

『所有地耕作に関する小土地所有農民のための助言、付「ハウスホールドの書」』との比較

　イギリスでは、ウォルター・ヘンリー（Walter de Henley, ?–1260）によって北ヨーロッパで最初の農書である *Treatise of Husbandry* が著されている[41]。その後アンソニー・フィッツハーバート（Anthony Fitzherbert 1470–1538）によって、世界で最初の活字印刷による農書である *Boke of Husbandrie*（1523年）[42]が出版された。

---

38)　三成美保の記述を参照した。http://ch-gender.sakura.ne.jp/wp/?page_id=3733（2015年11月11日確認）

39)　日立デジタル平凡社　世界大百科事典・年鑑・便覧　Ver2.01.0 では1855年としている。

40)　ブルンナー、前掲書、160–1頁。

41)　ウォルター・ヘンリーの著作に農業以外の内容が記述されていたかは、今回わからなかったが、J. ギャンペル（Jean Gimpel, 1918–96）は、『中世の産業革命』（La revolution industrielle du Moyen Age, 1975）のなかで、オックスフォードの実用学校で家政学の講義を行ったことを示唆している。農学ではなく家政学と記述していることから、講義の内容に、農業を含む、伝統的家政学の内容が盛り込まれていたのではないだろうか。（J. ギャンペル著　坂本賢三訳『中世の産業革命』岩波書店、1978年、65–6頁。）

42)　フィッツハーバートの農書はみずから農業をおこなうヨーマン（上層農民）としての40年以上にわたる体験を記したものである。その特徴はレイ農法を記したことにある。当時のイギリスでは、毛織物工業の発達から羊毛、したがって牧羊が急速に発達し、そのため従来、麦のみを栽培していた耕地を、一定期間（普通6–7年）採草地にすることが行われた。これがレイ農法である。（日立デジタル平凡社　世界大百科事典・年鑑・便覧　Ver2.01.0　参照）

ここで参照する『所有地耕作に関する小土地所有農民のための助言、付「ハウスホールドの書」』(*The Cottage Farmer's Assistant in the Cultivation of His Land: and Book of the Household*, 1842) は、カスバート・ウィリアム・ジョンソン (Cuthbert William Johnson, 1799-1878、以降カスバートという) という人物によって 1842 年に出版されたものである。それはサミュエルが出版業界に入る足がかりとして、紙屋で修業をはじめる約 3 年前であり、『ビートン社の家政書』出版の約 20 年前である。

　ODNB によると、著者のカスバートは、1799 年にケント州に生まれ、1878 年にこの世を去っている。兄弟とともに、父親のもとで製塩業者として働いた。農業著作家であり、農業問題の権威として知られ、テーア (Thaer, 1752-1828)[43] の『農業の原理』(*Principles of Agriculture,* 1844) を英語に翻訳した[44]。

　この本の内容は、全体の 7 割以上が農業のことで占められ、約 2 割がレシピを含む食に関すること、あとは人が溺れたときの対処法、家畜の病気と、家畜が病気にかかったときの対処法などである。ホーベルクの『貴族の地方生活』は、貴族が大農経営をするための指南書であったが、カスバートの書は、それとは趣が異なっている。表題からも明らかなように、決して大農経営のためのものではなく、小規模な農家向けの指南書である。目次は、その項目がアルファベット順に並べられているうえに、複数箇所に同じ項目に関することが記載されている場合には、複数のページが示されている (図 1)。実際には索引に近いものになっているので、知りたい知識にたどり着くことは容易である。

---

43)　Albrecht Daniel Thaer ドイツの農学者。近代農学の始祖といわれる。著書『イギリス農業概論』(1798-1804) は今日でもイギリス農業史の優れた文献である。また『合理的農業の原理』(1809-21) は、経済論、土壌論、施肥・土地改良論、作物栽培論、養畜論からなり、冒頭の営利的農業の宣言にみられるような資本制的農業経済学の重要な諸原理とともに、科学的な農学の体系化を果たすことによって、官房学のくびきから農学を独立させた名著で、その影響は当時のヨーロッパ全体に及び、9 ヵ国語に訳された。また高等農学教育に専念し、その創立になるメークリン農業アカデミー (1806 設立) はのちの農科大学の原型となった。(日立デジタル平凡社　世界大百科事典・年鑑・便覧 Ver2.01.0 参照)

44)　http://odnb2.pubfactory.com/view/article/14871?docPos=&backToResults=%2Fsearch%2Fresults%2Fcontributors.jsp%3FcontributorId%3D33083 (2015 年 11 月 11 日確認)

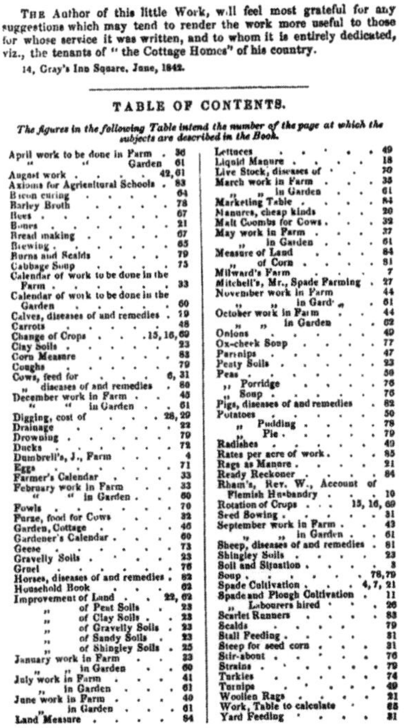

THE Author of this little Work, will feel most grateful for any suggestions which may tend to render the work more useful to those for whose service it was written, and to whom it is entirely dedicated, viz., the tenants of "the Cottage Homes" of his country.

14, Gray's Inn Square, June, 1842.

TABLE OF CONTENTS.

The figures in the following Table intend the number of the page at which the subjects are described in the Book.

April work to be done in Farm	36
" " Garden	61
August work	42, 61
Axioms for Agricultural Schools	83
Bacon curing	64
Barley Broth	78
Bees	67
Bones	21
Bread making	67
Brewing	65
Burns and Scalds	79
Cabbage Soup	75
Calendar of work to be done in the Farm	33
Calendar of work to be done in the Garden	60
Calves, diseases of and remedies	19
Carrots	48
Change of Crops	15, 16, 69
Clay Soils	23
Corn Measure	83
Coughs	79
Cows, feed for	6, 31
" diseases of and remedies	80
December work in Farm	45
" " in Garden	61
Digging, cost of	28, 29
Drainage	22
Drowning	79
Ducks	72
Dumbrell's, J., Farm	4
Eggs	71
Farmer's Calendar	33
February work in Farm	33
" " in Garden	60
Fowls	70
Furze, food for Cows	32
Garden, Cottage	46
Gardener's Calendar	60
Geese	73
Gravelly Soils	23
Gruel	76
Horses, diseases of and remedies	82
Household Book	62
Improvement of Land	22, 62
" of Peat Soils	23
" of Clay Soils	23
" of Gravelly Soils	23
" of Sandy Soils	23
" of Shingley Soils	25
January work in Farm	33
" " in Garden	60
July work in Farm	41
" in Garden	61
June work in Farm	40
" in Garden	61
Land Measure	84
Lettuces	49
Liquid Manure	18
Live Stock, diseases of	70
March work in Farm	35
" " in Garden	61
Marketing Table	84
Manures, cheap kinds	20
Malt Coombs for Cows	32
May work in Farm	37
" in Garden	61
Measure of Land	84
" of Corn	81
Milward's Farm	7
Mitchell's, Mr., Spade Farming	27
November work in Farm	44
" " in Garden	61
October work in Farm	44
" " in Garden	62
Onions	49
Ox-cheek Soup	77
Parsnips	47
Peaty Soils	23
Peas	50
" Porridge	76
" Soup	76
Pigs, diseases of and remedies	82
Potatoes	50
" Pudding	78
" Pie	79
Radishes	49
Rates per acre of work	85
Rags as Manure	21
Ready Reckoner	84
Rham's, Rev. W., Account of Flemish Husbandry	10
Rotation of Crops	15, 16, 69
Seed Sowing	31
September work in Farm	43
" " in Garden	61
Sheep, diseases of and remedies	81
Shingley Soils	23
Soil and Situation	3
Soup	78, 79
Spade Cultivation	4, 7, 21
Spade and Plough Cultivation	11
" Labourers hired	26
Scarlet Runners	83
Scalds	79
Stall Feeding	31
Steep for seed corn	31
Stir-about	76
Strains	79
Turkies	74
Turnips	49
Woollen Rags	21
Work, Table to calculate	65
Yard Feeding	31

図１　『所有地耕作に関する小土地所有農民のための助言』の目次

図２　『所有地耕作に関する小土地所有農民のための助言』のタイトル・ページ

この本を取り上げたのは、ひとつには図２に示すような絵がタイトル・ページに挿入されているからである。そのタイトル・ページと本文の間には１ページが割かれてあって、そこでこの挿絵が何であるのかについて解説されている。解説によると、この挿絵はJ. J. バーン（Burn）によるもので、サセックスのウィリントン（Willington）にあった「自活するための読み・書き・農業学校」（Self-Supporting Reading, Writing, and Agricultural School）という学校を描いたものということである。描かれている二階建ての建物がその校舎であろうと思われる。正面にM. Oの文字と1840の数字が見えるが、1840は学校が設立された年と考えられる。

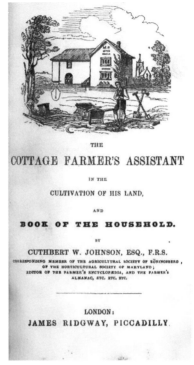

図3 『ビートン社の家政書』の口絵

『ビートン社の家政書』にも、これによく似た口絵がつけられている。サミュエルがこの本の存在を知っていたかどうか確かめるすべはないし、もし知っていたとしても、この挿絵を参考にした根拠を示す資料はおそらく見つからないだろう。またこれらに似た絵が当時ほかにも使用された例があるかもしれない。そのような前提はあるものの、興味深い相違点のあるこれら二つの絵を比較検討してみたい。そのことによって、『ビートン社の家政書』の口絵に込められた意図を読み取ることを試みる。

まずカスバートの口絵の構図である。農場と思しき景色、晴れた日、雲、画面の両端に樹木、画面左奥に丘らしきもの、右奥にはチャペルのようなものも見える。最も手前には校長と思われる人物と農具が配置され、中央の二階建ての校舎と思われる建物には左側にアーチ状の出入り口があり、よく見ると生徒と思われる人物群が描かれているように見える。

さて、次に図3に示した『ビートン社の家政書』の口絵を見よう。"THE FREE, FAIR HOME OF ENGLAND." と題されたこの絵は、当時有名な挿絵画家であったヘンリー・ジョージ・ハイン（Henry George Hine, 1811–95）によるものである。右下のH. N. WOODSとあるのは版木製作者H. ニューサム・ウッズ（H. Newsom Woods、生没年不詳）[45]のことであろうと思われる。カス

---

45) H. Newsom. Woodsの名前は、S. O. ビートン社から出版されたジェームス・グリーンウッズによる *Curiousity of Savage Life* にも見られる。

第5章　伝統的家政書と『ビートン社の家政書』

バートのものはモノクロであるが、こちらはカラーである[46]。農場と思しき景色、晴れた日、図版からはわかりにくいが、水色の空に白く雲が描かれている、画面の両端に樹木、画面左奥に丘か森のようなもの、ここまではほとんど同じである。それ以外の景色は次のようなものである。二階建ての農家と思われる建物があるが、全体が描かれておらず、その規模はわからない。建物の煙突からは煙が出ており、玄関先には談笑する大人たちが描かれている。ビールを手に談笑する男性がふたり、その間にたっている女性は、ビールをのせたお盆を持っているように見える。全部で6人の大人が描かれている。おそらく左から客人、この家のメイドもしくはメイド頭、主人、使用人、使用人、いすに座っているのはこの家の女主人か、娘か、さもなければ子守役の使用人であろうか。赤ん坊を抱いていて、それを幼い女の子がのぞき込んでいるようにも見える。4人の男性は、大体の見当が付くが、ふたりの女性はこの家の親族なのか、使用人なのか判然としない。手前の水辺には鳥がいる。ペットなのか牧羊犬なのか不明だが、うしろ姿の犬と、画面左には二頭の牛が描かれ、牧歌的な雰囲気を醸し出している。中央より少し左寄りに見えるのは、収穫の祭りハーベスト・ホームの藁山であろうか、馬車か牛車の荷車の上に高く積まれた藁山があり、一番上に木の枝のようなものがすえられている。その枝の両脇にひとりずつ人が座っていて、そのうちのひとりは両腕を大きく上に広げてはしゃいでいるように見える。その近くに描かれているのは、背丈からして子どもたちであろうか、集まって遊んでいる姿のようにもみえる。位置は左右反対であるが、この藁山が、カスバートの絵の教会に相当するとすれば、構図としてはこれも似た部分に含まれるであろう。

　このふたつの絵は、構図は非常に良く似ているし、農場とか農業を想起させる点でも共通している。しかし、カスバートのものが、校長らしき人物がぽつんと描かれているのに対して、『ビートン社の家政書』では、大人も子どももたくさん描かれていて、それらが、にぎやかに談笑したり、遊んだりしている。家畜の姿も、農村ののんびりした景色に花を添えている。しかも、それがカラーで描かれているので、よりいっそう明るく楽しく幸福感につつ

---

46)　巻頭のカラーページも参照

199

62

winter spinach; and draw earth to the stems of all
rowed crops; and lay down broccoli.

NOVEMBER.—Cabbage may still be planted; finish
earthing up all crops requiring such care. Secure all
full-grown vegetables which may be injured by frost,
such as lettuce, endive, and especially cauliflowers and
broccoli, which should be pulled up and hung up by
the stalks in some airy outhouse.

DECEMBER.—The operations of this month are chiefly
in preparing the ground for spring crops while the
weather permits.

N.B.—As seeds cannot be sown nor plants removed
always at the times set down in the calendar, it should
be understood as a general direction, that such work
should be done as soon afterwards as the season allows.

THE HOUSEHOLD BOOK.

I will in this part of the book, give a few receipts
for every day articles for eating and drinking, and one
or two remedies for common accidents, &c. For as
Tusser said 300 years since,

Housekeeping and husbandry if it be good,
Must love one another like cousins in blood;
The Wife, too, must husband as well as the Man,
Or farewell thy husbandry, do what thou can.

And as a relative of mine says very justly—we are too
apt to be careless of the *comfort* of our poorer brethren—
it is so much less trouble we find, to bestow our money
than to promote their real good, by showing them how to
prevent that distress, which leads them to look to others
for relief, instead of striving to guard against it by a
provident use of their slender means. In a work of this
nature a few practical remarks collected with this view
may not be deemed out of place.

If a labourer and his wife, or mechanic and his wife,
do not go hand in hand, the *one* may slave from morn-
ing till night without reaping any reward, but if both
determine to make the most of every thing they have,
they will increase their comforts ten-fold. I have there-
fore not divided the hints which I thought might prove
useful under the heads of what may be the man's or

図4 『所有地耕作に関する小土地所有
農民のための助言』The Household
Book の最初のページ

まれた雰囲気が醸し出されている。

カスバートのものは当時の農業の現実的な姿が描かれているのではないだろうか。先に見たように、「全き家」はすでに崩壊し、小規模な農民は家のそとの人になっていた。そのため、領主の庇護を受けることもなくなり、農業の技術を伝承される機会はもはやなくなっていた。このような農民は、読み書きを習得し、自ら書物を読んだり学校に行くなどしなければ、農業の技術を身に着けることができない時代になっていた。カスバートの口絵は、そのような当時の農民が置かれていた状況を表しているように思える。一方、『ビートン社の家政書』の口絵は、子どもを含む多くの人びと、家畜、農地などが描かれ、まさしく工業化以前の農村の姿や雰囲気を想起させるものになっている。工業化以前には、ここに描かれているものすべてが、家のなかのものであったのだ。

つまり、このふたつの口絵は、構図は非常によく似ており、ともに農場を描いたものになってはいるが、一方は当時の農業事情を、もう一方は、工業化以前の古き良き[47]イギリスの農村風景を想起させるのである。約20年遅れて出版された『ビートン社の家政書』のほうがむしろ古い時代の農村を描いているとすれば、興味深いことである。

---

47) ここで言う「古き良き」とは、たとえばリールが賛美した工業化以前の家のあり方であったり、サミュエルが『ビートン社の家政書』に付与しようとしたであろうイメージをさしている。実際に工業化以前のイギリスのほうが良かったという意味ではない。

第 5 章　伝統的家政書と『ビートン社の家政書』

　この本を取り上げたもうひとつの理由は、書名に含まれる "Book of the Household" という表記である。この表記は『ビートン社の家政書』の原題である *The Book of Household Management* あるいは *Beeton's Book of Household Management* という書名と非常によく似ている印象を受ける。実際、"Book of the Household" と言う表現をオンライン検索してみると、その検索結果のほとんどが *The Book of Household Management* か *Beeton's Book of Household Management* であった。この結果は、両書の書名に近似性があることを示している。

　さらに興味深いのは、"Book of the Household" と題された章（図 4）の 7 割近くが食に関する内容であるということである。ただし、『ビートン社の家政書』に見られるような、実用に供されることを徹底的に追求し、整理して記述されたレシピではない。実用性という意味においては、格段の差があるといわざるをえないだろう。ただし、少し考えてみたいのは、食に関する割合の多さに加え、たとえば、食に関する記述のあいだに、醸造や、家禽の有用性、飼育方法などの記述が含まれていることである。ここでは、その前後の記述が食に関する内容になっているので、大きな意味での食に分類して考えたが、『ビートン社の家政書』においても、単に料理法だけでなく、レシピのあいだに食材に関する知識も得られるような記述があることは、カスバートのものと共通している。

『ビートン社の家政書』と伝統的家政書

　『ビートン社の家政書』は、家政書として言及されることもあれば、料理書として言及されることもある。この本は第一義的には、家政書とみなすべきなのだろうか、それとも料理書とみなすべきなのだろうか。

　S. O. ビートン社自らが『ビートン社の家政書』出版から 2 年後の 1863 年にその疑問にひとつの答えを出している。その年、S. O. ビートン社は *The Englishwoman's Cookery Book* という料理書を出版しているからだ。この本は『ビートン社の家政書』からレシピだけを抜き出し、改めて料理書として出版されたものであった。サミュエルは、ひとつの食材からさまざまな料理を

201

作り出すように、『ビートン社の家政書』をさまざまに料理し再生産をおこなった。これは、『アンクル・トムの小屋』出版時にサミュエルがみせた、同じ作品をさまざまな版、さまざまな価格で出版したのと同じ手法[48]であった。レシピ部分だけを抜き出し、改めてわざわざ料理書と銘打って出版しなおしていることから、S. O. ビートン社にとって『ビートン社の家政書』が、あくまでも家政書という位置づけであったことがわかる。

　先にみてきたように、ヨーロッパにおける伝統的家政書は、領主が所領経営するための指南書であり、いわば百科事典のようなものとして、家父の書、農書、家庭教育の書の要素を持ち合わせていた。所領経営の重要な部分は大農経営であったから、当時の家政書が農業と不可分の存在となることは必然であった。そして家政書に記述されている内容は、先代から受け継いだ財産を、決して減らすことなく、少しでも増やして、次世代に受け継がせるという目的に向かって収斂されていくことになる。ここでいう財産こそ、クセノフォンのいう、家に属する善いものすべてであり、ハウスホールドであった。使用人でさえも、その家にいる間に限っては、ハウスホールドの一部として家族同様の扱いを受けたのだ[49]。

　では、『ビートン社の家政書』はどうであろうか。工業化されて以降に女性を対象に出版された家政書であるから、伝統的家政書で最も重要であった農業に関する記述などあろうはずもない。ところが、その一方で、先に取り上げた『ビートン社の家政書』の序文には、この本を料理書以上のものにしたいということが述べられているのだ。この「料理書以上」とはいかなることであろうか。たとえば、レシピを紹介する前に、その食材となる家畜について、まるで百科事典のような記述が挿絵と共に掲載されている。さらに、女主人の心得、台所に関する知識、家事使用人に関するくわしい紹介、子育て、医療、法律知識などレシピ以外の記述は多岐にわたっている。ここで疑問が生じる、この本の主な読者層と考えられる中産階級の女性のうち、法律

---

48)　C. H. クラーク社で『アンクル・トムの小屋』出版時に、サミュエルが主導的な役割を果たしたとする、本書の主張を裏づけている。

49)　ラスレット・ピーター著　川北稔ほか訳『われら失いし世界』三嶺書房、1986 年、（Laslett, Peter, *The World We Have Lost*, Scribner, 1984.）、5-6 頁。

第5章　伝統的家政書と『ビートン社の家政書』

知識を必要とした人が、いったいどの程度いたというのであろうか。ヴィクトリア時代の男性が心に描く理想の妻、あるいは主婦の姿は、いわゆる「家庭の天使」と呼ばれたものであり、瑣末な家事をこなす以外、何もできないような女性であった。そのような女性を理想として求めている男性は、*EDM* の読者投稿欄にも姿をあらわしている。したがって、ヴィクトリア時代の中産階級の女性がぜひとも知っておきたい知識に、法律知識が含まれるとは考えにくい。では、なぜサミュエルは、法律知識をこの家政書に盛り込んだのか。医療知識に関する記述は経験豊富な外科医によって、法律知識に関する記述は法律家によって執筆されたことが示されており、ともに信頼に足るジェントルマンであると明言されている。わざわざ、男性の専門家によって記述されたものであることを明言することで、男性でもその箇所については躊躇せずに利用できるよう配慮した可能性はないだろうか。もしそうだとすれば、そこに、サミュエルが伝統的な男の家政書を意識した可能性を求めることができるのではないだろうか。

　それ以外に、サミュエルが伝統的家政書を意識した可能性を示す手がかりはないだろうか。たとえば『ビートン社の家政書』において、家のなかのことに関して網羅的に記述しようとする姿勢は、伝統的家政書に通じるものであり、結果として『ビートン社の家政書』も百科事典的要素を帯びることになっている。ただし、前述のとおり伝統的家政書のなかで最も重要であった、農業に関する知識はすっかり抜け落ちている。では、サミュエルは、農業的な部分を完全に切り捨ててしまったのだろうか。これまで、ほとんど言及されてこなかったことだが、『ビートン社の家政書』出版とほぼ同時に、S. O. ビートン社から『ビートン社の園芸書』、『ビートン社のペット飼育書』が出版されている。この2冊の指南書が、伝統的な家政書からそぎ落とされてしまった部分を補っていると考えるとつじつまが合う。農業に関する事柄が園芸に、家畜や家禽に関する事柄がペットの飼育へと置き換えられているのだ。だとすれば、工業化以前の農業を基盤とした貴族のための家政書が、S. O. ビートン社によって、工業化以降の中産階級のための家政書へと変容されたものが、3冊のビートンズ・ブックであったとはいえないだろうか。今日では、『ミセス・ビートンの家政書』として知られているが、初版出版時には

203

単に *The Book of Household Management* もしくは、*Beeton's Book of Household Management* という書名が与えられているにすぎない。しかし、それはたまたまそうなったのではない。サミュエルほどの出版者が、書名に関してそれほど無頓着であったとは考えられない。出版者が何らかの意図をもってこの書名を与えたと考えるのが合理的であって、そのことは、この本が単独の存在として出版されたのではなく、他の2冊をあわせることによって、ひとつの世界観を生み出そうとしたことを示している。それが、初版のタイトルに"Mrs"が付かなかった大きな理由のひとつである。つまり、ビートンズ・ブックを3冊あわせることによって、ヴィクトリア時代における「現代版全き家」のための「現代版家政書」が成立するのだ。だから、*Beeton's Book of Household Management* にだけ"Mrs"を冠することは、そもそもありえないことであった。さらにいえば、サミュエルは、最初からミセス・ビートンの本として売り出すこともできたはずなのに、あえて"Mrs"をつけなかったのだ。ミセス・ビートンの本として売り出すことよりも、ビートンズ・ブックのうちの1冊として伝統的家政書の体裁を保つことを選んだのだ。それが功を奏したことは、その後のこの本の売れ行きが証明しているとおりである。そもそも、同時代のイギリス人にとって、「ミセス・ビートン」といわれてもどのような人物かわかる人はほとんどいなかったであろうし、初版出版の時点において「ミセス・ビートン」の商業的な価値はゼロに等しかったことは間違いない。

　さらに、伝統的家政書との共通点をあげるとすれば、サミュエルが示したその価値観であろう。EDM の読者投稿欄に寄せられた、名前もかけないような女性を理想としている男性への返答として、「知性ある女性と心を通わせることこそが、天が男性に与え賜うもっとも偉大なる恩恵であると考えます。」と述べている。実際、彼は妻イザベラを最も重要な協力者として出版事業を展開していた。妻を、自分と同等のパートナーとみなすことは、クセノフォンやホーベルクが伝統的家政書のなかでみせた価値観に通じるものであろう。そのことに関して、彼が伝統的家政書の影響を受けたかどうかはわからない。しかし、ひとついえるのは実家のタバーンが、家族、親族が男も女も総出で経営されていたことから、サミュエルにとっては、妻が夫の仕

第 5 章　伝統的家政書と『ビートン社の家政書』

事上のパートナーとして重要な役割を果たすということが、なにも特別なことではなかったのかもしれないし、そのこと自体、工業化以前の家のあり方に通じるものであったともいえる。

　また、『ビートン社の家政書』の最初の項目「女主人」の冒頭をイザベラは、「軍の司令官のごとく、あるいは企業の指導者のごとく」と語りはじめる[50]。前述した妻の役割に関してクセノフォンが使った表現と同様の表現を、この書の冒頭で使っているのだ。それは、偶然というにはあまりにできすぎた話である。サミュエルが、クセノフォンを引用したという確証はどこにもないが、同様の表現を、しかも冒頭で使っていることは紛れもない事実である。

　次に時代背景を考えてみよう。3 章で示した「全き家」の没落を示す手がかりとしてブルンナーがあげた 19 世紀中ごろの著作の出版[51]と『ビートン社の家政書』の出版はほぼ同時期である。このことが示すのは、サミュエルが、変化するイギリス社会のなかに身をおきながら、まさに「全き家」が崩壊し、家のあり方や人びとの生活が変化していく様子を感じつつ『ビートン社の家政書』を出版したということなのである。変化の途上にあるということは、新しいものの出現と、古いものの消滅が同時に起こっているということであり、人びとの心のなかには、古いものの残像が残っていることを意味する。そのことは、サミュエル自身の経歴とも重なってくる。彼がブレントウッドにあったピルグリムス・ホール・アカデミーという学校を終えて、出版業への足がかりを得るべく実社会に足を踏み入れたのは 14 歳のときであった。7 年間紙屋で修業したのち、21 歳で出版業へと転進している。しかしこれは、法律に定められた徒弟奉公ではなかった。というのも、イギリスでは 1563年に発布された徒弟法が、1814 年にはその実質的な部分は廃止されていたからだ。興味深いのは、それでも彼が、徒弟法どおりに 7 年間修行をしたということである。中世から続いてきた徒弟奉公が、法律上廃止されたあとも、

---

50)　Beeton, Isabella, *op. cit.*, p. 1.
51)　リールの『家族』は 1854 年、グスタフ・フライターク (Gustav Freytag, 1816-95) の『借方と貸方』(*Soll und Haben*) は 1855 年、アーダベルト・シュテフィター (Adalbert Stifter, 1805-68) の『晩夏』(*Der Nachsommer*) は 1857 年の出版である。

205

慣習としては残存していたということをサミュエル自らが示している。そうであるとすれば、ビートン夫妻が生きた時代には、徒弟制度以外にも、工業化以前のイギリスの制度や習慣などが、何らかの形で残存しており、人びとのなかに、工業化以前の記憶が依然として残っていたことを示すひとつの手がかりと考えられる。

まとめ

　イギリスの人びとの「家」あるいは「家族」に対する概念は、工業化に伴う生活様式の変化とともに変わっていったと考えられる。所有する善いもの全てが家に属するとクセノフォンがいったように[52]、工業化以前、階級が人びとを、所有する側とされる側に分けはしたが、多くの人びとが古い意味の「家」に属したことにかわりはなかったし、人以外のさまざまなものも、同じ意味の家に属していた。そのような概念が失われ、「家」や「家族」に対する人びとの意識が変化するなか、一族が共同してタバーンを切り盛りしていたサミュエルが生まれ育った実家は、古い時代と新しい時代の過渡期のように映る。一方で、サミュエルとイザベラの作り上げた家庭は、夫婦と子どもが中心で、単に労働者としての使用人を雇っている新しい時代の家に映る。しかし、いまだ人びとのなかには古い意味の家が「古き良きイギリス」の象徴として記憶にあった時期に、サミュエルは、時代に沿った、それでいて、工業化以前の古き良きイギリスの面影を残す家政書を作り上げたということがいえるのではないだろうか。かつて工業化以前の、農業に基盤をおいた社会では、家族の概念のなかに家事使用人も含まれていた。しかし、今や人びとは家事使用人を家族のなかに含めて考えようとはしなくなった。都市的な生活の中では、必ずしも家事使用人は雇用者の家に住み込んでいるとは限らなかったし、徒弟奉公のしきたりも今や法律的裏づけをもたず、慣習として残在しているにすぎなかった。人びとは、血縁で結ばれた人びと以外を、家族から排除しようとしていた[53]。そのような時期にあって、サミュエルとイ

---

52)　クセノフォン、前掲書、15-6 頁。

53)　ラスレット、前掲書、3-31 頁。およびブルンナー、前掲書、160-161 頁。

第5章　伝統的家政書と『ビートン社の家政書』

ザベラは、「ハウスホールド」ということばをその書名に用いた家政書に、家事使用人の項目を含んでみせたのである。しかも、古き良きイギリスの「全き家」の記憶を呼び覚ますかのような口絵を添えて。

　さて、カスバートの書との比較で見えてきたものは何だろうか。ふたつの本は、口絵、書名、レシピの存在、食材に対する解説など、共通点も多く、サミュエルがこの本を参考にしたのではないかと思わせる要素が多々ある。しかし、実用性、充実度など、どれをとっても『ビートン社の家政書』の足元にも及ばない。注目すべきは、レシピを含む食に関する記事であろう。カスバートの書においても、食はハウスホールドの章のなかで記述されていた。一方で、クセノフォンもホーベルクも家政書にレシピを加えなかった。それは、男の家政書とは別に、料理書が存在したからである。その意味で、カスバートの書が伝統的家政書の系譜に位置づくものではないのと同様、『ビートン社の家政書』も伝統的家政書の系譜に位置づくものではないことは明らかである。それと同時に、食が人びとの生活のなかで、何かしら重要な位置を占めるようになった可能性を示しているのではないだろうか。

　『ビートン社の家政書』には、農業の記事がないにもかかわらず、その口絵は明らかに農村である。それは、この時代の農書であるカスバートのものとは対照的であり、工業化以前の牧歌的な雰囲気を醸し出している。しかも、そこに描かれている屋敷が、全体像が描かれていないために、その経営規模が判然としないのだ。それは、『ビートン社の家政書』の想定する読者層が判然としないこととも一致している。『ビートン社の家政書』は、分冊で出版されたことや、そのときの価格が一冊3ペンスという低価格であったことからみれば、中、下層の中産階級を主な想定読者として編集されていると考えられるが、その内容は、中産階級全体から、貴族のお屋敷で働く使用人までも利用可能なものになっており、おそらく実際には下層中産階級にも引けをとらないような裕福な労働者階級の家庭でも利用されていたと考えられるからだ。

　『ビートン社の家政書』は、同時期に出版された『ビートン社の園芸書』、『ビートン社のペット飼育書』とあわせることによって、形式的には伝統的家政書の範囲を網羅し、その体裁を整えてはいるが、実際の内容はそれとは

207

全く違うものである。前節で、S. O. ビートン社が、本書をあくまでも家政書と位置づけて出版していたことを述べた。しかしイザベラが序文で「料理書以上のものにしたい」と述べたことが、皮肉にもこの書の本質を示している。サミュエルもイザベラも、この本が本質的には料理書であることを認識していた。しかし、だからこそ、この家政書に工業化以前の「全き家」を想起させる口絵、書名、他の出版物との連携など、さまざまな要素を加えることによって「昔ながらの古き良きイギリスの家政書」という衣装をまとわせようとしたのではないだろうか。そして、そこにこそサミュエルの出版者としての機を見るに敏な素養が現れているように思えるのである。

Column 5

加藤十四朗『六大家演説軌範』
森斌『一覧博識　欧米百家随筆』
　　『抱腹絶倒　西洋頓知機林』

　明治23 (1890) 年に出版された『六大家演説軌範』は、その原典について、同書の緒言のなかで「ビートン氏ノ「コムプリート、ヲレーター。エロキユーシヨニスト。エンド。パブリック、スピーカー」」と紹介されています。 *Beeton's Elocutionist and Public Speaker* という書名が明治29 (1896) 年の『帝国大学図書館洋書目録』に見いだすことができます。原典の書名はこれで間違いないと思われますが、残念ながら、同名の本の存在を確認するには至りませんでした。同じ緒言のなかで訳者加藤十四朗（図1）は、本来は全訳しようと計画していたのだけれど、

図1　加藤十四朗

執筆途中で慢性的な病気を患ってしまい、心ならずも6人の演説を翻訳するにとどまってしまったといい、したがって六大家とはいうものの、本当の事をいえば、単に6人分の翻訳にとどまってしまったという意味でしかないと述べています。従って十四朗が上位6人を選んだというわけでなく、6人を執筆した段階で筆をおかざるをえなかったということなのです。
　さて、この加藤十四朗とは、どのような人物だったのでしょうか。『議会制度七十年史　第11』などを参照してみると、十四朗は、元治元 (1864) 年に佐賀県三養基郡に生まれました。明治20 (1887) 年に慶応義塾卒業後、渡米してシカゴ法律専門学校で学び、法学士の学位を得ました。時事新報記者、山陽鉄道株式会社社員を経て、三養基郡会議員、佐賀県会議員、シアトル市

図2 『一覧博識　欧米百家随筆』の表紙

旭新聞主筆、シアトル市日本人会議長などを歴任し、大正13（1924）年の第15回衆院議員総選挙に佐賀第三区から出馬して当選しました。所属政党は立憲民政党でした。国立国会図書館の蔵書をオンライン検索してみると、著作として『在米同胞発展史』が検索されます。そのほか『在米の闘士』という本が著者加藤肥峯、出版社加藤十四朗となっていますが、著者とされている加藤肥峯の生没年が十四朗と同じことから、肥峯というのも十四朗のことであり、したがってこの書も十四朗の著作であると思われます。十四朗は昭和14（1939）年にこの世を去っています。

　最後に紹介するのは『一覧博識　欧米百家随筆』（明治20年出版、図2）と『抱腹絶倒　西洋頓知機林』(せいようとんちきりん)（明治22年出版、図3）です。この二書はともに森斌(さかん)という人によって翻訳されています。そのうち『一覧博識　欧米百家随筆』は、引用書目のひとつに Dictionary of Universal Information があげられています。斌はそれを『博物事典』と訳していますが、これが『ビートン社の万物事典』であることは明らかです。『抱腹絶倒　西洋頓知機林』には原典が示されていません。表紙に笑い顔がぎっしり詰まった特徴的な絵と、西洋頓知機林の文字の下に JOKES AND JESTS とだけ書かれています。ビートンズ・ブックのなかに Beeton's Book of Jokes and Jests という本があり、表紙には人びとが笑っている顔が描かれています。このことから、この本の原典が Beeton's Book of Jokes and Jests（図4）であることは、まず間違いないものと思われます。この本に関しては2つの言及が確認できました。井上ひさしが「当

コラム5　加藤十四朗『六大家演説軌範』・森斌『一覧博識　欧米百家随筆』、『抱腹絶倒　西洋頓知機林』

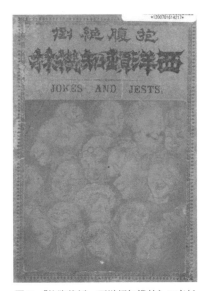

図3　『抱腹絶倒　西洋頓知機林』の表紙

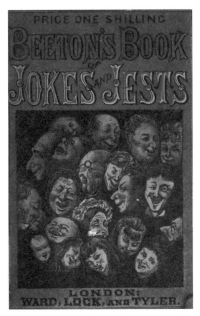

図4　*Beeton's Book of Jokes and Jests* の表紙

時のベストセラー本」と紹介しているのがひとつです[1]。しかし、井上は訳者森斌の名前も出していませんし、当然原典にも触れていないばかりか、どれくらいの発行部数があったのかなど、ベストセラーの根拠も示してはくれません。それで、新聞記事等を探してみましたが、ベストセラーの根拠はおろか、結局ほとんど何の記述も見つけられませんでした。もうひとつは、言及というよりは、目録なのですが、浦和男「明治期「笑い」関連文献目録」というもので、書名や訳者の名前は見いだせるものの、目録ですからしかたありませんが、それ以上の情報は得られませんでした。

　さて森斌とはどのような人物でしょうか。斌についての情報は現時点では、きわめて少ないといえますし、得られた情報がすべて『一覧博識　欧米百家随筆』、『抱腹絶倒　西洋頓知機林』の訳者と同一人物である確証はありませ

---

[1]　井上ひさし「アリストテレスのわらい」『図書』2月号　岩波書店、2002年、28-31頁。

211

ん。しかし、森斌というのがありふれた名前とも思えませんので、ひとまず得られた情報をみていきたいと思います。本の奥付には、三重県平民と記載されています。新聞記事を探してみますと、明治36（1903）年の朝日新聞の記事に大連の日本人倶楽部の幹事になった人物として森斌の名前がみられます。「さかん」という読み方は、この新聞記事に合わせています。それ以外には、岸田吟香の門下に森斌という人物がいたこと、吟香の死後、記念碑を建てるとき、『岸田吟香記念帖』なるものを作ったのが森斌であったこと、小澤良甫というひとの顕彰碑の篆額を吟香が、碑文を斌が書いたこと、『北辺慕情記：長篇随筆』という本の第十四章「ふたたび一匡街の家―大同劇団と藤川研一―森斌―文化人いろはがるた」で森斌という人物について触れられているということがわかっています。先ほどもいったようにこれらの情報が同一人物のものである確証はありませんが、ひとまず同一人物と仮定してその可能性を探るべく考えてみます。これらの情報のなかで、かぎになるのが岸田吟香の門下であったということではないでしょうか。というのは、それぞればらばらの情報が、吟香という糸で結びつけることが可能ではないかと考えられるからです。

　では、斌の人物像を知る手がかりとして、岸田吟香についてみてみます。吟香は天保4（1833）年、今の岡山県久米郡美咲町に生まれ、明治38（1905）年にこの世を去りました。日本で初めて「たまごかけごはん」を食べたという面白い逸話もあります。逸話に関して、その真偽のほどはわかりませんが、古い因習にこだわらず、新種の気鋭にみちた、豪放磊落な吟香のひととなりを端的にあらわしているのではないでしょうか。『岸田吟香略傳』のなかで杉山榮は吟香の業績を10の部門に分類しています。そのなかで斌と結びつきそうなものは、第一に「和英・英和辞書の編集」があげられます。「当時としては破天荒な『和英語林集成』の編纂および刊行を助け、英文、英学の普及に寄与したこと」[2]という補足が付け加えられています。その次に斌と関連しそうなものは「中国大陸への進出」でしょう。「東亜同文会、同仁会等を創設したが、これ等の機関は上海に東亜同文書院、後、天津に中日学院、

---

2)　杉山榮『岸田吟香略傳』岸田吟香顕彰会、1951年、1頁。

コラム5　加藤十四朗『六大家演説軌範』・森斌『一覧博識　欧米百家随筆』、『抱腹絶倒　西洋頓知機林』

漢口に江漢中学校等を設けて、師弟を訓育し、中国大陸え（ママ）の進出に
寄与したこと」[3] と補足されています。

　吟香に関する詳しい伝記はそれぞれ読んでいただくとして、彼は元治元年
に眼病を患い、知人の紹介で横浜のジェームス・カーチス・ヘッバーン
（James Curtis Hepburn、1815-1911）氏のもとを訪れます。杉山によると、ヘッ
バーンは「プレスビテリアン教会の宣教師、医師、語学者で、1841 年、宣
教のため上海に来たけれども、病を得て帰米し、ニューヨークで病院を開い
て、名医を博していたが、ひとたび日本開港の報を耳にすると。俄かに病院
を閉じ、安政 6（1859）年 10 月、夫人同伴で神奈川に到着、文久 2（1862）年
には横浜に移り宣教のかたわら、貧民に施療し、夫人は付近の児童を集めて、
数学や英語を教えた。そしてヘッバーンは神奈川到着後 6 年目の元治元年に
は早くも「真理易知」と称する翻訳書を出版し、続いて、後に詳しく述べる
ように、和英対訳辞書の編纂に手を着けた」[4] ということです。この間、文
久 2 年には横浜に移り、ほとんど無償で施療し、夫人は付近の男女児童を集
めて、自宅にて数学や英語を教えたことも書かれています。吟香がヘッバー
ンと出会ったのはこの横浜の施療所でした。吟香は、治療のあとヘッバーン
と談話するなかで、彼が和英辞典を編集中であることを知り、興味を持ちま
す。そこでヘッバーンの病院に住み込み、朝 8 時から 10 時までは施療所の
手伝いをし、その後は辞書の編集を手伝いました。吟香はヘッバーンのこと
を「ヘボン先生」と呼んでいます。つまり、このヘッバーン氏こそが、現在
われわれ日本人がよく知っているローマ字の記述方式である「ヘボン式」の
生みの親なのです。

　同じ頃、吟香はジョセフ・ヒコという人物にも接近します。ジョセフ・ヒ
コは天保 8（1837）−明治 30（1897）年のひとで、現在の兵庫県加古郡播磨町
に生まれ、本名は浜田彦太郎（のち浜田彦蔵）といいます。乗っていた船が嵐
にあい、太平洋を漂流していたときに、アメリカ商船に救助され、嘉永 4
（1851）年サンフランシスコに着きました。嘉永 7 年には洗礼を受け、ジョ
セフ・ヒコと名前を改めました。日本人として初めてアメリカ市民権を取得

---

3)　同書、2 頁。
4)　同書、23-4 頁。

213

した人物でもあります。リンカーン大統領とも会見しています。日本に帰ったヒコは元治元年に吟香と協力して外国の新聞を翻訳した「海外新聞」を発行します。これが日本で最初の新聞といわれています。

このようにみてくると、吟香が英語や英語圏の文化に高い関心を持っていたことがうかがえますし、そのような吟香を師と仰いでいたわけですから、斌もやはり英語に堪能であったり、師にならって、英語の本を日本語に翻訳したりしたとしても不思議なことではありません。

また、吟香は中国に関心を持ち、何度も上海を訪れたり、病院、日清貿易研究所、東亜同文書院の設立にも中心的な役割を果たしたりします。そのようなことから、上記の大連の日本人倶楽部の幹事や、『北辺慕情記』で触れられた森斌という人物が、吟香門下の森斌と同一人物である可能性を見いだすことができるのではないでしょうか。どちらにしても、新たな資料の発見が待たれるところです。

森斌から少し離れてしまいますが、この岸田吟香という人物、実はよく知られた画家の父親です。吟香の四男にあたるのが岸田劉生で、もしその名を知らないひとでも有名な「麗子像」(図5)はだれでも見覚えがあるのではないでしょうか。

さて、森斌の翻訳した『一覧博識 欧米百家随筆』は、「日本滞在の中国知識人と、漢学の素養を備えた日本の民間知識人によって」翻訳、執筆され出版されていた『東亜報』という雑誌に「欧美百家随筆」、「欧美異聞記」として中国語で掲載されています[5]。S. O. ビートン社から出版された *Beeton's Dictionary of Universal Information* の記事は、その一部とはいえ、日本語に、さらに中国語に翻訳され、広くその知識が伝えられていたとすれば、決してサミュエルがそこまで考えていたとは思えないのですが、ユニバーサル・インフォメーションという、その書名は、単に『万物事典』というにとどまらない広がりをもって感じられるように思われます。

ここまで5つのコラムを通じて S. O. ビートン社の出版物に関連づけて、本文とはちがって、気ままに思いをめぐらしてきましたが、わずか1冊か2

---

5) 蔣海波「『東亜報』に関する初歩的研究」『現代中国研究』(32) 中国現代史研究会、2013年、20頁。

コラム5　加藤十四朗『六大家演説軌範』・森斌『一覧博識　欧米百家随筆』、『抱腹絶倒　西洋頓知機林』

冊の古いイギリスの本から、遠く離れた日本の、しかも150年もむかしの多くの有名、無名な人たちや、その人びとの息づかいのようなものに気づかされたように感じないでしょうか。

　食は、人と人を結びつけると同時に、人と人を分かつと本文で述べました。しかし、サミュエルやイザベラが出版した本は、その見えざる糸をたぐりよせてみると、分かつことなく、国境を越え、時を越え、現代の日本に生きるわれわれに、さまざまな人びとの足跡を明かしてくれました。もう、今ではどこの誰かわからなくなってしまったような人も含めて、多くの先人の足跡の積み重ねのうえに、私たちの今があるのだと、改めて感じることが出来るのではないでしょうか。

図5　岸田劉生作「麗子像」

第6章 「しあわせのかたち」

　ここまでの章でわれわれが検討、あるいは検証してきたのは、もっぱら「ビートン神話」解体のための作業であったといっても過言ではない。本章では、ここまでの議論で抜け落ちたいくつかの論点について、補足的に論じたあと、いよいよ『ビートン社の家政書』の本質を解き明かす作業に入っていく。その際キーワードとなるのが、「しあわせのかたち」ということばである。とはいえ、われわれは、このキーワードを押し立てて、本質に切り込んでいくわけではない。むしろ、本質を解き明かすことで、このキーワードにたどり着くのである。

　ふつうに考えれば、「しあわせ」とは、心のありようであって、目に見えるものではない。一方で「かたち」は、もちろん目に見えるものであり、誰かに何かを伝えようとするときに、最も具体的で、最も有効な手段となりうる。可視性という意味においては、対極の位置にあるこれらふたつのことばの組み合わせが、実は『ビートン社の家政書』の本質の一端を表現しているということが、いずれ理解されることになる。

　『ビートン社の家政書』の本質という到達地点で、われわれはどのような「しあわせのかたち」を見ることになるのだろうか。

社会的流動性の時代

　ヴィクトリア時代後期、1894年に発表されたトマス・ハーディ（Thomas

Hardy, 1840-1928) の小説『日陰者ジュード』(*Jude the Obscure*, 1895) には、次のような情景が描写されている。

　　軽やかな服を着た美しい姉妹たちと、若い頃には大学寮 (コ レ ッ ジ) といったものをついぞ知らなかった、温厚で無知な両親の群れが、兄弟や息子たちに護衛されて同じ方向を向いて歩いていた。その兄弟や息子たちは、自分たちがただ今この場で地上に光彩をそえるまでは、正当な資格をもった人間などこの世に存在しなかったのだという意見をわが身に特筆大書していた。[1]

　地方からロンドンに出て、刻苦勉励の末、財をなし、それなりに社会的な役割を果たし、周囲からは一目を置かれる存在になったとしても、それだけではジェントルマンの仲間入りはできない。単にセルフ・メイド・マンと呼ばれるだけである。しかし、その息子、あるいは孫の代になって、パブリック・スクールを卒業し、オックスフォードやケンブリッジというような大学に入ることができれば、ジェントルマンへの道に通じる重要な資格のひとつを手に入れたことになる。ハーディが描いたのは、まさにその資格を得たことを宣言し、披露しているさまであって、本人のみならず両親や兄弟姉妹にとっても、どこか晴れがましい情景ではなかっただろうか。

　本書での主要な登場人物は、ドクター・キッチナー、イライザ・アクトン、サミュエルとイザベラであったが、それぞれの人生のどこかで、この「重要な資格のひとつ」との接点があった。ドクター・キッチナーは、自らをイートン校、グラスゴー大学出身と偽ったが、息子ブラウンに対しては、それを現実のものにさせようとした。イライザ・アクトンは女性であったが、一家はジェントルマン意識の高い家庭であり、弟エドガーはオックスフォード大学に入学を果たした。サミュエルは一見この資格とは直接接点がないように思える。しかし、もしサミュエルがパブリック・スクールの出身で、オックスフォード大学あるいはケンブリッジ大学を出ていたら、そのほかの条件が何もかわらず、タバーンの息子で、駆け出しの出版者であったとしても、ヘンリー・ドーリングはイザベラとサミュエルの結婚をそこまで強く反対した

---

1)　トマス・ハーディ著　藤田繁訳『日陰者ジュード』大阪教育図書、2011 年、345-6 頁。

第6章　「しあわせのかたち」

だろうかと考えさせられるのである。

　また、『日陰者ジュード』でハーディが描いた農村社会は、すでに『ビートン社の家政書』の口絵に見る、使用人でさえ家のなかのものとみなし、家族同様にあつかうような工業化以前の牧歌的な農村ではなくなっていた。工業化によってイギリスの「古きよき」村落共同体の、人と人のつながりは失われてしまっていた。そういうイギリスの農村社会のありようであった。そのような農村社会では、ジュードは単なる労働者でしかなかった。1日6ペンスで畑の鳥を追い払う仕事を請け負っていたが[2]、その仕事も農場主の機嫌を損ねたため、突然失ってしまう。そしてジュードは「純粋で力強く賢明なキリスト者の生活を送って、主教にだってなれるかもしれない」とか「年収五〇〇〇ポンドなら、何らかの形で四五〇〇ポンドは施し、残りのお金で（ぼくとしては）ぜいたくな暮らしをするんだ。」[3]などと思いをめぐらすようになり、やがては農村の生活を捨て、都市へと居を移していくのであった。ハーディがこの小説を世に送り出したのは、ヴィクトリア時代後期であったが、ここで描かれた状況が当時のものであったと考えれば、人びとを取り巻くこのような状況は長期にわたって存在したということになる。それは、地方から都市への移住が、本書に登場した料理書著者の出自を詳しく見ていくなかで見られたことからも明らかである。これまでの章で、ひとりひとりの出自を世代をさかのぼって確認したが、多くがそのルーツを地方に見いだすことができた。こういったことは、たまたま彼らに共通したというわけではなく、イギリス社会全般に当てはめることが出来たであろうし、ハーディの小説がヴィクトリア時代後期の作品であることを考えれば、同様の社会的状況は一過性のものではなく、本書に示した個々の人物の出自などを考え合わせると、少なくともヴィクトリア時代全般にわたって続いていたということができるであろう。

---

2)　同書、10頁。
3)　同書、32頁。

219

継承される「合理的美食」の理念

　ドクター・キッチナー、サミュエル、イザベラの出自のどこかにおいて、地方から都市への移動にはじまる経済的豊かさの拡大、次いで身分的な上昇志向が見られたし、イライザ・アクトンの場合は、一家が経済的には浮き沈みを繰り返したとはいえ、居を移しながらも常にジェントルマン家庭としての面目を保つべく身を処していたということは、彼らの料理書あるいは家政書のなかにも、そういった時代背景や意識が映し出されている可能性を示唆する。その可能性を、ドクター・キッチナーが提唱し実践してみせた「合理的美食」という概念に絡めて考えてみよう。たとえその後の料理書著者の文章から「合理的美食」ということばを見いだすことができなかったとしても、また、たとえ出版社や著者、編集者がそのことを意識していなかったとしても、その理念は、その後出版された料理書のなかに息づいていたといえる。たとえば、アクトン家も、ドーリング家も、人を家に招いて食事会を開いていたことをすでに本書のなかでみてきたが、そのこと自体、「合理的美食」の実践にほかならなかった。ドーリング家に招かれたうちのひとりに『自助論』の著者として有名なサミュエル・スマイルズがいたが、のちにスマイルズの長男とドーリング家の娘ルーシーが結婚している。ルーシーは先に述べた最初の伝記を書いたナンシー・スペインの祖母である。人を招いて食事をし、お互いに認めあえる横の人間関係を作っていくという「合理的美食」の目的が、みごとに達成されているといえる。このような「合理的美食」の理念は、意識しようがしまいが、彼らが世に送り出した料理書には、必然的に含まれるのである。そしてそれは、『ビートン社の家政書』におけるレシピのなかで結実する。料理の季節、費用、調理時間、何人分かということを示すことは、すなわち人を招いてもてなすということを前提としたレシピであることを意味しており、しかもできるだけ大量のレシピを所収することによって、この本が、個々の家庭状況、つまり階級、経済的規模、家族の人数、職業などに対して、幅広く対応することが可能であることをも意味している。そしてこの「合理的娯楽」としての「食行為」は、都市的な人的ネットワークの構築が前提となっている。その特徴は、工業化以前の、領主と領民の関

第6章 「しあわせのかたち」

係における保護・被保護というような農村的な縦の人的ネットワークとは異なり、同じような生活レベル、同じような価値観を有する人びとの間における、いわば横のつながりとしての人間関係なのである。このことは、工業化以前の人的ネットワークにあった相互扶助や相互監視の機能を、都市的な人的ネットワークのなかに再構築することをも意味している。

料理書としての進化形 ── 先行する料理書との比較から ──

『ビートン社の家政書』のレシピ（図1）を、第4章で検討した先行料理書と同様「キャロット・スープ」のレシピで比較する。まず目につくのは、『ビートン社の家政書』では食材とその分量が一番はじめに示されているということである。さらに気が付くのは、食材、調理の手順、調理時間、平均的な費用、季節、何人分のレシピかの各項目にそれぞれ、"Ingredients"、"Mode"、"Time"、"Average cost"、"Seasonable"、"Sufficient"という見出しが付けられ、さらに項目ごとに改行されたり余白を作るなど、非常に見やすく工夫されている点である。

では、紙面の構成はどうだろうか。『最新料理法』（図2）に比べて『ビートン社の家政書』（図3）は挿絵が加えられていたり、同じ紙面のなかに違う大きさの文字を使うなどして紙面に変化を持たせている。レシピの見つけやすさに加えて、飽きさせない工夫がしてあるといえよう。ちなみに、小さな文字は、レシピではなく食材に関する解説である。単調な印象を受ける『最新料理法』の紙面と比較すると、非常に斬新で新しい試みといってよいだろう。

しかし、『ビートン社の家政書』のキャロット・スープのレシピを第4章で示した『新式家庭料理法』のキャロット・スープのレシピ（第4章、図15）と比較すると、ほんの少し手が加えられているだけで、ほとんどそのまま引用されている部分が含まれていることがわかる。しかもこのレシピには、ミセス・ランデルからの引用であることが明示されていない。つまり、これは無断引用である。『ビートン社の家政書』のレシピは、そのほとんどが他の料理書からの引用であることは、シャイラ・ハーディをはじめ多くの研究者からすでに指摘されていることであるが、これもその一例である。

221

CARROT SOUP.

I.

120. INGREDIENTS.—4 quarts of liquor in which a leg of mutton or beef has been boiled, a few beef-bones, 6 large carrots, 2 large onions, 1 turnip; seasoning of salt and pepper to taste; cayenne.

Mode.—Put the liquor, bones, onions, turnip, pepper, and salt, into a stewpan, and simmer for 3 hours. Scrape and cut the carrots thin, strain the soup on them, and stew them till soft enough to pulp through a hair sieve or coarse cloth; then boil the pulp with the soup, which should be of the consistency of pea-soup. Add cayenne, Pulp only the red part of the carrot, and make this soup the day before it is wanted.

Time.—4½ hours. *Average cost* per quart, 1½d.

Seasonable from October to March.

Sufficient for 10 persons.

図1 『ビートン社の家政書』(1861) に掲載されたキャロット・スープのレシピ

　以上のように『ビートン社の家政書』におけるレシピは、その内容は既刊の料理書のレシピを利用したものであることが多いが、その提示の仕方にこそ特徴があり、それが他の料理書に対する優位性であるといえる。たとえば、イライザ・アクトンの『最新料理法』が、それ以前の料理書著者たちが、自らの料理書の特徴として主張した、食材の分量の明示、あるいは調理時間の明示という要素を踏襲しながらも、食材の分量をレシピとは別の項目を設けて提示するという新たな要素を付け加えることによって、レシピを進化させたのと同様に、イライザ・アクトンのレシピの特徴である、レシピに別項目を付け加えて利用の便をはかるという要素を、文頭に示したり、項目を増やすなどして、さらに進化させていることなどにみてとれる。そのようなことから考えると、『ビートン社の家政書』における情報の提示の仕方は、レシピの進化の過程のなかに位置づけるならば、先行料理書が積み重ねてきた工夫を前提としたものであるという意味では、画期的ではあるが、正統な進化であったということができるであろう。

第 6 章 「しあわせのかたち」

図2 1845年版『最新料理法』の紙面

図3 1861年版『ビートン社の家政書』の紙面

『ビートン社の家政書』にみる編集妙味

　レシピは読み物ではなく、料理を作る際の指示書である。したがって、それらを1冊の本にまとめた料理書は、いわば料理レシピの事典といってもよいだろう[4]。事典である以上、情報へのアクセスのしやすさは、情報の質や量と並んで重要な要素である。そこで『ビートン社の家政書』における情報へのアクセスの仕方について検討してみる。その際、参考になるのがインターネット上のレシピ集である。インターネット環境の発達した現代では、さまざまな情報をインターネットから引き出すことが多くなっている。料理に関しても、今やインターネットで検索することが多くなっているだろう。日本

---

[4] その意味では、これまで「読者」ということばを使ってきたが本来「利用者」表現すべきものである。

では「クックパッド」というインターネット・サイトがよく利用されている。このサイトを利用するつもりはなくても、ポータルサイトから単にレシピを検索するだけで「クックパッド」にある該当するレシピが上位に検索されるようになっており、利用者のなかには、無意識のうちに「クックパッド」を利用しているということも多いのではないだろうか。この「クックパッド」の利点は、作りたい料理を調べるときに料理名から検索すれば、該当の料理のレシピが検索されることに加え、たまたまある食材が大量に手に入ったような場合、食材からレシピを検索すると複数の料理のレシピが検索されることであろう。このようにレシピに対して複数の方向からアクセスできるということが大きな特徴といえる。それと同じようなことが『ビートン社の家政書』でも実現されている。それを可能にしたのが「分類索引」である。たとえばスープを作りたければ、スープで検索し、複数あるレシピのなかから選べばいいし、にんじんが手元にあればにんじんで検索し、複数のレシピから選べばよいのである。ただし、料理を検索して得られるレシピの数は、「クックパッド」にはとうていかなわない。そもそも、そこに含まれる情報量には桁違いの差があるからだ。先に料理書は「料理レシピの事典」であると述べた。事典的性格を突き詰めれば、そこに含まれる情報量が多ければ多いほど事典としての利用価値が高まることはいうまでもない。『ビートン社の家政書』がいかに多くのレシピを所収しているとはいえ、現代のインターネット社会における、情報の蓄積にかなうわけはないのである。しかし、『ビートン社の家政書』を出版当時に置きなおしてみると、レシピの多さは、同時代の他の料理書を圧倒しており、それだけで優位に立てることは自明である。たとえばキャロット・スープを作りたい場合にレシピが2種類しか得られないなど、数量的には「クックパッド」の足元にも及ばないが、それでも、にんじんで検索すれば13の項目が、スープで検索すれば83の項目が示される。このように、より多くのレシピを所収することで、複数のレシピが得られる頻度を高めたという意味では、すでに「クックパッド」と同様の方向性を『ビートン社の家政書』から見いだすことができるのである。

　さらに『ビートン社の家政書』において、情報へのアクセスをスムーズにしているのは、分類索引で示されている数字である。通常、料理書でも事典

図4（ハナ・グラス著『料理術』1747年版の目次）

CONTENTS.

	Page
To stew Beef Steaks	38
To fry Beef Steaks	ib.
A second Way to fry Beef Steaks	ib.
Another Way to do Beef Stakes	39
A pretty Side-Dish of Beef	ib.
To dress a Fillet of Beef	ib.
Beef Steaks rolled	ib.
To stew a Rump of Beef	40
Another Way to stew a Rump of Beef	ib.
Portugal Beef	41
To stew a Rump of Beef, or the Brisket, the French Way.	ib.
To dress Beef Gobbets	ib.
Beef Royal	ib.
A Tongue and Udder forced	ib.
To fricasey Neats Tongues	ib.
To Force a Tongue	43
To stew Neats Tongues Whole	ib.
To fricasey Ox Palates	ib.
To roast Ox Palates	ib.
To dress a Leg of Mutton à la Royale	ib.
A Leg of Mutton à la Haut-gout	ib.
To roast a Leg of Mutton with Oysters	45
To roast a Leg of Mutton with Cockles	ib.
A Shoulder of Mutton in Epigram	ib.
A Harrico of Mutton	ib.
To french a Hind Saddle of Mutton	ib.
Another French Way, call'd St. Menehout	46
Cutlets à la Maintenon, a very good Dish	ib

	Page
To make a Mutton Hash	47
To dress Pigs Petty-Toes	ib.
A second Way to roast a Leg of Mutton with Oysters	ib.
To dress a Leg of Mutton to eat like Venison	48
To dress Mutton the Turkish Way	ib.
A Shoulder of Mutton, with a Ragoo of Turnips	ib.
To stuff a Leg or Shoulder of Mutton	49
Sheeps Rumps with Rice	ib.
To bake Lamb and Rice	50
Baked Mutton Chops	ib.
A forced Leg of Lamb	ib.
To fry a Loin of Lamb	51
Another Way of frying a Neck or Loin of Lamb	ib.
To make a Ragoo of Lamb	52
To stew a Lamb's or Calf's Head	ib.
Observes Veal a la Bourgoise	53
A disguised Leg of Veal and Bacon	ib.
A Pillaw of Veal	ib.
Bombarded Veal	54
Veal Rolls	ib.
Olives of Veal, the French Way	ib.
Scotch Collops à la Francois	55
To make a savoury Dish of Veal.	ib.
Scotch Collops Larded	56
To do them White	ib.
Veal Blanquets	ib.
A Shoulder of Veal à la Piemontoise	ib.
A Calf's Head Surprise	57
Sweetbreads of Veal a la Dauphine	ib.
	Another

図4 ハナ・グラス著『料理術』1747年版の目次

図5（ドクター・キッチナー著『クックス・オラクル』1817年版の目次）

CONTENTS.

BOILING.

	NO.
General Rules.	
Loss of weight by boiling and other modes of cookery.	
Leg of MUTTON	1
Neck of Mutton	2
To Boil LAMB	3
To Boil VEAL	4
Beef Bonillie	5
To salt Beef and Pork	6
Boil a Round of salted BEEF	7
H-Bone of Beef	8
Ribs of Beef salted and rolled	9
To Boil a Calf's Head	10
Pickled Pork	11
Pigs' Pettitoes	12
Bacon	13
Ham	14
Tongue	15
Fowls	16
Rabbits	17
Tripe	18

ROASTING.

	NO.
General Observations.	
Sirloin of Beef	19
Ribs of Beef	20
Ribs of Beef boned and rolled	21

	NO.
Rump of Beef	23
Observations on Roasting	
MUTTON	23
DEAN SWIFT'S Receipt.	
A Leg	24
A Chine	25
A Saddle	26
A Shoulder	27
A Loin	28
A Neck	29
A Breast	30
A Haunch	31
Mutton, Venison fashion	32
Observations on Roasting VEAL	33
Fillet of Veal	34
A Loin	35
A Shoulder	36
Neck, best end	37
Breast	38
Veal Sweetbredd	39
Observations on Roasting Lamb	40
Hind Quarter	41
Fore Quarter	42
Leg	43
Shoulder	44
Ribs	45
Loin	46
Neck	47
Breast	48

図5 ドクター・キッチナー著『クックス・オラクル』1817年版の目次

でも、索引で示されるのは該当の項目が記載されているページ番号である。しかし『ビートン社の家政書』では、ページ番号ではなく、レシピを含むほぼすべての項目に見出し番号が付けられていて、分類索引で示される数字もこの番号になっている[5]。したがって、利用者はたどり着きたい情報にダイレクトにアクセスすることができるのである。初めて使う利用者は当初戸惑うかもしれないが、すぐになれるであろうし、なれれば断然使いやすい。

さて、索引や目次に関して他の先行する料理書のものと比較してみると、ここでもやはり、イライザ・アクトンの『最新料理法』がその進化の先鞭をつけているように思われる。ハナ・グラスの『料理術』や、ドクター・キッチナーの『クックス・オラクル』には目次（図4、5）はあるが、索引は存在

---

5) ページ番号で示されているものがないわけではない。たとえば Salmon … p. 175 のように、食材に関する百科事典的説明や肉の切り分け方などは項目としてたてられておらず、ページ番号で示されている。

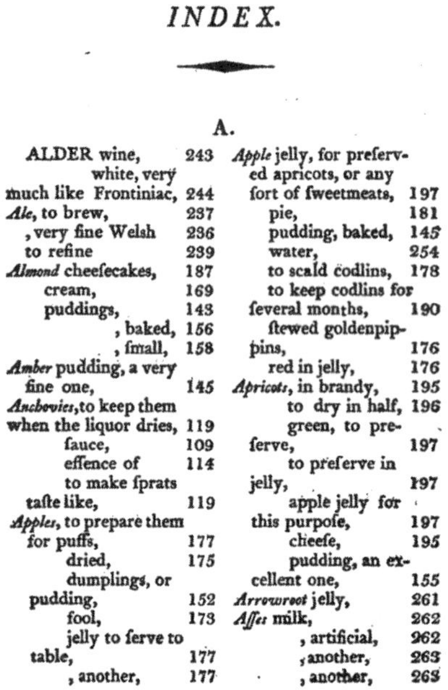

INDEX.

A.

ALDER wine, 243
white, very much like Frontiniac, 244
Ale, to brew, 237
, very fine Welsh 236
to refine 239
Almond cheefecakes, 187
cream, 169
puddings, 143
, baked, 156
, fmall, 158
Amber pudding, a very fine one, 145
Anchovies, to keep them when the liquor dries, 119
fauce, 109
effence of 114
to make fprats tafte like, 119
Apples, to prepare them for puffs, 177
dried, 175
dumplings, or pudding, 152
fool, 173
jelly to ferve to table, 177
, another, 177
Apple jelly, for preferved apricots, or any fort of fweetmeats, 197
pie, 181
pudding, baked, 145
water, 254
to scald codlins, 178
to keep codlins for feveral months, 190
ftewed goldenpippins, 176
red in jelly, 176
Apricots, in brandy, 195
to dry in half, 196
green, to preferve, 197
to preferve in jelly, 197
apple jelly for this purpofe, 197
cheefe, 195
pudding, an excellent one, 155
Arrowroot jelly, 261
Affes milk, 262
, artificial, 262
, another, 263
, another, 263

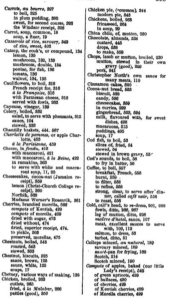

図 6　ミセス・ランデル著『新式家庭料理法』1808 年版の索引

INDEX. 589

Carrots, *au beurre*, 327
to boil, 325
in plum pudding, 392
sweet, for second course, 326
the Windsor receipt, 326
Carrot, soup, common, 18
soup, a finer, 19
Casserole of rice, savoury, 342
of rice, sweet, 403
Catsup, the cook's, or compound, 134
lemon, 135
mushroom, 132, 133
mushroom, double, 134
pontac, for fish, 136
tomata, 136
walnut, 134, 135
Cauliflowers, to boil, 316
French receipt for, 316
à la Française, 316
with Parmesan cheese, 316
served with fowls, 263
Cayenne, vinegar, 139
Celery, boiled, 332
salad, to serve with pheasants, 315
sauce, 124
stewed, 332
Chantilly baskets, 444. 567
Charlotte de pommes, or apple Charlotte, 453
à la Parisienne, 459
Cheese, in *fondu*, 418
with maccaroni, 421
with maccaroni, *à la Reine*, 422
in ramakins, 363
to serve with white and maccaroni soup, 11, 22
Cheesecakes, cocoa-nut (Jamaica receipt), 359
lemon (Christ-Church College receipt), 360
Norfolk, 568
Madame Werner's Rosenvik, 361
Cherries, brandied morella, 586
compote of Kentish, 429
compote of morella, 429
dried with sugar, 473
dried without, 474
dried, superior receipt, 474.
to pickle, 503
preserved, morellas, 475
Chestnuts, boiled, 543
roasted, 543
stewed, 333
Chestnut, biscuits, 525
sauce, brown, 125
sauce, white, 125
soups, 17
Chetney, various ways of making, 132
Chicken, broiled, 263
cutlets, 265
fried, *à la Malabar*, 266
patties (good), 350
Chicken pie, (common), 344
modern pie, 343
Chickens, boiled, 263
fricasseed, 264
in soup, 29
China chilo, of, mutton, 230
Chocolate, almonds, 538
custard, 445
drops, 538
to make, 559
Chops, lamb or mutton, broiled, 230
mutton, stewed in their own gravy (good), 229
pork, 241
Christopher North's own sauce for many meats, 110
Cinnamon cakes, 520
Cocoa-nut bread, 553
biscuit, 528
candy, 536
cheesecakes, 359
in curries, 292
gingerbread, 523, 524
milk, flavoured with, for sweet dishes, 428
macaroons, 515
puddings, 405
soup, 17
Cod fish, to boil, 53
slices of, fried, 54
stewed, 54
stewed in brown gravy, 55
Cod's sounds, to boil, 56
to fry in batter, 56
Coffee, to boil, 557
breakfast, French, 558
burnt, 559
to filter, 558
to refine, 558
strong, clear, to serve after dinner, called *café noir*, 558
to roast, 556
Cold, calf's head, to re-dress, 201, 202
fowls, ditto, 266, 267
leg of mutton, ditto, 226
maître d'hotel, sauce, 107
meat, excellent sauces to serve with, 109, 113
salmon, to dress, 53
turbot, ditto, 51
Collops minced, *au naturel*, 189
savoury minced, 189
sauté-pan for frying, 162
Scotch, 214
Scotch minced, 190
Compote of apples, baked (our little Lady's receipt), 549
of green apricots, 429
of bullaces, 430
of cherries, 429
of Kentish cherries, 429
of Morella cherries, 429

図 7　イライザ・アクトン著『最新料理法』1845 年版の索引

しない。ミセス・ランデルの『新式家庭料理法』には巻末に索引（図 6）が付けられているが、必ずしも見やすくはない。それに比べると、イライザ・アクトンが巻末に付した索引（図 7）は内容も充実しており、紙面も見やすく工夫されている。その巻末に配置されていた索引を、『ビートン社の家政書』（図 8）ではわざわざ “analytical” ということばを付け加えて巻頭に配置し、情報量を増やし、ページ番号から項目番号に置き換えるなどして進化させ、利用者の利便をさらに高めたのである。一方で『ビートン社の家政書』では目次を最小限にとどめている。そのことがいっそう「分類索引」の存在を際立たせている。本を開いたときにこの「分類索引」がまず目に飛び込んでくるのである。「目次」の利用価値を可能な限り小さくすることで、利用者を「分類索引」に誘導しようという出版者、あるいは編集者の意図が見えてくる。ここまでみてきたように、事典としての利便性という意味においても、『ビー

トン社の家政書』が料理書として正統な進化を遂げていることが確認できた。

以上、情報へのアクセスの良さを検討したわけだが、「クックパッド」との共通点はそれだけではない。クックパッドのもうひとつの特徴は、レシピの提供者も、またインターネット利用者であるということである。つまり、情報の提供者が、利用者でもあるということなのである。そのことは、クックパッド利用のじゅうぶんな動機になり得ると思われる。『ビートン社の家政書』も、そのレシピをEDMで募集していたことを考えると、情報の提供者が利用者になるという構図は同じである。ただし、「クックパッド」がインターネット利用者から、ほぼ無尽蔵

図8 『ビートン社の家政書』1861年版（初版）の分類索引

にレシピを集めているのと同じようなわけにはいかなかった。EDMの読者にレシピを募っても、その数には限界があるし、すべてが使えるものとは限らなかった。それを補ったのが、料理人などに教えてもらったレシピや、先行する料理書に掲載されていたレシピであった。イザベラは自序のなかで、『ビートン社の家政書』が完成したのは、EDMの読者からのレシピ、最近の料理書からのレシピ、料理人に教えてもらったレシピ、国内外の友人からのレシピのおかげであることを明言している。

以上見てきたように、『ビートン社の家政書』には、驚くべきことに150年後のクックパッドで実現されているのと同様の特徴が、すでに備わっていたのである。

たしかに、レシピ自体は、過去の料理書からの引用で、ほとんど目新しさはないのだが、それにもかかわらず『ビートン社の家政書』に掲載されたレ

シピが魅力的に感じるのは、ひとえにその編集の妙味、言い換えると、創意工夫が凝らされた情報の提示の仕方にあるといえよう。そして彼らの編集手腕は、情報へのアクセス、あるいは利用者との双方向性という点にいおても、料理書を正統ではあるが画期的に進化させたということがいえるのではないだろうか。そして、「クックパッド」に著者がいないように、レシピの収集を読者、既刊の料理書、料理人、友人などに求めた結果、『ビートン社の家政書』にもまた著者が存在しないのは必然であった。

なぜ編集者なのか ── もうひとつの可能性 ──

『ビートン社の家政書』にみる、その編集のすばらしさは、他の料理書の比ではない。しかし、1861 年の初版で、イザベラを編集者とした理由はそれだけなのだろうか。さらなる可能性を求めて、サミュエルに関して丹念に追ってきた結果明らかになった、サミュエルの著作権に対する意識との関連から考えてみたい。たしかに、料理のレシピに著作権という概念がなじむのかどうか疑問があるし、当時それが出版者にどのように意識され、法的にどのような処置があったのか、あるいはなかったのかといった問題に立ち入らないまでも、第 3 章で確認したように、サミュエルがその出版者としての経歴のなかで、著作権を強く意識していたことは明らかである。サミュエルは、出版業界に入って最初の仕事であった『アンクル・トムの小屋』出版時から、著作権の問題にかかわっていたし、自らの出版物に対する著作権に対しても意識的であった。レシピに対する著作権を主張できるかどうかという技術的な問題はさておき、先行する料理書の著者たちが、自らのレシピの独自性を主張していたことは事実であるし、直前に出版されていた『最新料理法』では、イライザ・アクトンがレシピの盗用に憤慨し、「著者のレシピ」という文言を付け加えるなどということもあった。そのイライザ・アクトンの料理書からも引用しているわけであるから、著作権に思いが至らないはずはないのである。したがって、イザベラを編集者としたのは、現実に編集者であったことに加え、盗用に対する批判をかわす目的、つまり著作権問題の回避のためであった可能性が浮かびあがる。

サミュエルは、慈善事業で出版業を営んでいたわけではない、ましてや趣味や酔狂でもない。実業家として、利益を生み出すために出版業を営んでいたのである。出版者として最も大事なことは、できる限り読者の求めに応じた書籍を出版し、いかに売り上げを伸ばすかということである。一方、読者の側から見れば、重要なことは『ビートン社の家政書』が料理書としてどれほど利用価値があるのかということであり、その当時、特に有名人でもないイザベラが、著者であろうが編集者であろうが、読者にとってはどうでもよかったのである。また同様に、盗用であろうが独自のものであろうが、できるだけ利用価値の高いレシピが、できるだけ数多く掲載されているに越したことはなかった。しかも、有名なレシピ集から利用価値の高いものが選択的に掲載されているということになれば読者にとっては、むしろ歓迎すべきことであったのではないだろうか。そういう視点に立てば、『ビートン社の家政書』に大量の情報を盛り込んだサミュエルは、出版者としてまた実業家として、巧みに読者の需要に応えようとしたといえるだろう。そして、そういった編集方針に著作権にからむ問題に対する配慮が加わったことが、イザベラを『ビートン社の家政書』の著者ではなく、編集者として公言することを選択した要因のひとつであると考えることに無理はない。

３つのビートンズ・ブック　── その関連性をさぐる ──

ここでは、『家政書』『ペット飼育書』『園芸書』と省略して記述することとする

『家政書』は当初15回ないし18回の配本予定で分冊出版を開始したが、出版の途中でそれが全24回の配本に延長された。そこにサミュエルが、読者の反応を見つつ、編集方針や出版方針を見定めていた可能性を見いだすことができる。当初予定していた以上に拡大出版された部分があるとすれば『家政書』のどの部分であろうか。イザベラは自序のなかで「料理書以上のものにしたかった」と述べている。たとえば、レシピに付けられた食材の元の姿、つまり生きた牛や豚などの挿絵、あるいはそれらについて、料理とはまったく関係ないような、百科事典的な解説が付け加えられていたりする。

たしかにこれまで見てきた料理書にはこのような記事はなかったし、これを
もって料理書以上のものになっているといえなくもない。しかし、こういっ
た記事は、分冊出版の当初から挿入されていた記事であったから、分冊出版
の途中で付け加えられたものではない。それ以上に料理書らしからぬ記述は、
まったく料理とは関係のない家事使用人や子育て、あるいは法律に関する記
事などであって、単行本でも料理記事のあとに配されているように、分冊出
版の際も後半になって配本された部分である。仮に、これら家政書の後半部
分の出版が、分冊出版の後半時期になって決定されたものであるとすれば、
『ペット飼育書』『園芸書』が計画されたのと同様の時期に計画されたものと
いうことになろう。であるとすれば、『家政書』分冊出版の当初から、売れ
行きを見つつ分冊出版の延長を計画していたのか、それとも分冊出版途中で
サミュエル、あるいはイザベラにそのアイデアが浮かんだのかは別として、
『家政書』を単なる料理書ではなく、名実ともに家政書といえるものにまで
拡充しつつ、『ペット飼育書』『園芸書』を連携的に出版し、いわば「ビート
ン三部作」といえるようなものに仕立て上げた可能性が浮かび上がる。これ
ら3冊が、本当に関連性をもって出版されたものなのか、検証していくこと
にしよう。

　『家政書』分冊出版の際、分冊に付けられていた表紙はさまざまな情報を
提供してくれるが、後半、特に22回以降の表紙に印刷された広告に注目し
てみたい。第22回には全面を使った広告で『ペット飼育書』が1861年9
月1日から分冊で出版されることが告知されている（図9）。広告によると、『家
政書』と違って隔週出版になっているものの、価格は同じ3ペンスであった。
ハリソン・ウィアによる口絵が彩色されて付けられることも告知されてい
る。書名については、*Beeton's Book of Home Pets* と予告されているが、実際の
タイトル・ページ（図10）は『家政書』と同様 *The Book of Home Pets* になって
いる。つまり『家政書』と同様 *Beeton's Book of Home Pets* と *The Book of Home
Pets* の二種類の書名が用意されていたことになる。さらにこのタイトル・
ページは、一見して『家政書』のものか『ペット飼育書』のものかわからな
いほど酷似している。『ペット飼育書』が『家政書』の姉妹本であることに
疑いの余地はないであろう。

230

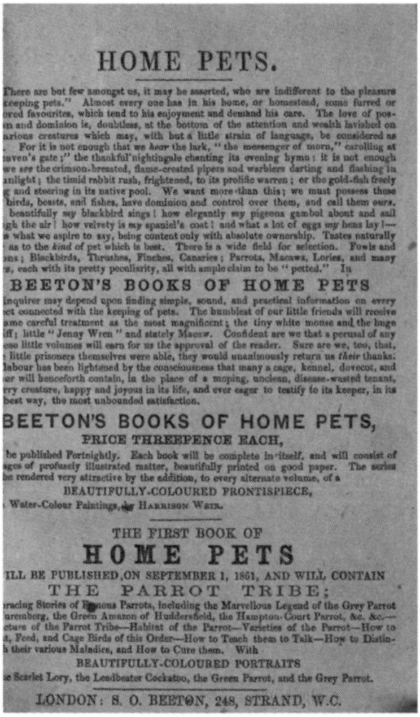

HOME PETS.

There are but few amongst us, it may be asserted, who are indifferent to the pleasure keeping pets." Almost every one has in his home, or homestead, some furred or ered favourites, which tend to his enjoyment and demand his care. The love of pos- on and dominion is, doubtless, at the bottom of the attention and wealth lavished on arions creatures which may, with but a little strain of language, be considered as . For it is not enough that we *hear* the lark, " the messenger of morn," carolling at eaven's gate ;" the thankful nightingale chanting its evening hymn : it is not enough we *see* the crimson-breasted, flame-crested pipers and warblers darting and flashing in unlight ; the timid rabbit rush, frightened, to its prolific warren ; or the gold-fish freely g and steering in its native pool. We want more than this ; we must possess these birds, beasts, and fishes, have dominion and control over them, and call them *ours*. beautifully *my* blackbird sings ! how elegantly *my* pigeons gambol about and sail gh the air ! how velvety is *my* spaniel's coat ! and what a lot of eggs *my* hens lay !— s what we aspire to say, being content only with absolute ownership. Tastes naturally as to the *kind* of pet which is best. There is a wide field for selection. Fowls and ons ; Blackbirds, Thrushes, Finches, Canaries ; Parrots, Macaws, Lories, and many s, each with its pretty peculiarity, all with ample claim to be " petted." In

BEETON'S BOOKS OF HOME PETS

inquirer may depend upon finding simple, sound, and practical information on every ect connected with the keeping of pets. The humblest of our little friends will receive ame careful treatment as the most magnificent ; the tiny white mouse and the huge iff ; little " Jenny Wren " and stately Macaw. Confident are we that a perusal of any ese little volumes will earn for us the approval of the reader. Sure are we, too, that, little prisoners themselves were able, they would unanimously return us *their* thanks. labour has been lightened by the consciousness that many a cage, kennel, dovecot, and ar will henceforth contain, in the place of a moping, unclean, disease-wasted tenant, rry creature, happy and joyous in its life, and ever eager to testify to its keeper, in its best way, the most unbounded satisfaction.

BEETON'S BOOKS OF HOME PETS,

PRICE THREEPENCE EACH,

be published Fortnightly. Each book will be complete in itself, and will consist of ages of profusely illustrated matter, beautifully printed on good paper. The series be rendered very attractive by the addition, to every alternate volume, of a

BEAUTIFULLY-COLOURED FRONTISPIECE,

Water-Colour Paintings, by HARRISON WEIR.

THE FIRST BOOK OF

HOME PETS

ILL BE PUBLISHED ON SEPTEMBER 1, 1861, AND WILL CONTAIN

THE PARROT TRIBE;

racing Stories of Famous Parrots, including the Marvellous Legend of the Grey Parrot uremberg, the Green Amazon of Huddersfield, the Hampton-Court Parrot, &c. &c.— cture of the Parrot Tribe—Habitat of the Parrot—Varieties of the Parrot—How to , Feed, and Cage Birds of this Order—How to Teach them to Talk—How to Distin- h their various Maladies, and How to Cure them. With

BEAUTIFULLY-COLOURED PORTRAITS

e Scarlet Lory, the Leadbeater Cockatoo, the Green Parrot, and the Grey Parrot.

LONDON: S. O. BEETON, 248, STRAND, W.C.

図9 分冊第22号の表紙に掲載された『ビートン社のペット飼育書』の全面広告

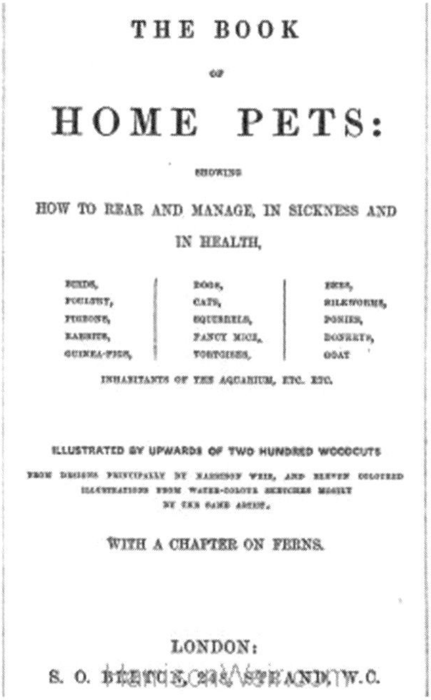

THE BOOK

OF

HOME PETS:

SHOWING

HOW TO REAR AND MANAGE, IN SICKNESS AND IN HEALTH,

BIRDS, POULTRY, PIGEONS, RABBITS, GUINEA-PIGS, | DOGS, CATS, SQUIRRELS, FANCY MICE, TORTOISES, | BEES, SILKWORMS, PONIES, DONKEYS, GOAT

INHABITANTS OF THE AQUARIUM, ETC. ETC.

ILLUSTRATED BY UPWARDS OF TWO HUNDRED WOODCUTS

FROM DESIGNS PRINCIPALLY BY HARRISON WEIR, AND ELEVEN COLOURED ILLUSTRATIONS FROM WATER-COLOUR SKETCHES MOSTLY BY THE SAME ARTIST.

WITH A CHAPTER ON FERNS.

LONDON:

S. O. BEETON, 248, STRAND, W.C.

図10 『ビートン社のペット飼育書』のタイトル・ページ

第23回では、『園芸書』の出版の告知に全2ページ（図11、12）が使われ、続く2ページは『家政書』単行本出版の告知（図13、14）になっている。広告の冒頭で『園芸書』と『家政書』との関係が述べられている。この2冊の本が必然的に連携するものであるとし、その編集には「ミセス・ビートン」が担当したことも明らかにされている。告知によると、こちらは『家政書』と同じく毎月1回、1冊3ペンスでの販売になっている。出版開始は1861年10月1日である。タイトル・ページを模した広告になっているが、一見して『家政書』のものか『園芸書』のものか見間違うほど酷似している。ここに示された書名は*Beeton's Book of Garden Management*となっているが、実際に分冊で出版されたものを製本したもので確認すると、そこには*The Book of Garden Management*というタイトル・ページが加えられていたことがわか

A New Work on Practical Gardening.

TO BE COMPLETED IN FIFTEEN MONTHLY PARTS,

PRICE 3D. EACH,

BEETON'S BOOK

OF

GARDEN MANAGEMENT,

Embracing everything connected with

Laying out & Planting Gardens.	Spade Husbandry and Allotment Cultivation.
Fruit, Flower, & Kitchen Garden Management.	A copious Monthly Calendar of operations in each department.
Building, arranging, and Management of Greenhouses, and other Garden Structures.	Orchard Cultivation, & Management of Orchard-Houses.
Decorative Gardens.	

The Management of Bees.

Part I. on the 1st of October, 1861.

GARDEN CULTIVATION is so closely associated with Household Economy, that the "BOOK OF GARDEN MANAGEMENT" naturally presents itself as an almost necessary pendant to the "Book of Household Management," just completed under Mrs. Beeton's editorship. This work, so comprehensive in its plan and practical in its execution, professed "to convey clear, direct, and definite information on every department of the household;" and we have the testimony of the press that these professions have been realised, and a very valuable work on domestic economy produced. Emulating the work thus successfully completed, the object of the editor and contributors to the "BOOK OF GARDEN MANAGEMENT" will be to render everything connected with the garden plain and intelligible. The principal contributors are practical and experienced gardeners. The information conveyed will be "clear, direct, and definite." The artistic and physiological portions of the work,—the rotation cropping, the use of manures in restoring exhausted soils, as well as the special management of fruit-trees, flowers, and vegetables,—will combine the newest discoveries of science, tempered by practical experience.

"Among the possessors of gardens" (to abbreviate slightly the eloquent postulate of a Quarterly Reviewer), "there are favoured mortals, who have ample means, well-stored knowledge, and intelligent industry, to whom a multitudinous band of gardeners look up for guidance. Such persons are horticultural light-houses shining on high:—fountain-heads of patronage, patterns of successful practice, centres of dissemination and distribution: without them gardening could not be what it actually is." Then there is the "Every gentleman his *own* gardener," whose enjoyment it is, in early spring, to meet the message from the garden that there is nothing in it either for "missus" or for "cook," by producing, himself, "a charming bunch of Russian violets, fragrant coltsfoot, daphnes, erica carnea, wallflowers, and polyanthus, for *cara sposa*; and a punnet of the sweetest, greenest sprouts, and the plumpest, whitest of seakale," for the kitchen.

図11　分冊第23号に掲載された『ビートン社の園芸書』の広告（1）

Then there comes he for whom the present work is intended; who has all the industry, all the desire to emulate these horticultural notabilities, and become his own gardener, but has yet to learn *how*. It will be the object and desire of the contributors to the "BOOK OF GARDEN MANAGEMENT" to instruct the uninitiated possessor of a garden, so that he may know how to cultivate his own plot of ground, and know also when he is well served by his gardener; to initiate the young operative gardener, likewise, into the mysteries of nature, whose agent he is to become, and teach him, as far as written directions can teach, the manipulative as well as the scientific methods of his art.

Gardening, properly managed, is a source of income to thousands, and of healthful recreation to other thousands. Besides the gratification it affords, the inexhaustible field it opens up for observation and experiment commends its interesting practice to every one possessed of a real English home.

It is well known that the operative gardener is too seldom trained to gardening as a profession. He is thus principally dependent on such works as the book about to be published for his knowledge of the science of his art. Impressed with this fact, the contributors are desirous of rendering their work as plain, practical, and useful as possible to their less experienced brethren.

Part I. of "THE BOOK OF GARDEN MANAGEMENT" will appear on the 1st of October, and it will be completed in Fifteen Threepenny Monthly Parts. Each Part will contain forty-eight pages, printed in various-sized type according to the importance of the subject, and interspersed with illustrations. While adopting the form of a monthly calendar in twelve out of the fifteen parts, much of the repetition so objectionable and *so tedious* in that form of conveying information will be obviated by the introduction of the History and Cultivation of the several plants, in the proper month for propagating them, thus bringing each subject before the reader in its proper season.

CONTRIBUTIONS FROM GARDENERS having special and successful modes of cultivating particular plants, which it would benefit the public to have published, will be gladly received by the Editor.

THE MANAGEMENT OF BEES is so closely associated with the Garden and Garden Economy, that the apiary forms a natural appendage to them. Some pages will therefore be devoted to the management of these interesting creatures, and to the best form of habitation for them.

GARDENERS and others disposed to use their influence with their neighbours to purchase Beeton's "BOOK OF GARDEN MANAGEMENT" will be entitled to a copy gratis, and post-free as published, on procuring Six Subscribers to the complete Work.

Terms of Subscription.

The Yearly Subscription for a Single Monthly Copy is 3s.

Subscriptions must be paid in advance either Monthly, Quarterly, or Half-yearly, by postage-stamps or post-office order,—the latter made payable to the Publisher.

A Specimen sent, post-free, on receipt of three postage-stamps.

LONDON: S. O. BEETON, 248, STRAND, W.C.

AND ALL BOOKSELLERS IN TOWN AND COUNTRY.

図12　分冊第23号に掲載された『ビートン社の園芸書』の広告（2）

る（図15）。『園芸書』においても『家政書』『ペット飼育書』と同じように *Beeton's Book of Garden Management* と *The Book of Garden Management* の二種類の書名が用意されていたことが明らかとなった。さらにいうと、分冊出版時の表紙（図16）には、その反対側に『家政書』と同様に広告が掲載されていて（図17）、それも、やはり『ペット飼育書』のものになっている。

以上見てきたように、この3冊の「ビートンズ・ブック」の書名や出版手法の類似性、広告の仕方、出版時期、さらにビートン社が明らかにした、『園芸書』が『家政書』出版の延長線上にあり、イザベラによって編集されていたことなどのことから考えると、『ビートン社の家政書』『ビートン社のペット飼育書』『ビートン社の園芸書』の3冊は、S. O. ビートン社の出版物として、きわめて関連性の高い書籍として出版されていたことがほぼ断定できるであろう。

以上示したように、これら3冊の本は、きわめて関連性の高い本として出

第 6 章 「しあわせのかたち」

図 13 分冊第 23 号に掲載された『ビートン社の家政書』の広告 (1)

図 14 分冊第 23 号に掲載された『ビートン社の家政書』の広告 (2)

図 15 『ビートン社の園芸書』のタイトル・ページ

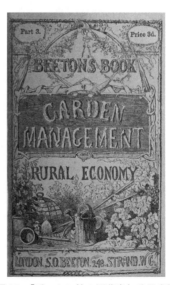

図 16 『ビートン社の園芸書』分冊出版時の表紙

233

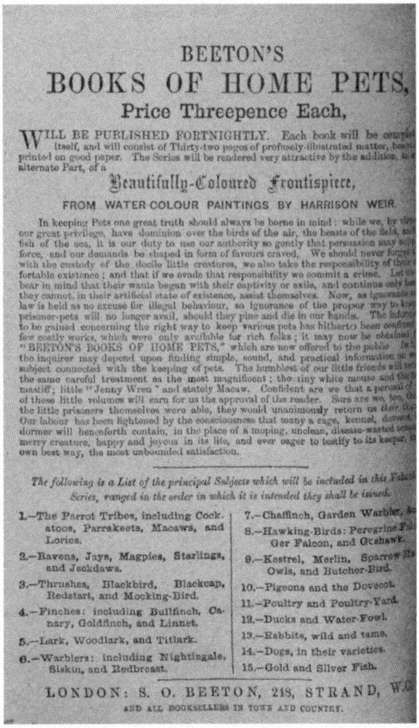

版されていたことが明らかとなった。このことは、これら3冊の本を合わせると、ヨーロッパの伝統的家政書をヴィクトリア時代の家庭向けに変容させて、その世界観を提示したという第3章での主張とも矛盾しない。

「ミセス・ビートン」の誕生

　では、『ビートン社の家政書』は、いつ、どのように『ミセス・ビートンの家政書』になったのであろうか。重要な手がかりが1865年にS. O. ビートン社から出版された『ミセス・ビートンの日々の料理事典』(*Mrs. Beeton's Dictionary of Every-day Cookery*)(図18)にある。1865年というと、イザベラがこの世を去った年である。おそらくイ

図17 『ビートン社の園芸書』分冊出版時の表紙に掲載された『ペット飼育書』の広告

ザベラは、この本の出版準備をしていたが、その出版を待たずして、この世を去ったのである。イザベラの死は、*EDM* でも伝えられることはなかった。

　この料理書の序文(図19)はおそらくサミュエルが書いたものであろうと思われる。イザベラのことを「ミセス・ビートン」と表現し、また彼女を「著者」であると表明している。S. O. ビートン社は、このとき初めてミセス・ビートンを著者であると表明したのである。そして、書名にも「ミセス・ビートン」の名を冠したのであった。

　さらにこの料理書の最後には、太い黒枠で囲まれた一文が掲載されていて、一見して何者かの死を思わせるものになっている(図20)。そこにイザベラ・メアリー・ビートンの名を見ることができる。これがS. O. ビートン社がイザベラの死を公にした唯一のものとなった。この文章を書いたのも、サミュエルであることは間違いないであろう。イザベラに対する惜別の思いと、深

い愛情を感じさせるものである。サミュエルは、婚約時代のイザベラからの手紙を終生持っていたほど、イザベラを愛していた。しかし、一方でイザベラに大変な仕事を任せたこともまた事実であった。それは、自らを「太っちょ」と称していたイザベラが結婚後ほっそりした体型になっていることにも現れている（第2章の図8、12を参照）。サミュエルが、イザベラに大きな負担をかけていたことをどれほど感じていたのかは、今となっては知るよしもないが、せめて書名の中にイザベラの名前を残そうと考えたとしても不思議なことではない。たしかに、イザベラが出版準備を進めている段階で、彼女の名前を書名に付けることが予定されていた可能性はないではない。しかし、

図18　初めて書名に"Mrs."がつけられた1865年出版の『ミセス・ビートンの日々の料理事典』のタイトル・ページ

彼女がこの世を去ったそのあとに、彼女の名を書名に冠した本が出版されたことは事実である。結果として、イザベラの死が、料理書著者としてのミセス・ビートンの誕生につながったということができるのではないだろうか。

　サミュエルは、亡き妻を書名のなかによみがえらせ、永遠の命を吹き込んだのである。その後、サミュエルは、いっさい公にイザベラの死を伝えることはなかった。そのことも、イザベラが書名のなかで生き続けた大きな要因であろう。それを、「亡き妻の名前を金のなる木に仕立て上げた」ということもできるであろうが、そのようにサミュエルをみなすのは、あまりにも拝金主義的な見方に過ぎるように思われる。もし仮に、そうであるとすれば、わざわざ、イザベラの死を伝える記事を、たった1回とはいえ、公にする必要などなかったのではないだろうか。サミュエルは、これまでに磨いてきた出版手腕で、見事にイザベラをよみがえらせたのである。むしろその出版手

PREFACE.

The reasons for the publication of this Volume—the First of a Series of Practical Manuals which were to be called the "All About It" Books—were thus explained in a Prospectus issued a few months ago, and approved by the late Mrs. S. O. Beeton :—

MANY wishes have been expressed to the Authoress of the "Book of Household Management" that a volume of Recipes in Cookery should be written which could be sold at a price somewhere between the seven-and-sixpenny "Household Management" and the Shilling Cookery Book. Accordingly Mrs. Beeton has prepared a Collection of Recipes, and of other Practical Information concerning the Dressing and Serving of Family Fare, which, when completed, will be published, in serviceable binding, at the price of Three Shillings and Sixpence.

As Mistress, Cook, and Critic have declared that the details in Mrs. Beeton's larger work are *so easy to understand*, the Authoress has followed, in every Recipe printed in the present Dictionary, the same simple plan she originally used. Regarding, however, the *arrangement* of the Recipes, the Authoress has chosen the Dictionary form, believing an alphabetical arrangement to be the best for a book that is being constantly referred to. By the adoption of a very intelligible system, all *cross* reference, and that very disagreeable parenthesis (*See* So-and-so) is avoided, except in a very few instances. Where any warning as to what should *not* be done is likely to be needed, it is given, as well as advice as to what ought to be done. No pains have been thought too great to make *little things* clearly understood. Trifles constitute perfection. It is just the knowledge or ignorance of little things that usually makes the difference between the success of the careful and experienced housewife or servant, and the failure of her who is careless and inexperienced. Mrs. Beeton has brought to her new offering to the Public a most anxious care to describe plainly and fully all the more difficult and recondite portions of Cookery, whilst the smallest items have not been "unconsidered trifles," but each Recipe and preparation have claimed minute attention.

図19　イザベラを著者と記述した『ミセス・ビートンの日々の料理事典』1865年版の序文

Usque ad Finem.

HER Hand has lost its cunning—the firm, true hand that wrote these *formulæ*, and penned the information contained in this little book. Cold in the silent tomb lie the once nimble, useful fingers,—now nerveless, unable for anything, and ne'er to do work more in this world! Exquisite palate, unerring judgment, sound common sense, refined tastes,—all these had the dear Lady who has gone ere her youth had scarcely come. But four times seven years were all she passed in this world; and since the day she became wedded wife—now nearly nine years past—her greatest, chiefest aims were to provide for the comfort and pleasure of those she loved and had around her, and to employ her best faculties for the use of her sisters, Englishwomen generally. Her surpassing affection and devotion led her to find her happiness in aiding, with all her heart and soul, the Husband whom she richly blessed and honoured with her abounding love.

Her Works speak for themselves; and, although taken from this world in the very height of health and strength, and in the early days of womanhood, she felt that satisfaction—so great to all who strive with good intent and warm will—of knowing herself regarded with respect and gratitude.

Her labours are ended here; in a purer atmosphere she dwells; and may be, in the land beyond the skies, she has nobler work to accomplish. Her plans for the future cannot be wholly carried out: her Husband knew them all, and will diligently devote himself to their execution, as far as may be. The remembrance of her wishes,—always for the private and public welfare,—and the companionship of her two little boys,—too young to know the virtues of their good Mother,—this memory, this presence, will nerve the Father, left alone, to continue to do his duty: in which he will follow the example of his Wife, for her duty no woman has ever better accomplished than the late

Isabella Mary Beeton.

図20　S. O. ビートン社の出版物で、唯一イザベラの死を告げる文（『ミセス・ビートンの日々の料理事典』1865年版）

腕にこそ、目を向けるべきではないのだろうか。そして、版権譲渡後のワード・ロック・アンド・タイラー社も、まるでサミュエルの意志を受け継ぐかのように、ミセス・ビートンの本を出版し続けた。

それにもかかわらず、イザベラの個人的な情報が長らく公表されず、人びとが「ミセス・ビートン」の実像を知りえなかったことを考えると、サミュエルが、まるで「ミセス・ビートン」を世間に出し、妻あるいは母としてのイザベラを夫と息子たちの手元に取り戻し、二度と世間に出させなかったというふうにも思えてくる。サミュエルとふたりの息子たちはイザベラを大切に守った。「ミセス・ビートン」の実像を知ろうと近づいてきた多くの人びとがミスリーディングの森に迷い込み、幻影の「ミセス・ビートン」の姿だ

けを見て、真実のイザベラの姿を知ることなく去っていった。そういう意味
では、サミュエルはイザベラを「ミセス・ビートン」という姿でよみがえら
せ、一方ではひとりの女性としてのイザベラを衆目の目にさらされることか
ら守ったということもできるのかもしれない。

「ビートン神話」の解体

　さて、本書では『ビートン社の家政書』やビートン夫妻の真の姿を明らか
にするために、ひとつひとつ当時の記録を確認するなどして、いくつかの、
不正確であったり、間違ったりしている言説や誤解を正すことができた。
　その第一歩は、『ビートン社の家政書』の発行部数に関するものであった。
同書に先立って出版され、当時好評を博したとされるイライザ・アクトンの
『最新料理法』は、初版出版から約 23 年後の 1867 年で、その累計発行部数
はおよそ 10 万部に達していた。一方『ビートン社の家政書』は 5 年後で 9
万部、6 年後で 12 万 5 千部であった。さらに、19 年後には 32 万 5 千部、
27 年後には 46 万 8 千部と発行部数を伸ばしていた。単純に計算すれば『最
新料理法』の約 4 倍ということになろう。この発行部数だけをみても、イラ
イザ・アクトンの『最新料理法』と比較して、『ビートン社の家政書』の発
行部数が驚異的であったことがわかる。しかし一方で、証拠を示しつつ、ひ
とつひとつ確認したこれらの発行部数と比べるとことで、これまで根拠を示
すことなく、一般にいわれてきた出版後 7 年で 200 万部という同書の発行
部数が、当時の料理書としてはいかに途方もないものであり、到底ありえな
いものであるかが理解されるであろう。『ビートン社の家政書』を紹介する
際、まず最初にその人気のほどを示すエピソードとしてこれまで語られてき
た過大な発行部数を、実証的に訂正できたことは、本書の大きな成果のひと
つである。
　さらに、実際のレシピを比較検討することで、当時出版されていた料理書
のレシピは一般にその記述が非常に分かりにくく食材の分量なども示されて
いないことが普通だったということ、そのため分量や調理時間を明示した
『ビートン社の家政書』に読者がとびついたなどということが、事実に反す

るということも示すことができた。つまり、『ビートン社の家政書』が多く
の人びとから支持を得ることができたのは、単に分量や調理時間を示したこ
とだけが理由ではないということが明らかになったとともに、この書が好評
であった要因を他に求めるべきであることを示している。

　そして、イザベラにばかり注目が集まる一方で、これまで見過ごされてき
たサミュエルに関して、出自を含めてその人物像を明らかにし、出版者とし
ての業績をたどり、彼の出版手法を確認することで、『ビートン社の家政書』
の編集や出版のされ方と、サミュエルが出版にかかわった他の出版物との類
似性が明らかとなり、さまざまな面で、サミュエルの出版者としての手腕が
同書出版の際にも発揮されたであろうことが明らかになった。つまり、『ビー
トン社の家政書』は、のちに『ビートン夫人の家政書』という書名で出版さ
れ、初版出版時の『ビートン社の家政書』という書名が忘れ去られるなかで、
まるでイザベラがひとりで編集、あるいは著述した料理書として語られてき
たが、実際にはむしろサミュエルがその編集や出版に大きくかかわっていた
可能性が極めて高いことが明らかにできた。そして、それとともに明らかに
できたのは、これまで単独で出版された料理書としてとらえられてきた
『ビートン社の家政書』を、S. O. ビートン社の他の出版物のなかに位置づけ
てとらえなおすことによって、同書がビートンズ・ブックのうちの1冊であ
り、なおかつ初版出版当時には、ほぼ同時期に出版された他の2冊のビート
ンズ・ブックとの関連性から、ビートン三部作ともいえる出版物として位置
づけうること、またそれら3冊をあわせることによってひとつの世界観を生
み出していることを指摘した。そして、その世界観とは、彼らが生きた当時、
すでに失われつつあった工業化以前の家のありようを、工業化以降の家族中
心の新しい家のありようへと投影させてみせたものであったことを、『ビー
トン社の家政書』が伝統的家政書の系譜に位置づけられるか否かを検討する
ことによって、明らかにすることができた。

　先に述べたように、サミュエルに関しては、これまで日本語では、あまり
紹介されたことがなく、その出自や経歴を含む人物像や、どのような出版手
法を用いたのかがほとんどといっていいほど知られていなかったが、本書で
は必要な範囲で、出来る限り詳しく描き出した。また、英語で書かれた文献

第 6 章 「しあわせのかたち」

等でさえ、イザベラ亡き後のサミュエルに関しては、取引銀行の破綻のあおりを受けて、自ら経営していた出版社は倒産し、版権は安値でライバル出版社に譲渡され、自身はそのライバル出版社に一社員としてわずかな給料で雇われたなどと、ことさら落ちぶれ、惨めな印象を与えるように語られてきた感がある。日本語での記述も、英語での記述にならい、特に『ビートン社の家政書』を題材として語られるときには、なぜか彼の出版手腕にではなく「イザベラ亡き後の惨めなサミュエル」というイメージが強調されてきた。ビートン夫妻がともにミルク・ストリートで生まれるところからこの神話は始まり、イザベラ亡き後、惨めに生涯を終えるサミュエルを描くことで、この神話は結ばれる。伝説的な料理書著者の神話の出だしにふさわしいミルク・ストリートという地名と、まるでイザベラの引き立て役のようにサミュエルを惨めに描くことによってイザベラをより神話化するようなセンセーショナルな物語の結末は、英語文献、日本語文献ともによく見られる。語り手にとっても、都合のいいストーリー展開であるのだろう。しかし、イメージは所詮イメージである。出来すぎたストーリー展開には、むしろ疑問の目が向けられるべきである。ミルク・ストリートで生をうけたという神話はすでにヒューズによって解体されている。「イザベラ亡き後の惨めなサミュエル」という物語の結末は、本書がそれを解体するべきであろう。

　サミュエルは、たしかにライバル出版社の一社員となり、給料を受け取る身となっていたのであって、決して共同経営者というような立場ではなかった。それを示すように、出版社名もワード・ロック・アンド・タイラー社となっていて、ビートンの名前は含まれていない。なにより本書で示したその当時の裁判の記録から、サミュエルがパートナーシップに加わるものではないことが明確に示されていたことからも明らかである。しかし、一方でサミュエルがパートナーシップに加わるものではないことが、わざわざ明示されていること自体が、会社倒産による版権譲渡という単純な図式で描かれるようなものではなく、サミュエルとワード・ロック・アンド・タイラー社との間で版権の譲渡や、サミュエルの処遇などに関して、事前に何らかの交渉や取決めがあった可能性を示唆している。また、第3章で確認したように、取引銀行が破綻する以前に、ワード・ロック・アンド・タイラー社がS. O. ビー

239

トン社の買収に乗り出していた可能性が高いことに加え、実際ビートンの名が入った本をオンライン検索してみたときに、版権譲渡後のワード・ロック・アンド・タイラー社から出版された複数のビートンズ・ブックが検索されることからも明らかなように、*EDM* などの雑誌だけでなく、引き続きサミュエルの手によってビートンズ・ブックが出版されており、このようなことを考えあわせると、S. O. ビートン社の破綻の前後のどの時期かは断定できないが、版権譲渡に至る交渉の過程で、版権譲渡後も引き続き、サミュエル自身の手で、ビートンズ・ブックとして出版し続けられるような取り決めがなされていた可能性が高いといえる。たとえば、サミュエルが『ビートンのクリスマス年鑑』の版権を主張し、ワードとロックから訴えられた事例は、そのような交渉や取り決めがあったこと、またその取り決めに対して何らかの行き違い、あるいは見解の相違があった可能性を示唆している。

　残念ながら、本書では版権譲渡に至る詳細な経緯を明らかにすることはできなかった。したがって、ワード・ロック・アンド・タイラー社が S. O. ビートン社の版権を買い取った額が従来の言説どおりなのか、あるいは実際には買い取っていなかったのかなどのことも含め、事の次第を明らかにするには、今後、新たな資料の公開あるいは発見を待たなければならないのだが、その一方、現時点で明らかに出来たことは、当時の記録から、S. O. ビートン社の版権に対して、実際にオークションでつけられた価格が、決して買い叩かれたようなものではなく、むしろ妥当な金額であったということである。したがって、「所有していた版権をわずか 1900 ポンドでワード・ロック・アンド・タイラー社に譲渡した」というこれまでの言説を完全に否定することは出来ないが、一方で肯定する証拠もなく。本書において、現時点で明確にいえることは、オークションにかけられ、妥当な評価額がつけられたということのみである。また「年間 400 ポンドの報酬を受け取ってワード・ロック・アンド・タイラー社の一社員となった」という言説も、たしかにそれ自体は誤りではないものの、サミュエルにとって最も条件の悪い一部分を切り取って提示したに過ぎず、読者の抱くサミュエル像をある決められた印象へと誘導するかのごときものであることが明らかになった。われわれが知るべきは真実であり、求めるべきは本質や真理であって、ゴシップやセンセーショ

ナルな物語ではない。そもそも年間 400 ポンドの収入が当時の中産階級の年収として本当に低いものかどうか、あるいはサミュエルが当時おかれた状況においてことさらみじめに映る金額なのかどうか疑問はあるが、そのことはさておいても、契約によれば、この 400 ポンドの年収は最初の 1 年間だけで、その後ワード・ロック・アンド・タイラー社の利益から一定の割合で報酬を受け取ることになっていたし、その割合も 2 年ごとに上昇し、最終的には 4 分の 1 にまで上昇するようになっていた。仮に同社のパートナーシップである 3 人にサミュエルを加えた 4 人で利益を 4 等分するのであれば、ほぼパートナーシップの一員であるかのような待遇であり、倒産した出版社の元経営者を一社員とし雇用したにしては、ずいぶんと好条件であったことはまちがいない。

　ワード・ロック・アンド・タイラー社の社員になって以降のサミュエルの報酬に関するこれまでの伝記における記述は、特にその昇給に関して、伝記作家によって見解が異っていたり、その根拠が示されないままであったが、本書では、当時の裁判の記録により、これを明確に示すことができた。

　以上みてきた版権譲渡後のサミュエルは、報酬の面においても、出版者として精力的に仕事を続けることができたという面においても、従来語られてきた「落ちぶれた惨めなサミュエル」像とはちがっていた。本書においてみてきたサミュエル・オーチャート・ビートンは、将来出版者になることを夢見て 14 歳で紙屋の徒弟修業に入り、出版者としての道を歩み始めて以来、独自の世界を出版業のなかに展開し、自ら経営する出版社を失いはしたが、版権譲渡後もなお自らの名前で出版することを許され、精力的に出版に取り組み 46 歳でこの世を去るまで、ひとりの出版者、あるいは編集者としてその人生を全うした人物であった。

『ビートン社の家政書』の本質
―「しあわせのかたち」を求めて ―

　さて、『ビートン社の家政書』をめぐって、ここまでさまざまな角度から確認したり、検討を加えたりしてきた。その結果、これまで神話的に語られ

てきたいくつかの言説について解体し、実像を明らかにすることができたが、『ビートン社の家政書』についていえば、実際には、その編集のされ方を除けば、内容には取り立てて特別なことは書かれていないということであった。また同書が、先行する料理書とくらべて飛躍的に発行部数を伸ばしていった理由として、ビートン夫人ことイザベラに対して当時の若い女性が憧れを抱いたなどということがありえないということも、あるいは、イザベラ存命中に限っていえば、インターネット上でしばしばイザベラを形容することばとして目にする、いわゆる「カリスマ主婦」などというようなものが、イザベラには当てはまらないことも、本書において確認、検討してきたことから、おのずと明らかであろう。つまり、初版出版当時、ほとんどのイギリス人にとって、イザベラ・ビートンといわれても誰のことかわからなかったであろうということである。そのことは、第2章冒頭で述べたように、リットン・ストレイチーが、ミセス・ビートンの伝記を書こうとして資料がじゅうぶんに手に入らず、結局、年配の夫人というイメージから抜け出せなかったことや、当時のイギリスの新聞や出版物のなかに、たとえば、現在では知名度が決して高いとはいえないドクター・キッチナーに関する記述が多く存在する一方で、日本でさえその名が知られるようになってきたイザベラ個人に関する記述は、結婚と死亡の記事以外には見つけることができないことからも明らかである。だからこそ、S. O. ビートン社はたった1回、それとなくイザベラの死を伝えることですませることができたのである。では、「ビートン神話」を解体し明らかになったことを前提として、どのような本質が浮かび上がってくるであろうか。

　川北は、『ビートン社の家政書』について、「家政全般の事柄を網羅していて、しかも簡単に検索できるようになっているなど、出版物としての工夫が見られたこと」や、「家族や女性の役割について、ヴィクトリア時代に特有の見方を全面的に表明していた」ことが、この書が「家政のバイブル」として喝采を博した理由だとしながらも「何一つ「際だったこと」はなかった」し、「どっぷりヴィクトリア朝的そのものであった」と評している[6]。川北の

---

6)　川北稔『世界の食文化17　イギリス』農山漁村文化協会　2006年、205頁。

第 6 章 「しあわせのかたち」

このことばは、『ビートン社の家政書』の本質に関してその一面を端的に表現したものといえる。

　つまり、われわれは、ややもすれば、こんなに売れた本なのだから、当時の人びとにとって、どれほど目新しさがあったのだろうかとか、どれほど独自性があったのだろうかなどと考えてしまいがちである。しかし、それはわれわれの見方であって、この本が出版された 1861 年当時、ロンドンをはじめとするイギリスの各都市で生活していた若い家族など、この本に利用価値を見いだした人びとの意見と一致するとは限らない。固定観念にとらわれるあまり、存在しない目新しさを追い求めてしまい、「それまでの料理書では、食材の分量が示されていないことが普通であった」などという幻覚を見てしまうのである。そもそも分量の示されないレシピにどれほどの需要があるのだろうかという疑いの目を向けることもわすれて。

　川北がいう、「何一つ際だったことがない」というのは、レシピ以外の内容をさしているのであるが、ここまでみてきたように、料理書としての『ビートン社の家政書』についても、その内容においては引用や借用で埋め尽くされており、川北のいうとおり、何一つ際立ったことはなかったし、そのことはイザベラ自身、自序のなかで表明していることと矛盾しない。「何一つ際だったことがない」という表現を川北のことばから借りれば、それは『ビートン社の家政書』全体に通底しているのである。料理以外の項目についてみても、同じような内容のことが書かれた本は『ビートン社の家政書』以前にも多く出版されており、例えば、1825 年に出版されたサミュエルとサラ・アダムス (Samuel and Sarah Adams) による『コンプリート・サーヴァント』(*The Complete Servant*, 1825) には、年収がどれくらいであればどのような家事使用人を雇えばよいかなど、家事使用人に関して、きわめて詳しく記述されている。おそらくサミュエルとイザベラはこのような既刊書や、人づての情報を可能な限り集積して、その最も平均的で実際的なものを採用し、『ビートン社の家政書』に盛り込んだものと思われる。このようにしてできあがった『ビートン社の家政書』が、その内容に際だったことがないのは当然であった。

　では、なぜ「何一つ際だったことがない」同書がそれほど多くの読者に受

243

け入れられたのであろうか。出版物としてどのような工夫がなされていたか
は本書で確認したとおりであり、たしかに川北がいう「出版物としての工夫」
があったことがその要因のひとつであったことは間違いない。しかし、どれ
ほど実用性が高められていても、内容がともなっていなければ、読者には受
け入れられない。川北が示した「ヴィクトリア時代に特有の見方を全面的に
表明していた」ということも、現代に生きるわれわれの目からみて「特有」
であるということであって、当時を生きていたイギリス人にとっては決して
特別なものではなく、ヴィクトリア時代には普遍的に存在していたという意
味であり、したがって、多くの人が共有していた、言い換えればその当時に
はありふれたものの見方、あるいは価値観であったということができる。た
しかに、EDM の成功などをみても、サミュエルが出版者あるいは編集者と
して、そういった「世相」のようなものをうまくすくい上げる能力に長けて
いたということはできるし、同様に、『ビートン社の家政書』にも時代の価
値観を織りこむことができていて、そのことが同書の成功の一因であること
は間違いない。しかし、それとてありふれたものの見方や価値観、すなわち
「どっぷりヴィクトリア朝的」なものであることにかわりなく、それだけの
理由で読者の喝采を博したとは言いがたい。

　ここで、硬直化した視点を 180 度転換してみよう。「出版物としての工夫」
を凝らしたのも、「特有の見方」を表明したのも出版者、あるいは編集者で
あって、読者ではない。情報を提供する側ではなく、むしろ受容者の側、つ
まりこのような本が出版されることを待望していた読者の立場に立って考え
ることで、いままで見逃してきた視界が目の前に広がってくるかもしれない。
そもそも、S. O. ビートン社の出版物は、EDM にしても『ビートン社の家政
書』にしても、その他ほぼすべての出版物についていえることであるが、安
価に手に入れることができるということが重要なセールス・ポイントであ
り、安価であることに価値を見いだすような読者層がメイン・ターゲットで
あることを見逃してはならない。そのような読者の立場に立てば、真に実用
性を認めることができなければ、いかに検索しやすかろうが、いかに世相が
反映されていようが、それだけでは購入には至らない。情報を得る目的で購
入するこの種の出版物に、簡単に検索できる工夫が凝らされていることは大

いに結構なことであるし、当時の世相が反映されていることもまた、大いに結構なことであるが、最も重要なことは、どのような情報を手に入れることができるのかであり、手に入れた情報がいかに実用に供すべきものであるかということであった。その意味では同書の大部分が実用に供すべきもの以外のなにものでもないレシピであることは象徴的である。

さらにもうひとつ180度視点を転換してみたい。それは、「何一つ際だったことがなく、どっぷりヴィクトリア朝的そのものであった」という、川北による『ビートン社の家政書』への評価である。筆者も長年同書に向き合ってきたが、「何も特別なことは書かれていない」という評価へ自然と導かれた。したがって、川北のこの評価には同意するところであるが、一方で、この評価はおそらく多くの人には否定的にとらえられ、「何一つ際だったことがなく、どっぷりヴィクトリア朝的そのものであったのになぜ……」となってしまうだろう。だからこそ、多くの人が、無いものをあることにしようとして、ありもしない特別なものを『ビートン社の家政書』に求め、その結果、幻想を見てしまったのである。むしろこの評価のとらえ方を180度転換すること、つまり否定的にではなく肯定的にとらえることによって、読者の視点に立って考えることができることに気づくべきである。つまり、当時の読者はこのような特徴を肯定的にとらえたからこそ同書を購入したのである。そういう視点に立てば、この評価を肯定的にとらえ、「何一つ際だったことがなく、どっぷりヴィクトリア朝的そのものであったからこそ……」という視界が開かれる。何一つ際立ったことのない『ビートン社の家政書』を肯定的に評価するであろう潜在的読者がいることをサミュエルは見抜いていたとみるべきである。

さて、であるとすれば、何も特別なことが書かれていない『ビートン社の家政書』に実用的価値を見いだした読者とはどのような人びとであっただろうか。言い換えれば、どうすれば際立ったことのない、どっぷりヴィクトリア朝的な生活を送ることができるのか、またどのように振舞えば際立ったことのない、どっぷりヴィクトリア朝的な人物とみなされるのかという情報を求めていた人びととは誰なのかということである。

このことを考えるヒントが、本章の冒頭に示した情景にある。地方を離れ

245

都市に移住して財をなし、新興中産階級の仲間入りを果たした「若い頃には大学寮といったものをついぞ知らなかった、温厚で無知な両親」あるいは、彼らを両親に持つ人びとは、ジェントルマンとしての資格のひとつを手に入れたあと、実際にジェントルマン、あるいはジェントルマンの家族として恥ずかしくないような振る舞いをする必要に迫られた。ここまでがんばってようやくジェントルマンの資格を手に入れたからには、何としてでも、その振る舞い方を知る必要があった。このような人びとにとって、のどから手が出るほどほしかった情報は、何か新奇なものではなく、家政書の著者の個人的な経験でもなかった。彼らにとって必要な情報は、今、何がスタンダードなのか、どのように振舞えば周囲の人びとに溶け込んでリスペクタブルな中産階級とみなされるのかということであった。現代の生活のなかでも、折に触れスタンダードが何であるかの情報が必要なときがあるし、それはたいてい、冠婚葬祭など、人間関係を伴う場合である。そこには何かを共有する人びとのつながりのなかで、特に目立つわけでなく、その他大勢として埋もれていくことをよしとする心性がある、つまり自分を集団に同化させたい、あるいは同化させる必要があるという動機がそこに見いだされる。ところが、一般にスタンダードなものというのは、人と人との暗黙の了解であることが多く、必ずしも明文化されることが多いわけではない。かといって近しい誰か他人にたずねるのは、少々はばかられるものである。それは、誰かにたずねるということが、知らないということを表明することに等しく、すなわち自分はその資格を持っていない者か、もしくは新参者であるということをさらしてしまう結果になるからである。ここでいう新参者とは、いわゆる成り上がり者ということである。その人生の途中から中産階級と呼ばれる一群の人びとの仲間入りを果たした、成り上がりの新参者である温厚で無知な両親からは、リスペクタブルな中産階級として、あるいはジェントルマンとしての振舞い方など教えてもらえるわけはないのであった。そのように、自分の両親からは知識を伝授してもらうことができず、かといって他人にはおおっぴらにたずねにくい、経験値ともいえるスタンダードを集めて1冊の本にまとめ上げたものが、際だっていようはずがないのは当然のことであった。しかし、それこそが、トマス・ハーディが描いたような社会に暮らす人びとの真に求め

第6章 「しあわせのかたち」

る情報ではなかっただろうか。そして、それは、ジェントルマンたらんとするような人びとだけでなく、慎ましくもリスペクタブルな中産階級を自認するような人びとにとっても同様であったことはいうに待たない。彼らにとって『ビートン社の家政書』は未知の世界を照らし出す一筋の光明であったのだ。したがって、その内容に際立ったことが無かったからこそ、この書には利用価値があり、多くの読者に受け入れられ支持されたのであった。

　地方から都市へと人の移動があり、そのなかから経済力をつけた新興の中産階級の存在も現れる。それは、たとえばドクター・キッチナーをはじめ本書に登場した人物の出自のなかでもたびたび確認することができた。そのような人びとが恥をかかず、何食わぬ顔をして既存の中産階級のなかに溶け込んでゆくこと、つまり、いい換えると、いかにうまく自分を自分が望む既存の社会的集団の一員として同化させていくことができるかということは、彼らにとって重要な課題であった。たとえば、両親の代ではセルフ・メイド・マンとして、ひとかどの人物とみなされうるかもしれないが、その子どもたちはそうはいかない。次の代では経済力だけでなく、学歴や職業などの面においてもリスペクタビリティの階段を上っていくことが求められた。一口に中産階級といってもその経済力の差は非常に大きく、貴族にも引けをとらないようなものから、裕福な労働者階級に近いものまであった。したがって、その細分化された中産階級の、どの位置に自分が帰属する社会的集団、あるいは人的ネットワークが位置するのかによって、求められる行動規範や生活ぶり、あるいは振舞いなども異なっていた。たとえば、他者から中産階級とみなされるために、あるいは自らを中産階級と称するためには、最低ひとりの家事使用人を雇用しておく必要があった。どれほど家計が厳しくても、他の出費を切り詰めてでも、また、安価で雇うことのできる人材が、たとえば、経験不足であったり、若年、あるいは老齢で、家事使用人としてはあまり期待できないような人であったとしても、とにかく、何とか家事使用人を最低ひとり雇うことができれば、中産階級としての体面を保つことができた[7]。

___

7)　体面を保ちたいというこのような心性は、イライザ・アクトンの出自を確認した際、アクトン家の女性たちが、当時女性にとってリスペクタブルな職業とされた、教師やガヴァネス、学校経営にこだわっていたことにもみられた。

247

このような家事使用人は『ビートン社の家政書』では「メイド・オブ・オール・ワークス（the maid-of-all-works）」[8] として紹介されている。しかし、一方で『ビートン社の家政書』で紹介されている家事使用人はそのようなものだけではない。貴族のお屋敷にしかいないようなバトラー（butler）[9]やフットマン（footman）[10]についてまでも紹介されている。しかし、貴族ならば、バトラーやフットマンがどのような仕事を受け持つかを知っていて当然であり、中産階級の無名の若い女性によって編集された家政書にたよってその情報を得る必要など毛頭無かったし、そもそも、同じようにバトラーと呼ばれていても、貴族のお屋敷では、家によってその受け持つ仕事の範囲は異なっていたから、紋切り型の情報など役に立つはずもなかった。したがって、これらの情報は貴族に向けたものではなく、貴族にならって、自分たちも新たにバトラーやフットマンといった使用人を雇おうとする裕福な中産階級の家庭に向けたものであることはあきらかである。当然ながら、メイド・オブ・オール・ワークスと、バトラーやフットマンは、同一の家庭には存在しないし、バトラーやフットマンに関する知識を必要とする家庭と、メイド・オブ・オール・ワークスに関する知識を必要とする家庭の間では、お互いを家に招待しあって食事を共にするような親密な交流など、普通に考えれば生じえないことであった。また、バトラーやフットマンに関する知識を必要としたのは、裕福な一部の中産階級であって、『ビートン社の家政書』の読者のなかにそのような家庭が、多数存在したとは考えにくい。しかし、よく考えてみれば、このように下層中産階級から貴族あるいは裕福な中産階級に至るまでの知識を網羅することで、すでに中産階級の仲間入りを果たした人びとの、次の世代や、そのまた次の世代になって、さらに経済力をつけるとともに、よりリスペクタブルであるとみなされる学歴や職業を獲得し、中産階級という枠組みのなかでそのポジションを上昇させていったときに、それまでと違った、新たな知識を習得する必要が生じることを考えれば、『ビートン社の家政書』はそのような状況の中産階級にも対応することができるのであり、結果とし

---

8)　Beeton, Isabella, *op. cit.*, pp. 1001-4.
9)　*Ibid.*, pp. 962-4.
10)　*Ibid.*, pp. 964-7.

第 6 章 「しあわせのかたち」

て、すべての中産階級にとって、その知識の源泉となりえたといえるのである。

　人びとの、地方から都市への移動は長期にわたって続いていたし、都市に居を移し、経済力をつけた人びとの上昇志向も本書のなかでみてきた。何よりこういったことは本書で確認してきた料理書著者たちの出自のなかに如実にあらわれていた。場所という意味においても、社会的階層という意味においても、流動性が見られた。工業化によって、さまざまな意味で、人びとの社会的なポジションの流動性が高まったことに、細分化された社会階層に自らを同化させるべき必要性が加わったことが、そのような社会に暮す人びとにあって、自らが帰属すべき社会的集団、あるいは人的ネットワークの「あたりまえ」を習得する必要を生じさせた。このことが、『ビートン社の家政書』が当時の人びとに喝采を博したことの根底にある社会的な状況であった。

　『ビートン社の家政書』は、実に良くそのような人びとの需要に応えることができた。たとえば、先に述べたように家事使用人について、下層中産階級から上流中産階級、あるいは貴族のお屋敷に至るような広範な情報を集積し、人びとの流動性による新たな知識獲得の需要に幅広く応えることができるように編集されていたことと同様のことが、同書の大半を占めるレシピにおいても確認できる。平均的な費用、何人分のレシピかということなどが明示してあるからである。このような項目を付け加えることによって、幅広い家庭において、同書は実用的価値を高めることに成功している。つまり、経済力等に応じてレシピを選択することができるというだけでなく、食材の分量などを調整することによって、経済的負担を調整することができるし、大きな食堂があって、大勢で会食をする必要がある家庭にも、つつましく生活していて、少人数の食事会を開くことが多いような家庭にも『ビートン社の家政書』に掲載されたレシピで対応できるからだ。

　「どんなものを食べているか言ってみたまえ。君がどんな人であるかを言いあてて見せよう」[11]というブリア・サヴァランのことばや、「人間は共食をする動物である」[12]という石毛直道のことばは示唆に富む。社会学者のデボ

---

11)　ブリアーサヴァラン著　関根秀雄、戸部松実訳『美味礼賛』上　岩波書店、1967年、23頁。
12)　石毛直道著『人間・たべもの・文化―食の文化シンポジウム'80』平凡社、1980年、12頁。

249

ラ・ラプトン（Deborah Lupton）は「食べ物の消費にまつわる慣習」は「社会
階級や地域、国、文化、ジェンダー、ライフサイクルの段階、宗教、仕事の
境界」を分かつ指標となりうるといい、『食べることの社会学』（*Food, the Body
and the Self*, 1996）のなかで、食べ物が文化間の差異を生み出し、集団のアイ
デンティティを強化することを示している[13]。

　『ビートン社の家政書』に掲載された大量のレシピは、家族での食事に供
されるべく提示されたものというよりは、むしろ家族以外の人との、あるい
は家と家との交流の結び目のような役割を果たすべく提示されたものである
ことはあきらかであり、われわれはその源流を、少なくともドクター・キッ
チナーが提唱した合理的美食にまでさかのぼって確認した。食は、人的ネッ
トワークを形成する際の結び目の役割を果たすとともに、人びとを、それぞ
れに適したいくつもの階層へと振り分ける機能も持つ。本書で取り上げたど
の料理書においても、そこに掲載されたレシピには、やはり、同じような役
割や機能があったことは明らかである。しかし、平均的な費用や、何人分の
レシピかなどを示す項目が付け加えられたことで、『ビートン社の家政書』
に掲載されたレシピは、他の料理書と、レシピ自体はほとんど変わりがない
にもかかわらず、利便性や実用性という意味ではその価値が高められ、それ
と同時に、そこまでサミュエルが意図したとは考えにくいが、結果として、
内在する役割や機能が強調されることになった。ラプトンが示したような、
食が本質的に持っている機能と、ヴィクトリア時代の人びとの心性に、サミュ
エルの出版、あるいは編集手腕が結びついたことで、『ビートン社の家政書』
は、川北のいうように、何一つ際立ったことのないヴィクトリア時代の中産
階級全般のありきたりな情報を網羅することで、際立っていないからこそ、
当時の中産階級の人びとにおける、いかにしてリスペクタブルな中産階級た
るべきかという情報を求める需要に応えることができたのであり、結果とし
て、広く中産階級の人びとに支持されたのであった。

　この決して大きくはない、レシピを中心として編集された一冊の家政書に
は、ヴィクトリア時代の中産階級全体の生活や価値観が詰まっている。彼ら

13）　デボラ・ラプトン著　無藤隆、佐藤恵理子訳『食べることの社会学―食・身体・自己』新曜
　　社、1999 年。

中産階級の世界が展開されているのだ。しかし、『ビートン社の家政書』の
なかに息づく中産階級たちは決してひとつの世界に存在しているわけではな
い。さらに細分化されたそれぞれの世界に存在しているのである。富める上
流中産階級とつつましい生活を送る下層中産階級が、親密に交わることは決
して容易なことではない。食が彼らを結び付けようとしないのだ。下層中産
階級の家庭が、上流中産階級と同等の食材、同等の食器、同等の食堂などを
用意すること、つまり同等の食を提供しあうことが極めて困難だからである。
彼らは、まず『ビートン社の家政書』の入り口で、食というふるいに掛けら
れ、次いで、それぞれの生活レベルに応じて、自らが帰属すべき階層に振り
分けられる。そして、どのような家事使用人を雇うのかなど、振り分けられ
た階層にふさわしい暮らしぶりを読者に披露しているのである。現在のわれ
われが、特に予備知識も持たず、これが中産階級に向けた本だといわれ、単
純に、書かれている内容だけを読めば、『ビートン社の家政書』のなかでは、
バトラーもメイド・オブ・オール・ワークスも、中産階級というひとつの渾
然一体とした世界を形成する一員のように見えてくる。しかし、バトラーが
いる上流中産階級とメイド・オブ・オール・ワークスがいる下層中産階級の
家庭の間には中流の中産階級の存在があり、それらは階級というほどはっき
りその境界が区別されていたわけではないし、その内部にいくつもの異なる
人的ネットワークを内包していたけれど、その結び目が食であったことを考
えれば、それぞれの階層間には、おのずと目に見えない壁のようなものがそ
の交流を遮断したであろうことは、先にみたとおりである。しかし、われわ
れには見えづらいこの壁も、同書初版が出版された当時のヴィクトリア時代
の人びとの目には、その壁がはっきり見えていた。だから、ヴィクトリア時
代の人びとは、われわれの目からは、中産階級のすべてが混在して詰め込ま
れているように見えるこの書から、自分が帰属すべき階層の情報を的確に抽
出し利用することができたのである。ただし、その壁は未来永劫越えられる
ことのできないものではなかった。下層中産階級の人びとは、次には中流の
中産階級へ、そしていつかはメイド・オブ・オール・ワークスではなく、バ
トラーやフットマンのいる家庭で生活することを夢み、そこへ向かう階段を
上るべく、勤勉に励むのであった。勤勉こそは、ヴィクトリア時代の中産階

級の代表的な価値観のひとつであり、ビートンズ・ブックにしばしばコロフォンとして使用されたミツバチも勤勉さの象徴であった。

『ビートン社の家政書』においてすべての中産階級が共通して目指すべきは、EDMの創刊号の巻頭言で述べられた"Home Happy"にほかならなかった。勤勉さを実践し、彼らが手に入れようとしたものは、帰属する階層ごとの"Home Happy"であった。そして彼らは、勤勉さを持って、ひとつ、あるいはふたつ上の階層を常に目指していた。最終的には上流の中産階級にまで上り詰めることが、彼らの理想であり目標であった。『ビートン社の家政書』における挿絵が、たとえば料理にしても、調理器具にしても、テーブル・セッティングにしても、上流の中産階級にこそ相応しいものであったことは象徴的である。

『ビートン社の家政書』はすべてにおいて、より具体的であり、より明示的であり、何をどうすればよいかが分かりやすく示されている。そして、その最も具体的で、明示的な手段であり、目に見えるかたちで示されたのが挿絵なのである。すべての中産階級が最終的に目指すべき"Home Happy"がもっともわかりやすい絵というかたちで示されていることは、実によくこの書を象徴している。

しかし、分かりやすく他者に示すということ自体が、『ビートン社の家政書』から中産階級が学び取るべき手本のひとつであった。この時代の中産階級にとって体面を保つということがいかに重要なことであったかは、先にメイド・オブ・オール・ワークスの雇用に関してみたとおりである。したがって、『ビートン社の家政書』から学び取り、実践した中産階級の生活は、他者から認められ、リスペクタブルであるという評価を得てはじめて意味のあることであった。つまり、ここでいう"Home Happy"も単に心のありようだけを意味しているのではなく、他者に示し、認知されるべきものであることは必然であった。

逆に言えば、どれほど幸せを感じていても、他者からみて、リスペクタブルで、幸せな中産階級であると認められなければ、それは完全な"Home Happy"ではありえないのである。したがって、『ビートン社の家政書』が指南しようとしたのは、単に快適な家庭を作り上げる方法だけではなく、なに

第 6 章　「しあわせのかたち」

を、どうすれば、他者に"Home Happy"であることが認められるのかを、挿絵を交えて、具体的に指南しているのである。

　『ビートン社の家政書』が、広く中産階級の人びとに提示したものは、中産階級にとっての「しあわせのかたち」であったし、さらにいえば、それは、中産階級の人びとが他者に示し、認めてもらうべき「しあわせのかたち」であったということができるであろう。

あとがき

　歴史のリアリティとは何だろう。会ったこともない昔の人のこと、生まれるずっと前のできごと、それをどうやったら実感できるのだろうか。

　たとえば、電話帳のように分厚い（この比喩ですら、すでにリアリティを失いつつあるが）『イギリス歴史統計』という数字ばかりが並んだ本を眺めていると、ヴィクトリア時代において、いかに乳幼児死亡率が高かったのかということが数字という客観的な物差しによって歴史的事実として示され、一方で、その幼児死亡率が急激に減少していく過程も数字によって客観的に示されています。現代に生きるわれわれには想像もつかぬほど、当時の乳幼児あるいは、乳幼児を持つ親にとって、いかに死というものが身近な存在であったのかということを物語ってくれます。

　しかし、いくらその数字を眺めていても、幼子を亡くした親の悲しみがどのようなものであったのかは伝わってきません。果たして、子沢山であった当時の親も、一人っ子が多くなった現代の親も、子どもを失うことに対する悲しみの深さにかわりはないのか、それとも現代とヴィクトリア時代とでは違ったものであったのでしょうか。

　話はかわりますが、「本当のことを知りたい」と子どものころ思ったことはありませんか。私にはあります。すべてを記憶しているわけではないけれど、「なぜだろう」と思っていて、そのまま大人になっても解決しないままでいるようなことが。

　私は、母親の実家の近くで育ちました。というか、母親の実家の敷地内に家があり、そこで高校卒業まで暮らしていました。母の実家には、古い門があって、毎日その門をくぐって近所の小学校へと登下校していました。春には、近所の人から「化け椿」と呼ばれるほどの椿の巨木が大輪の花をつけ、それがいっせいに落ち、辺り一面真っ赤に染めました。秋になると門の脇にあった大きな金木犀が花を咲かせました。大人にはいい香りでも、当時小学生の私には、「くさい」としか思えませんでした。もちろん大人になった今は、いい香りだと感じます。

255

その門の棟の下のところに「菊丸」といって菊の紋が入った紋瓦が横一列にずらっと並べられている部分がありました。祖父は宮司をしていたこともあり、そのような古い門があったのです。もちろんそのころの私は「菊丸」などということばは知りませんでした。あるとき、ふと気がついたのです、「あんなところに土が付いている」と、そう「菊丸」にです。虫の仕業か、鳥の仕業か、まさか近所の子どものいたずらか、いったいどうやってあんな上のほうに土がついているのだろう。妄想だけが広がって、しかし、そのようなばかばかしい疑問を誰かに尋ねることもできず、私は毎日毎日の登下校、あるいは放課後友達と遊ぶ行き帰りに、その門をくぐるたび「菊丸」にしがみついている土塊に目をやりました。そして、「なぜだろう」と。

また話は変わりますが、母方の祖母は、生前、終戦記念日にはいつも「ばらずし」を作ってくれていました。たまたま終戦の日の献立が「ばらずし」だったからだそうです。実は玉音放送は、何をいっているのか分からず、戦争が終わったとはすぐに理解できなかったと祖母からも母からも終戦記念日のたびに「ばらずし」を食べながら聞かされていました。それでも、その日の献立を毎年作り続けていたことを思えば、祖母にとって終戦（日本の敗戦）は、よほど大きな出来事だったのだと思います。

大人になったある日、わりと最近のことです。「ばらずし」とともに祖母の思い出を母と語っていたときのことでした。終戦直後は、まだ見ぬ「進駐軍」というものにみな恐怖を抱いていたことに話がおよび、そういえば「進駐軍が来たらやられてまう」といって祖父が門の屋根に梯子を掛けてのぼり、門にあった菊紋の付いた瓦すべてに土を塗って隠してしまったと母がいい出したのです。子どものころからの疑問が解けた瞬間でした。虫の仕業でも、鳥の仕業でもなく、「進駐軍」に恐怖を抱いた「ぼくのおじいちゃん」の仕業だったのです。もう記憶のなかにしかない門の、乾燥して白っぽくなりながらも、ところどころ「菊丸」にしがみついていた土には、「しんちゅうぐん」といういかにも恐ろしげなことばの響きに、えもいえぬ恐怖や不安を掻き立てられ、いても立ってもいられず、トタンのバケツに土をこね、門に梯子を掛け、その棟によじ登り、菊丸を覆い隠そうとした、「おじいちゃん」のその切羽詰った気持ちが、込められていたのです。今思えば、その気持ち

のかけらが、まだ小学生だった私に何かを語りかけていたのかもしれません。

　私にとって、歴史のリアリティとは、「菊丸」についていた土や、終戦記念日の「ばらずし」のなかにあります。けれど一方で、自分が祖母や母から聞いた事実から、「実は玉音放送は、一般の国民には、必ずしもすぐには理解されなかったのではないだろうか」と他の研究者に問いかけても、「玉音放送を聴きながら、泣き崩れる映像が残っているじゃないか」と一笑に付されてしまうという経験を何度もしています。やはり歴史研究というものは、数字や文字によって裏打ちされたリアルのみを対象とすべきなのでしょう。たしかに、事実に事実を重ね、論証していくことが歴史研究の王道であることは理解していますし、自らも心がけています。しかし、事実と事実のすきまから、すり抜け、こぼれ落ちてしまったリアリティを何とかすくい取ることはできないものかという試行錯誤こそが、私にとって、どうしても手放すことの出来ない歴史研究の要素になっていて、それが本書の根底に流れている私の思考（あるいは「志向」）であるのだと本書出版に至る過程で気づかされました。

　ですから、この本を読んだ人に何かしらリアリティを感じてもらえたとしたら、著者としてはこれに過ぎる喜びはありません。たとえば、コラムに関していえば、伏木小学校の児童に語っているつもりで書いてみました。君たちの学校の初代校長先生はこんな人だったんだよと。少し難しいことばや漢字は、辞書で調べてくださいという気持ちも込めて書いてみました。きっと初代吉田校長もそういう伏木小学校の児童を望んでいたでしょうから。

　これまで、十年以上『ビートン社の家政書』とビートン夫妻のことばかり考えて毎日すごしてきましたが、そのようななかでふと頭に浮かんできたのが「しあわせのかたち」ということばでした。もう、それから５年以上はたつでしょうか、何度かゼミ発表でこの表現を使ってみましたが、反応は冷ややかなものでした。実際私自身、このことばの本当の意味が良く分かっていませんでした。「しあわせ」がどのような「かたち」をしているのか理解できたのは、もうこれ以上原稿の提出を待ってもらうわけにはいかないという、ぎりぎりまで追い詰められたときでした。「神が舞い降りた」瞬間でもありました。なんとか出版に間に合い、『ビートン社の家政書』のなかで「しあ

257

わせ」がどのような「かたち」で提示されているのかを本書のなかで示すことができたものと考えています。しかし、本書で提示することができた『ビートン社の家政書』の本質は、そのほんの一面に過ぎないのではないでしょうか。この本の読者ひとりひとりが、私と違った「しあわせのかたち」を見たとしても、それは必ずしも間違いとは限らないように思います。私と一緒に、「ああでもない、こうでもない」と考えていただけたら、やはり筆者としてこれに過ぎる喜びはありません。私とは違った「しあわせのかたち」がみつかったらぜひ教えていただきたいと思います。

　本書では、多くの先行研究を批判しました。しかし、批判した内容は、ほぼすべて自分自身が初めて川島ゼミで発表したときのレジュメに書いた内容と同じであることを告白しておきます。

　さて、本書の出版に至るまでには、実にたくさんの人にお世話になりました。最初に謝意を表すべきは、笹江修先生です。というのも、先生との出会いがなければ、とっくに学問とか研究とかいうものとは縁が切れていたはずだからです。先生は、常に私を肯定的に評価してくださいました。それは、私の人生のなかでは、初めての経験でした。アリエスの『〈子供〉の誕生』を一緒に読んでいただいて以来ずっと、今でも私にとって先生は心の支えです。そして、川島昭夫先生との出会いがなくても、この本は世に出ることはありませんでした。ゼミ発表での先生からのひとつひとつのコメントが本書のなかに生かされています。当初研究の方向性が見いだせず、自分探しのゼミ発表を続けていた時期がありました。つまり、その時々に興味を持ったことをイギリスとか歴史とか、まったく関係なしに発表していました。それは、指導教官が川島先生だったからこそできたことでしたし、ある意味甘えさせていただいていたともいえます。他の先生ならとっくに見放されていたでしょうし、そもそも私もそのような危険は犯さなかったでしょう。しかし、川島先生は、私がどんな発表をしようとも、決して軽んじることなく、つねに誠実にコメントをくださいました。時間はかかりましたが、おかげさまで自分自身の方向性を見いだすことができ、出版にまで至ることができました。博士論文の審査にあたっていただきました甲南大学の中島俊郎先生、京都大学の廣野由美子先生、合田昌史先生には、公聴会の後もお声をかけていただ

あとがき

いたり、出版に際しての助言、あるいは貴重な資料を見せていただいたりと、本当にお世話になりました。それ以外、島田研、合田研、川島研の人たちや、お世話になった各図書館職員のみなさま、伏木小学校の教頭先生、感謝すべき人を挙げたらきりがありません。

　出版助成が決まって以来、多くの時間を京都大学付属図書館 3 階の窓際の席で過ごしました。朝 8 時に開館し、夜 10 時に閉館するまで、それぞれの席で、それぞれの目標に向かって一心に勉強している多くの学部生諸君の姿は、重圧にへし折られそうな私の心を励まし勇気づけてくれました。夕刻になると図書館にまで聞こえてくる大好きな京都大学第一応援歌「新生の息吹」を練習する応援団の声は、力強く私をサポートしてくれました。私の 1 にも満たない努力は、そういったさまざまな人たちや、環境、あるいは些細な偶然の力によって、100 にまで押し上げられ、今一冊の本として結実しているのです。いったい、だれに感謝しないでいられるでしょうか。私以外のすべてに感謝したいと思います。

　最後になりましたが、京都大学学術出版会の皆様には、出版に至る実務の面で、大変お世話になりました。鈴木哲也編集長には、私の論文を読んでくださり、出版すべきとの意見とともに有益な助言をたくさんいただきました。担当の高垣重和氏には、原稿、初校の提出に十分な時間を与えてくださいました。この時間が無ければ、不完全燃焼のまま、出版に至っていたことは間違いありません。最後の数ヶ月ではありましたが、お世話になった國方栄二氏には、常に誠実にこちらの疑問に答えてくださり、不安がっていることを先に見越して、適切な御助言をいただきました。末筆ながら感謝の気持ちをお伝えしたいと思います。

　本書の出版に際しては、平成 29 年度総長裁量経費人文・社会系若手研究者出版助成をいただきました。ここに謹んで感謝申し上げます。

平成三十年三月

妹島治彦

初出一覧

　本書は、平成27年度、京都大学大学院人間・環境学研究科に提出した博士学位申請論文「『ビートン社の家政書』に関する研究」に加筆、修正を加えたものである。提出した博士学位申請論文に書下ろした部分を除き、初出は以下のとおりである。

　第2章　イザベラ・メアリー・ビートン
　　平成25年2月発行　『歴史文化社会論講座紀要』第10号　107-124頁に掲載
　　京都大学大学院人間・環境学研究科　歴史文化社会論講座

　第3章　サミュエル・オーチャート・ビートン
　　平成26年2月発行　『歴史文化社会論講座紀要』第11号　67-90頁に掲載
　　京都大学大学院人間・環境学研究科　歴史文化社会論講座

　第4章　第1節　ドクター・ウィリアム・キッチナー
　　　　　　　　　『クックス・オラクル』
　　平成28年4月発行　『異端者たちのイギリス』　283-315頁に掲載
　　共和国

　第4章　第2節　イライザ・アクトン
　　　　　　　　　『最新料理法』
　　平成28年2月発行　『歴史文化社会論講座紀要』第13号　47-68頁に掲載
　　京都大学大学院人間・環境学研究科　歴史文化社会論講座

　第5章　伝統的家政書と『ビートン社の家政書』

平成 27 年 2 月発行 『歴史文化社会論講座紀要』第 12 号 125-143 頁に掲載

京都大学大学院人間・環境学研究科 歴史文化社会論講座

主要参考文献

イザベラがかかわった『ビートン社の家政書』とその派生書

（出版年順）

Beeton, Isabella, (ed.), *Beeton's Book of Household Management*, S. O. Beeton, 1859−1861. (24 冊の分冊発行)

Beeton, Isabella, (ed.), *Beeton's Book of Household Management*, S. O. Beeton, 1861.

Beeton, Isabella, (ed.), *Beeton's Book of Household Management*, S. O. Beeton, 1863.

Beeton, Isabella, *The Englishwoman's Cookery Book*, S. O. Beeton, 1863.

Beeton, Isabella, *Mrs. Beeton's Dictionary of Every-day Cookery*, S. O. Beeton, 1865.

C. H. クラークとともに出版した主な出版物

Stow, Harriet Beecher, *Uncle Tom's Cabin*, C. H. Clarke and Co, 1852.

Stow, Harriet Beecher, *Key to the Uncle Tom's Cabin*, Clarke, Beeton & Co., 1853.

The Boy's Own Magazine.

The Englishwoman's Domestic Magazine.

S. O. ビートン社の雑誌（伝記等の書誌情報参照）

The Boy's Own Journal.

The Boy's Own Magazine.

The Boy's Penny Paper.

The Englishwoman's Domestic Magazine.

The Queen.

The Sporting Life.

The Weekly Dispatch.

The Young Englishwoman.

S. O. ビートン社の出版物（一部）（伝記等の書誌情報参照）

Beeton's "All about it" Books.

Beeton's Book of Anecdote.

Beeton's Book of Birds.

Beeton's Book of Burlesques.

Beeton's Book of Chemistry.

Beeton's Book of Garden Management.

Beeton's Book of Home Pets.

Beeton's Book of Songs.

Beeton's Dictionary of Universal Biography.

Beeton's Dictionary of Universal Information.

Beeton's Handy Book of Games, Etc.

Beeton's Historian.

Edgar, J. G., *Cressy and Poictiers*, S. O. Beeton, 1865.

Greenwood, James, *Curiosities of Saving life*, S. O. Beeton, 1864.

Motley, John Lothrop, *The Rise of the Duch Republic*, S. O. Beeton, 1859.

The Boy's Own Library.

ワード・ロック（アンド・タイラー）社から出版されたビートンズ・ブック（一部）（伝記等の書誌情報参照）

Beeton's Bible Dictionary.

Beeton's Book of Jokes and Jests,

Beeton's British Biography.

Beeton's British Gazetter.

Beeton's Dictionary of Geography.

Beeton's Great Book of Poetry.

Beeton's Guide Book to the Stock Exchange and Money Market.

Beeton's House and Home Books.

ビートン夫妻に関する伝記および『ビートン社の家政書』に関する先行研究

Beetham, Margaret, Good Taste and Sweet Ordering: Dining with Mrs Beeton, *Victorian Literature and Culture*, Cambridge University Press, 2008.

Bridge, Tom, and English, Colin Cooper, *Dr. William Kitchiner Regency Eccentric Author of The Cook's Oracle*, Southover Press, 1992.

Brigman, Helana, A Domesticated Idea: British Women Writers and the Victorian Recipe, 1845–1910, Louisiana State University, 2015, Ph.D. thesis.

Buzard, James, "Home Ec. With Mrs. Beeton", *Raritan*, 1997.

Day, Helen Fiona, Mrs Beeton and the Indigestible Economies of the Victorian Bourgeoisie, Lancaster University, 2002, Ph.D. thesis.

Freeman, Sarah, *Isabella and Sam: The Story of Mrs. Beeton*, Coward, McCann & Geoghegan, 1977.

Hardy, Sheila, *The Real Mrs Beeton: The Story of Eliza Acton*, The History Press, 2011.

Hughes, Kathryn, *The Short Life & Long Time of Mrs. Beeton*, Fourth Estate, 2005.

Hyde, H. Montgomery, *Mr. and Mrs. Beeton*, George G. Harrap & Co, 1951.

Humble, Nicola, Introduction, Beeton, Isabella, *Mrs. Beeton's Book of Household Management*: Abridged Edition, Oxford University Press, 2000.

Nown, Graham, *Mrs. Beeton 150 Years of Cookery & Household Management*, Ward Lock, 1986.

Spain, Nancy, *Mrs. Beeton and Her Husband*, Collins, 1948.

Spain, Nancy, *The Beeton Story*, Ward, Lock, 1956.

Voelker, Uta Schumacher, "The Success of Mrs. Beeton", *ABMR* vol. 11. no. 12. 1984.

小笠原規子 「Mrs. Beeton の Book of Household Management ―イギリスにおける古典調理書―」『聖徳大学研究紀要　短期大学部』（Ⅱ）　第 23 号、1990 年。

小野二郎 「ビートン夫人の料理術」『小野二郎コレクション』 平凡社、2002 年。

亀高京子、犬尾千穂子 「『家内心得草』と『MRS. BEETON'S BOOK OF HOUSEHOLD MANAGEMENT』」『家政学原論部会　会報』No. 20、1986 年。

林　望 「ビートン夫人の教え」 NTT 出版。
（http://www.nttpub.co.jp/webnttpub/contents/beeton/index.html2015 年 11 月 7 日 確認）

東四柳祥子 「Samuel and Isabella's Editing Abilities: The Skills behind the Success of *Mrs. Beeton's Book of Household Management*」『梅花女子大学食文化学部紀要』第 2 号、2014 年。

S. O. ビートン社以外の出版者から出版された料理書

ミセス・ランデル（一部）

A Lady, *A New System of Domestic Cookery*, 1808.

A Lady, *A New System of Domestic Cookery*, John Murray, 1814.

A Lady, *A New System of Domestic Cookery*, John Murray, 1842.

Mrs. Rundell's Domestic Cookery, Routledge, Warnes, and Routledge, 1859.

A Lady, *A New System of Domestic Cookery*, Milner and Sowerby, 1860.

　以下アメリカで出版されたもの

Mrs. Rundell, *A New System of Domestic Cookery (From the Sixty-Seven London Edition)*, Carey and Hart, 1844.

以下カナダで出版されたもの

Mrs. Rundell, *A New System of Domestic Cookery*, Milner and Sowerby, 1860.

（口絵には Mrs. Rundell、タイトル・ページには By A Lady の表記がある）

ドクター・ウィリアム・キッチナー（一部）

Apicius Redivivus; or, the Cook's Oracle, Samuel Bagster, 1817.

Apicius Redivivus; or, the Cook's Oracle (Second Edition), John Hatchard, 1818.

The Cook's Oracle, A. Constable & Co., 1822.

The Cook's Oracle (fifth edition), A. Constable & Co., 1823.

Kitchiner, William, M.D., *The Cook's Oracle (New Edition)*, Simpkin and Marshall, and G. B. Whittaker, 1827.

Kitchiner, William, M.D., *The Cook's Oracle (New Edition)*, Robert Cadell, 1831.

Kitchiner, William, M.D., *The Cook's Oracle (New Edition)*, Whittaker and Co., 1836.

Kitchiner, William, M.D., *The Cook's Oracle (New Edition)*, Houlston & Stoneman, 1845.

　以下アメリカで出版されたもの

The Cook's Oracle, Evert Duyckinck, George Long, E. Dlies & E. White, 1825.

イライザ・アクトン（一部）

Acton, Eliza, *Modern Cookery (Fourth Edition)*, Longman, Brown, Green, and Longmans, 1845.

Acton, Eliza, *Modern Cookery (Seventh Edition)*, Longman, Brown, Green, and Longmans, 1847.

Acton, Eliza, *Modern Cookery (Thirteenth Edition)*, Longman, Brown, Green, and Longmans, 1853.

Acton, Eliza, *Modern Cookery (Fourteenth Edition)*, Longman, Brown, Green, and Longmans, 1854.

Acton, Eliza, *The English Bread-Book*, Longman, Brown, Green, Longmans, & Roberts, 1857.

Acton, Eliza, *Modern Cookery*, Longman, Green, Longman, and Roberts, 1860.

Acton, Eliza, *Modern Cookery*, Longman, Green, Longman, Roberts, and Green, 1864.

Acton, Eliza, *Modern Cookery*, Longman, Green, Longmans, Green, Reader, and Dyer, 1868.

　以下アメリカで出版されたもの

Acton, Eliza, *Modern Cookery (from the Second London Edition)*, Lea and Blanchard, 1845.

Acton, Eliza, *Modern Cookery (from the Second London Edition)*, Lea and Blanchard, 1858.

その他の料理書

A Lady (Glasse, Hannah), *The Art of Cookery (second edition)*, 1748.

A Lady (Glasse, Hannah), *The Art of Cookery (Fifth Edition)*, 1755.

A Lady (Glasse, Hannah), *The Art of Cookery (New Edition)*, W. Strahan, J. Rivington and Sons,

1778.

A Lady, *The Home Book or Young Housekeeper's Assistant*, Smith, Elder, and Co., 1829.

Raffald, Elizabeth, *The Experienced English Housekeeper*, R. Baldwin, 1786.

Walsh, J. H., *A Manual of Domestic Economy*, G. Routledge, 1856.

William Verrall's Cookery Book 1759, Southover Press, 1988.

Wooly, Hannah, *The Queen-like Closet*, or Rich Cabinet, 1669.

本書執筆にあたり参照した雑誌

Alexander's East India and Colonial Magazine, R. Alexander, 1834.

Knowledge vol. 8., Wyman & sons, 1885.

Philosophical Transactions part 1., 1821.

The Athenaeum (from January to July), F. C. Westley, 1829.

The Athenaeum vol. 8., April to October, Munroe and Francis, 1823

The Athenaeum Journal (July to December), John Francis, 1874.

The Cornhill Magazine vol. 41., January to June 1880, Smith, Elder & Co., 1880.

The Critic vol. 16., 1857.

The Gentleman's Magazine vol. 97., Sylvanus Urban, 1827.

The Law Times Reports vol., 25, Horace Cox, 1871.

The Literary Gazette for the Year 1820, The Liberty Gazette Office, 1820.

The London Journal of Arts and Science, Sherwood, Neely, and Jones, 1820.

The London Magazine vol. 3., January–June, The office of the London Magazine, 1829.

The Mirror of Literature, Amusement, and Instruction vol. 37., Hugh Cunningham, 1841.

The Philosophical Magazine and Journal vol. 55., Cadell and Davies, 1820.

The Printers' Journal, Caslon Letter Foundry, 1867.

The Publishers' Circular, 1874.

The Royal Lady's Magazine vol. 3., W. Sams, 1832.

　以下アメリカで出版されたもの

Appletons' Journal, D. Appleton and Company, 1880.

New Monthly Magazine vol. 25., Harper & Brothers, 1862.

The Atlantic Magazine, vol. 1., May–October,1824, E. Bliss & E. White, 1824.

The Bibliographer and reference List vol. 1., Moulton, Wenborne, 1888.

The Philosophical Magazine and Journal vol. 44., Alexander Tilloch.

本書執筆にあたり参照した新聞

Caledonian Mercury.

Daily News.

Daily Post.

Dundee Courier.

Glasgow Herald.

Hampshire Advertiser & Salisbury Guardian.

Jackson's Oxford Journal.

Liverpool Mercury.

Lloyd's Weekly Newspaper.

Manchester Times.

Nottinghamshire Guardian.

Public Advertiser.

The Aberdeen Journal.

The Bradford Observer.

The Bristol Mercury.

The Bury & Northwich Post.

The Caledonian Mercury.

The Courier and Argus.

The Derby Mercury.

The Era.

The Examiner.

The Hampshire Advertiser.

The Ipswich Journal.

The Lancaster Gazette.

The Lees Mercury.

The Morning Chronicle.

The Morning Post.

The Newcastle Courant.

The Pall Mall Gazette.

The Penny Illustrated Paper.

The Royal Cornwall Gazette.

The Sheffield Independent.

The Standard.

The Times.

The Wrexham Advertiser.

The York Herald.

Trewman's Exeter Flying Post.

Whitehall Evening Post.

World.

その他の英語文献

Acton Eliza, *English Bread Book by Eliza Acton with an Introduction by Elizabeth Ray*, Southover Press, 1990.

Acton, Eliza, *Poems*, R. Deck, 1826.

Adams, Samuel and Sarah, *The Complete Servant*, Knight and Lacey, 1825.

A Native Thereof, *Recollections of Brighton in the Olden Times*, Brighton, 185?.

Attar, Dena, *A Bibliography of Household Books Published in Britain, 1800–1914*, Prospect Books, 1987.

Ayrton, Elizabeth, *The Cookery of England*, 1974.

Bartholomew, J. G., *Handy Reference Atlas of London and Suburbs*, John Walker & Co. Ltd., 1917.

Beetham, Margaret, and Kay Boardman, (ed.), *Victorian Women's Magazines*, Manchester University Press, 2001.

Beetham, Margaret, *A Magazine of Her Own?* Routledge, 1996.

Burnett, John, *Plenty and Want: A Social History of Food in England from 1815 to the Present Day*, Routledge, 1989.

Burton, Elizabeth, *The Early Victorians at Home*, Longman, 1972.

Burton, William, E., (ed.), *The Cyclopaedia of wit and Humor vol. 2.*, D. Appleton and Company, 1859.

Cassell's Household Guide vol. 1., Cassell, Petter, and Galpin.

Chambers, R., (ed.), *The Book of Days*, W. & R. Chambers, 1862.

Chambers, R., (ed.), *The Book of Days*, W. & R. Chambers, 1888.

Charsley, Simon, R., *Wedding Cake and Cultural History*, Routledge, 1992.

Colquhoun, Kate, *Taste: The Story of Britain Through Its Cooking*, Bloomsbury Publishing, 2008.

Cowen, Ruth, *Relish the Extraordinary Life of Alexis Soyer, Victorian Celebrity Chef*, Phoenix, 2008.

Driver, Elizabeth, *A Bibliography of Cookery Books Published in Britain, 1875–1914*, Prospect Books, 1989.

Davidson, Alan, *The Oxford Companion to Food*, Oxford University press, 2014.

Denise, Gigante, (ed.), *Gusto: Essencial Writings in Nineteenth-Century Gastronomy*, Routledge, 2005.

Falaise, Maxime De La, *Seven Centuries of English Cooking: A collection of Recipes*, Grobe Press, 1973.

Greenwood, James, *The Seven Curses of London*, Fields, Osgood, & Co., 1869.

Gurner, Joseph, *The Trial of Thomas Hardy for High Treason*, Martha Gurney, 1794.

Hartley, Dorothy, *Food in England*, Piatkus Books, 2009.

Hill, Bridget, *Servants: English Domestics in the Eighteen Century*, Clarendon Press,1996.

Jerdan, William, *Men I Have Known*, George Routledge and Sons, 1866.

Jervis, John (the whole revised by Kitchiner, William, M.D.,) *The Traveller's Oracle Part II* ., Henry Colburn, 1827.

Johnson, Cuthbert, W., *The Cottage Farmer's Assistant in the Cultivation of His Land*, James Ridgway, Piccadilly, 1842.

Kitchiner, W. Brown, *Fancy's First, or Tender Trifles*, J. Moyes, 1829.

Kitchiner, William, M.D., *A Companion to the Telescope*, Samuel Bagster, 1811.

Kitchiner, William, M.D., *Practical Observations on Telescopes (Third Edition)*, S. Bagster, 1818.

Kitchiner, William, M.D., *The Economy of the Eyes*, Hurst, Robinson, & Co., 1824.

Kitchiner, William, M.D., *The Traveller's Oracle Part I* , Henry Colburn, 1827.

Kitchiner, William, M.D., *The Art of Invigorating and Prolonging Life*, GEO. B. Whittaker, 1829.

Liveing, Edward, *Adventure in Publishing: The House of ward Lock 1854−1954*, Ward, Lock & Co., Limited, 1954.

Marshall, Tony, "Edward Abbott and Aristology", Proceeding of the 11th Symposium of Australian Gastronomy (1999).

Mayhew, Henry, *London Labour and the London Poor vol. 1.*, Charles Griffin and Company, 1864.

May, Trevor, *The Victorian Domestic Servant*, Shire Publication, 1998.

Moak, Nathaniel C., *Reports of Cases Decided by the English Courts vol. XI.*, William Gould & Son, 1876.

Mrs. Wm. Pitt Byne, *Gossip of the Century vol. 1.*, Macmillan and Co., 1892.

Nicholson, Shirley, *A Victorian Household*, Sutton Publishing, 1998.

Oxford, Arnold, Whitaker, M.A., M.D., *English Cookery Books to the Year 1850*, Henry Frowde Oxford University Press, 1913.

Palmer, Samuel, *St. Pancras*, Samuel Palmer, 1870.

Parfait, Claire, *The publishing history of Uncle Tom's cabin, 1852−2002*, Ashgate, 2007.

Pickering, Danby, *The Statutes at Large*, Charles Bathurst, 1771.

Quayle, Eric, *Old Cook Books All Illustrated History*, Cassell, 1978.

Rennie, James, M. A., *A New Supplement to the Latest Pharmacopoeias of London, Edinburgh, Dublin, and Paris*, Baldwin and Cradock, 1837.

Adams, Samuel and Sarah, *the Complete Servant*, Knight and Lacey, 1825.

主要参考文献

Sage, Lorna, *The Cambridge Guide to Women's Writing in English*, Cambridge University Press, 1999.

Sen, Collin, Taylor, *Curry: A Global History*, Reaktion Books, 2009.

Simon, Brian, *The Two Nations & the Educational Structure 1780–1870*, Lawrence & Wishart, 1960.

Stephen, Lealie, (ed.), *Dictionary of National Biography vol. 1.*, Smith, Elder & Co., 1885.

Swisher, Clarice, *Victorian England*, Greenhaven Press, 2000.

Symons, Michael, *A History of Cooks and Cooking*, University of Illinois Press, 2003.

Taylor, John, *Poems on Various Subjects vol. 2.*, Payne and Foss, 1826.

The Author of the "Cook's Oracle", (Kitchiner, William), *The Art of Invigorating and Prolonging Life (Second Edition)*, Hurst, Robinson, and Co., 1821.

The Annual Biography and Obituary for the Year 1828, Longman, Rees, Orme, Brown, and Green, 1828.

The Dictionary of Dairy Wants, Houlston and Wright, 1861.

Mrs. Warren, *How I managed My House on Two Hundred Pounds a Year*, Houlston and Wright, 1864.

Waterson, Merlin, *The Servants Hall*, Routledge & Kegan Paul, 1980.

Wentworth, Trelawney, *The West India Sketch Book vol., II .*, Printed for the Author, 1835.

Willan, Ann and Cherniavsky, Mark, *The Cookbook Library: Four Centuries of the Cooks, Writers, and Recipes That Made the Modern Cookbook*, University of California Press, 2014.

Willson, Laura, *A Daily Life in a Victorian House*, The Preservation Press, 1993.

その他の日本語文献

アーウィン、ニール著　関美和訳　『マネーの支配者』　早川書房、2014 年。
　　(Irwin, Neil, *The Alchemists*, Penguin Press, 2013.)
アテナイオス著　柳沼重剛訳　『食卓の賢人たち I 』　京都大学学術出版会、1997 年。
　　（Athenaios, *Deipnosophistai*.）
安東伸介ほか編　『イギリスの生活と文化辞典』　研究社、1982 年。
新井潤美　『執事とメイドの裏表』　白水社、2011 年。
新井潤美　『階級にとりつかれた人びと』　中央公論社、2001 年。
飯塚信雄　『男の家政学　なぜ〈女の家政〉になったか』　朝日新聞社、1986 年。
石毛直道編　『人間・たべもの・文化─食の文化シンポジウム '80』　平凡社、1980 年。
井野瀬久美恵編　『イギリス文化史入門』　昭和堂、1994 年。
エリアス、ノルベルト著　渡辺慧爾ほか訳　『文明化の過程』上　法政大学出版局、2010 年。
　　（Elias, Norbert, *Über den Prozeß der Zivilisation*, Francke Verlag, 1969.）

エリアス、ノルベルト著　波田節夫ほか訳　『文明化の過程』下　法政大学出版局、2010 年。

(Elias, Norbert, Über den Prozeß der Zivilisation, Francke Verlag, 1969.)

小野塚知二　「イギリス料理はなぜまずくなったか　―イギリス食文化衰退の社会経済史研究―」『西洋史の新地平』　刀水書房、2005 年。

角山榮他編　『路地裏の大英帝国　イギリス都市生活史』　平凡社、1982 年。

川北稔　『工業化の歴史的前提』　岩波書店、1983 年。

川北稔　『世界の食文化 17　イギリス』　農山漁村文化協会、2006 年。

川島昭夫　「十九世紀イギリスの都市と「合理的娯楽」」『都市の社会史』　ミネルヴァ書房、1983 年。

川島昭夫　『植物と市民の文化』　山川出版、1999 年。

川本静子　「清く正しく優しく　―手引書の中の＜家庭の天使＞像」『英国文化の世紀 3　女王陛下の時代』　研究社、1996 年。

川本静子　『ガヴァネス　ヴィクトリア時代の〈余った女〉たち』　みすず書房、2007 年。

キャナダイン、デヴィッド著　平田雅博ほか訳　『イギリスの階級社会』　日本経済評論社、2008 年。

(Cannadine, David, *Class in Britain*, Yale University Press, 1998.)

ギャンペル、ジーン著　坂本賢三訳　『中世の産業革命』　岩波書店、1978 年。

(Gimpell, Jean, *La Revolution industrielle du Moyen Age*, Éditions du Seuil, 1975.)

クセノフォン著　越前谷悦子訳　『オイコノミコス　家政について』　リーベル出版、2010 年。

(Xenophōn *Oikonomikos*)

小池滋訳　『時代別ロンドン地図集成　摂政皇太子時代のロンドン』　本の友社、1997 年。

小泉博一ほか編　『イギリス文化を学ぶ人のために』　世界思想社、2004 年。

佐久間康夫ほか編　『概説イギリス史』　ミネルヴァ書房、2002 年。

デイヴィーズ、ジェニファー著　白井義昭訳　『英国ヴィクトリア朝のキッチン』　彩流社、2008 年。

(Davis, Jennifer, *The Victorian Kitchen*, BBC Books, 1998.)

中島俊郎　『オックスフォード古書修行』　NTT 出版、2011 年。

中島俊郎　「ニセ海亀の文化誌―ルイス・キャロルの想像力」『経済志林』、2011 年。

中島俊郎　「ペデストリアニズムの諸相：一八世紀末ツーリズムの一断面」『甲南大学紀要』文学編、2006 年。

長島伸一　『世紀末までの大英帝国』　法政大学出版局、1987 年。

パーヴィス、ジューン著　香川せつ子訳　『ヴィクトリア時代の女性と教育』　ミネルヴァ書店、1997 年。

(Purvis, June, *A History of Woman's Education in England*, Open University Press, 1991.)

ハーディ、トマス著　藤田繁訳　『日陰者ジュード』　大阪教育図書、2011 年。

（Hardy, Thomas, *Jude the Obscure*, 1894.）

橋本周子　『美食家の誕生：グリモと「食」のフランス革命』　名古屋大学出版会、2014年。

ヒューズ、クリスティン著　上松靖夫訳　『十九世紀のイギリスの日常生活』　松柏社、1999年。
（Hughes, Kristine, *The Writer's Guide to Everyday Life in Regency and Victorian England*, Writers Digest Books, 1998.）

蛭川久康ほか編　『ロンドン事典』　大修館書店、2002年。

ブリアーサヴァラン著　関根秀雄、戸部松美訳　『美味礼賛』上、下　岩波書店、1967年。
（Brillat-Savarin, *Physiologie du Goût*, 1826.）

ブルンナー、オットー著　石井紫朗ほか訳　『ヨーロッパ—その歴史と精神』　岩波書店、1974年。
（Brunner, Otto, *Neue Wege der Verfassungsund Sozialgeschichte*, Vandenhoeck & ruprecht, 1968.）

ホーン、パメラ著　子安雅博訳　『ヴィクトリアン・サーヴァント　—階下の世界—』　英宝社、2005年。
（Horn, Pamela, *Rise and Fall of the Victorian Servant*, Sutton Publishing, 1986.）

ミッチェル、B. R. 著　中村壽男訳　『イギリス歴史統計』　原書房、1995年。
（Mitchell, B. R., *British Historical Statistics*, Cambridge University Press, 1988.）

ミュラ＝ヨコタ・宣子　『アピーキウス　古代ローマの料理書』　三省堂、1987年。
（Apicius, *De Re Quoquinaria*.）

ミュルシュタイン、アンカ著　塩谷祐人訳　『バルザックと19世紀パリの食卓』　白水社、2013年。
（Muhlstein, Anka, *Garçon, un cent d'huitres! Balzac et la table*, Editions Odile Jacob, 2010.）

村岡健次ほか編　『ジェントルマン・その周辺とイギリス近代』　ミネルヴァ書房、1987年。

メネル、スティーブン著　北代美和子訳　『食卓の歴史』　中央公論社、1989年。
（Mennell, Stephen, *All Manners of Food: Eating and Taste in England and French from the Middle Ages to the Present*, Basil Blackwell, 1985.）

八幡彩子　『明治期における翻訳家政書の研究』　同文書院、2001年。

山田千聡　「翻訳家政書『家内心得草』にみる家政理念—ビートン夫人から穂積清軒へ—」　『女性史学』　女性史総合研究会女性史学編集委員会、2017年。

ラスレット、ピーター著　川北稔ほか訳　『われら失いし世界』　三嶺書房、1986年。
（Laslett, Peter, *The World We Have Lost*, Scribner, 1984.）

ラプトン、デボラ著　無藤隆、佐藤恵理子訳　『食べることの社会学』　新曜社、1999年。
（Lupton, Deborah, *Food, the Body and the Self*, Sage Publications, 1996.）

レヴィ＝ストロース、クロード著　早水洋太郎訳　『生のもと火を通したもの』　みすず書房、2006 年。
　　（Levi-Strauss, Claude, *Le Cru et le Cuit*, Plon, 1964.）
レヴィ＝ストロース、クロード著　早水洋太郎訳　『食卓作法の起源』　みすず書房、2007 年。
　　（Levi-Strauss, Claude, *L'origine des Manieres De Table*, Plon, 1968.）
Cha Tea 紅茶教室　『ヴィクトリア朝の暮らし　ビートン夫人に学ぶライフスタイル』　河出書房新社、2015 年。

以下コラム執筆にあたり参照した文献

Column 1.

Beeton, S. O. & Sherer, John, *Beeton's Dictionary of Universal Information*, S. O. Beeton, 1859?.

Column 2.

Beeton, S. O. & Sherer, John, *Beeton's Dictionary of Universal Information*, S. O. Beeton, 1859?.
　　（静岡県立大学付属図書館蔵）
Beeton's Dictionary of Universal Information, S. O. Beeton, 1861?. （北海道大学付属図書館蔵）
First Annual Report of Sapporo Agricultural Collage, 1877. （復刻版、北海道大学付属図書館蔵）
『北大百年史』（北海道大学附属図書館蔵）
『楡陰』（北海道大学附属図書館報、北海道大学附属図書館蔵）

Column 3.

ミッセス・ビートン著　山田政蔵訳　『西洋料理の栞』、1907 年。
ビートン著　穂積清軒訳　『家内心得草』　青山堂、1876 年。（早稲田大学図書館蔵）

Column 4.

赤松俊秀教授退官記念事業会　『赤松俊秀教授退官記念国史論集』、1972 年。
加賀江沼人物事典編集委員会編　『加賀江沼人物事典』、1989 年。
加賀市史編纂委員会編　『加賀市史　通史』上巻、1978 年。
加賀市史編纂委員会編　『加賀市史　通史』下巻、1979 年。
川戸道昭　「西洋人名移入考」『明治期外国人名事典　別冊解説』　大空社、1996 年。

慶応義塾塾監局塾史資料室 『調査史料集第一 慶応義塾入社帳』、1979 年。

慶応義塾福沢研究センター 『復刻 薩長土肥』、2001 年。

坂本保富 「明治初期における教育近代化の問題状況」『教職研究』 第 2 号、2009 年。
（http://kyoushoku.shinshu-u.ac.jp/kyoushoku/paper/no2/02sakamoto.pdf　2017 年 12 月 19 日確認）

人事興信所編 『人事興信録』5 版 人事興信所、1916 年。

杉山剛 「明治 4 年における高知縣の学校改革」『社学研論集』、2010 年。
（https://core.ac.uk/download/pdf/144445924.pdf　2017 年 12 月 15 日確認）

高岡市史編纂委員会編 『高岡市史』下巻 青林書院新社、1969 年。

高岡市立伏木小学校 伏木子ども風土記学校博物館編 『藤井能三伝』 藤井能三顕彰会、1965 年。

橘弘文 「膏取り一揆と託宣」『大阪明浄大学紀要』 大阪明浄大学観光学部、2003 年。

谷口学 「古典のなかに現れた砂糖」『季刊糖業資料』1998 年度第 1 号 精糖工業会、1998 年。

田畑きよみ 「明治初期における京都番組小学校の課業表を採用した学校の英語教育 (1)」『日本英語教育史研究』第 29 号 日本英語教育史学会、2014 年。

土屋喬雄 『財閥を築いた人々』 弘文堂、1955 年。

東條正 「港湾都市長崎における近代交通体系の形成過程」『放送大学研究年報』 放送大学、2014 年。
（https://ouj.repo.nii.ac.jp/?action=pages_view_main&active_action=repository_view_main_item_detail&item_id=8056&item_no=1&page_id=13&block_id=17　2017 年 12 月 19 日確認）

富山県教育記念館 『とやまの教育を築いた人たち』、2003 年。

富山県総務部県民課 『みんなの県政』10 月号 No. 46、1972 年。

富山県編 『越中史料』巻之 4、1909 年。

内閣官報局 『明治十九年十二月職員録』(甲)。

内閣官報局 『明治二十年職員録』(甲)。

平尾道雄 『図説 土佐の歴史』 講談社、1982 年。

平尾道雄 『土佐医学史考』 高知市民図書館、1980 年。

平尾道雄 『土佐藩』 吉川弘文館、1965 年。

柳田泉 『政治小説研究』下巻 春秋社、1968 年。

吉田五十穂著作および翻訳書（出版年順）

『甜菜砂糖製造法』、1876 年。

『伊呂波分 西洋人物字引』（西哲小伝、明治 13 年）、明治 12 (1879) 年。

『米商必携』、明治 12 (1879) 年。

吉田五十穂が翻訳した新聞記事

1878 年 7 月 27 日　「ジャパン・タイムス」新聞ニ掲載シタル投書
　　「内国公債論」

1878 年 9 月 16 日刊行「ジャパン、ヘラルド」新聞抄訳
　　「日本會計論（豫算表ノ関係）」

1878 年 9 月 20 日刊行　「ジャパン・ヘラルト」新聞抄訳
　　「合衆国本位銀弗ノ論」

1879 年 7 月 29 日ジャパン、ガゼット新聞抄訳
　　「外国人設立兵庫大阪商法会議所ノ日本条約改正ニ係ル意見書」

倫敦新聞抄訳
　　「英国商務局統計課ノ「アール・ギッフェン」氏諸商品価格抵降ノ演説」

Column 5.

浦和男　「明治期「笑い」関連文献目録」『文学部紀要』第 23-2 号　文教大学文学部、
　　2010 年。
　　（http://sucra.saitama-u.ac.jp/modules/xoonips/download.php?id=BKK0000656　2018 年 2
　　月 7 日確認）

北村謙次郎　『北辺慕情記』　大学書房、1860 年。

衆議院事務局　『総選挙衆議院議員略歴』第一回乃至第二十回、1940 年。

衆議院編　『議会制度七十年史　衆議院議員名鑑』、1962 年。

蒋海波　「『東亜報』に関する初歩的研究」『現代中国研究』(32)　中国現代史研究会、
　　2013 年。
　　（http://dl.ndl.go.jp/info:ndljp/pid/10407386　2017 年 12 月 20 日確認）

人事興信所　『人事興信録　第七版』、1925 年。

杉山榮　『岸田吟香略傳』　岸田吟香顕彰会、1951 年。

杉山榮　『先駆者　岸田吟香』　岸田吟香顕彰刊行会、1952 年。

丸善株式会社書店　『帝国大学図書館洋書目録』、1896 年。

『図書』岩波書店、2002 年。

東京朝日新聞　明治 36 (1903) 年 3 月 16 日号、1 頁。

加藤十四朗著作および翻訳書（出版年順）

『六大家演説軌範』、明治 23 (1890) 年。

『在米同胞発展史』、明治 41 (1908) 年。

『在米の闘士』、（加藤肥峯）大正 4 (1915) 年。

森斌翻訳書（出版年順）

『一覧博識　欧米百家随筆』、明治 20（1887）年。

『抱腹絶倒　西洋頓知機林』、明治 22（1889）年。（国立国会図書館蔵）

図版出典一覧

第 1 章

図 1: Beeton, Isabella, *Mrs. Beeton's Book of Household Mangment*, Ward, Lock & Co., Limited, 1907.

図 2: 同上

図 3: 同上

図 4: 同上

図 5: 同上

図 6: Waterson, Merlin, *The Servants 'Hall*, Routledge & Kegan Paul, 1980.

図 7: Beeton, Isabella, *Mrs. Beeton's Book of Household Mangment* (Facsimile of the original 1861 edition), Cassell, 2000.

図 8: 同上

図 9: Beeton, Isabella, *Mrs. Beeton's Book of Household Management*: Abridged Edition, Oxford University Press, 2000.

図 10: *The Concise Mrs Beeton's Book of Cookery*, Cassell, 1998.

図 11: 同上

図 12: Nown, Graham, *Mrs. Beeton: 150 Years of Cookery & Household Management*, Ward Lock, 1986.

図 13: National Portrait Gallery

図 14: *Manchester Times* (Manchester, England), Wednesday, April 21, 1852.

図 15: *Englishwoman's Domestic Magazine*, Clarke & Co. 1852. (10 月号表紙)

図 16: *Englishwoman's Domestic Magazine Vol. II*., Clarke, Beeton, and Co.

図 17: *Englishwoman's Domestic Magazine Vol. 7*., S. O. Beeton.

図 18: *Englishwoman's Domestic Magazine Vol. III*., Clarke and Beeton.

図 19: *Englishwoman's Domestic Magazine New Series Vol. 4*., S. O. Beeton.

図 20: *Englishwoman's Domestic Magazine New Series Vol. I*., S. O. Beeton.

図 21: 同上

図 22: Isabella, Beeton, (ed.), *Beeton's Book of Household Management*, S. O. Beeton, 1859-61.

図 23: Isabella, Beeton, (ed.), *Beeton's Book of Household Management*, S. O. Beeton, 1859-61.

図 24: *Lloyd's Weekly Newspaper* (London, England), Sunday, November 20, 1859.

図 25: Isabella, Beeton, (ed.), *Beeton's Book of Household Management*, S. O. Beeton, 1859-61.

図 26: 同上

図 27: 同上
図 28: 同上
図 29: 同上
図 30: 同上
図 31: Isabella, Beeton, *Beeton's Book of Household Management*, S. O. Beeton, 1863.
図 32: Isabella, Beeton, *Beeton's Book of Household Management*, S. O. Beeton, 出版年不詳
図 33: *The Publisher's Circular, September*, 16, 1874.

第 2 章

図 1:　Hughes, Kathryn, *The Short Life & Long Time of Mrs. Beeton*, Fourth Estate, 2005.
図 2:　同上
図 3:　同上
図 4:　同上
図 5:　同上
図 6:　同上
図 7:　National Portrait Gallery
図 8:　同上
図 9:　同上
図 10: *The Morning Chronicle* (London, England), Tuesday, July 15, 1856.
図 11: Hughes, Kathryn, *The Short Life & Long Time of Mrs. Beeton*, Fourth Estate, 2005.
図 12: 同上
図 13: *The Bradford Observer*, Thursday, February 16, 1865.
図 14: Spain, Nancy, *Mrs.Beeton and her Husband*, Collins, 1948.

第 3 章

図 1:　https://en.wikipedia.org/wiki/Patten_(shoe)
図 2:　*The Morning Post* (London, England), Tuesday, December 25, 1827.
図 3:　*The Standard* (London, England), Wednesday, December 25, 1833.
図 4:　*Jackson's Oxford Journal* (Oxford, England), Saturday, February 20, 1836.
図 5:　*The Morning Post* (London, England), Saturday, April 21, 1832.
図 6:　https://www.pilgrimshall.co.uk/history
図 7:　Hughes, Kathryn, *The Short Life & Long Time of Mrs. Beeton*, Fourth Estate, 2005.
図 8:　National Portrait Gallery
図 9:　同上

図 10: *The Morning Chronicle* (London, England), Wednesday, May 23, 1855.

図 11: National Portrait Gallery

図 12: 同上.

図 13: Stow, Harriet Beecher, *Uncle Tom's Cabin*, C. H. Clarke and Co., 1852.

図 14: Stow, Harriet Beecher, *A Key of Uncle Tom's Cabin*, Clarke, Beeton and Co., 1852.

図 15: Hughes, Kathryn, *The Short Life & Long Time of Mrs. Beeton*, Fourth Estate, 2005.

図 16: 同上.

図 17: *Daily News* (London, England), May11, 1866.

図 18: *Lloyd's Weekly Newspaper* (London, England), Sunday, December 23, 1866.

図 19: *Beeton's Modern European Celebrities*, Ward, Lock and Tyler, 1874.

図 20: The Authors of "the Coming K——", *Finis*, Goubaud & Son, 1877.

図 21: Beeton, S. O. & Sherer, John, *Beeton's Dictionary of Universal Information*, S. O. Beeton, 1859?.

第 4 章

図 1: William Kitchiner, M.D., *The Housekeeper's Oracle*, Whittaker, Treacher, and Co, 1829.

図 2: *The Morning Post* (London, England), Monday, May 07, 1804.

図 3: https://mprobb.wordpress.com/2012/03/28/marianne-burbidge-1813-1885-publicans-daughter/

図 4: https://commons.wikimedia.org/wiki/File:William_Kitchiner._Mezzotint_by_C._Turner,_1827,_after_himse_Wellcome_L0015781.jpg

図 5: Bridge, T. & English, C.C., *Dr. William Kitchiner Regency Eccentric Author of The Cook's Oracle*, Southover Press, 1992.

図 6: 同上.

図 7: 同上.

図 8: *A Companion to the Telescope*, Samuel Bagster, 1811.

図 9: *The Standard*, (London, England), Tuesday, January 7, 1845.

図 10: *The Standard*, (London, England), Thursday, January 16, 1845.

図 11: *The Morning Chronicle*, (London, England), Wednesday, October 21, 1807.1807.

図 12: Acton, Eliza, *Modern Cookery*, Longman, Brown, Green, and Longmans, 1845.

図 13: Acton, Eliza, *Modern Cookery, Longman, Brown*, Green, and Longmans, 1845.

図 14: A Lady, *A New System of Domestic Cookery*, John Murray, 1842.

図 15: A Lady, *A New System of Domestic Cookery*, John Murray, 1808.

図 16: Mrs. Rundell, *A New System of Domestic Cookery*, Carey and Hart,1844.

図 17: Acton, Eliza, *Modern Cookery*, Longman, Green, Longman, and Roberts, 1860.

図 18: Acton, Eliza, *Modern Cookery*, Lea and Blanchard, 1845.

第 5 章

図 1: Johnson, Cuthbert, W., *The Cottage Farmer's Assistant in the Cultivation of His Land*, James Ridgway, Piccadilly, 1842.

図 2: 同上

図 3: Isabella, Beeton, (ed.), *Beeton's Book of Household Management*, S. O. Beeton, 1861.

図 4: Johnson, Cuthbert, W., *The Cottage Farmer's Assistant in the Cultivation of His Land*, James Ridgway, Piccadilly, 1842.

第 6 章

図 1: Isabella, Beeton, (ed.), *Beeton's Book of Household Management*, S. O. Beeton, 1861.

図 2: Acton, Eliza, *Modern Cookery*, Longman, Brown, Green, and Longmans, 1845.

図 3: Isabella, Beeton, (ed.), *Beeton's Book of Household Management*, S. O. Beeton, 1861.

図 4: A Lady(Glasse, Hannah), *The Art of Cookery(second edition)*, 1747.

図 5: *Apicius Redivivus; or, the Cook's Oracle*, Samuel Bagster, 1817.

図 6: A Lady, *A New System of Domestic Cookery*, John Murray, 1808.

図 7: Acton, Eliza, *Modern Cookery*, Longman, Brown, Green, and Longmans, 1845.

図 8: Isabella, Beeton, (ed.), *Beeton's Book of Household Management*, S. O. Beeton, 1861.

図 9: Isabella, Beeton, (ed.), *Beeton's Book of Household Management*, S. O. Beeton, 1859-61.

図 10: *Beeton's Book of Home Pets*, S. O. Beeton, 1862.

図 11: Isabella, Beeton, (ed.), *Beeton's Book of Household Management*, S. O. Beeton, 1859-61.

図 12: 同上

図 13: 同上

図 14: 同上

図 15: *Beeton's Book of Garden Management*, S. O. Beeton, 1862.

図 16: 同上

図 17: 同上

図 18: Isabella Beeton, *Mrs. Beeton's Dictionary of Every-Day Cookery*, S. O. Beeton. 1865.

図 19: 同上

図 20: 同上

図版出典一覧

Column 1.

図 1: The Times (London, England), Tuesday, Feb 15, 1859.
図 2: *Beeton's Dictionary of Universal Information*, S. O. Beeton.
図 3: 同上
図 4: 同上

Column 2.

図 1: S. O. Beeton & John Sherer, *Beeton's Dictionary of Universal Informantion*, S. O. Beeton, 1859?.
図 2: S. O. Beeton & John Sherer, *Beeton's Dictionary of Universal Informantion*, S. O. Beeton, 1859?.
Isabella, Beeton, (ed.), *Beeton's Book of Household Management*, S. O. Beeton, 1859–61.
図 3: S. O. Beeton & John Sherer, *Beeton's Dictionary of Universal Informantion*, S. O. Beeton, 1859?.
図 4: 同上
図 5: 同上
図 6: *Beeton's Dictionary of Universal Informantion*, S. O. Beeton, 1861?.
図 7: 同上
図 8: *First Annual Report of Sapporo Agricultural Collage*, 1877.（復刻版）
図 9: 同上
図 10:『北大百年史』

Column 3.

図 1: ビートン著　穂積清軒訳　『家内心得草』　青山堂、1876 年。（早稲田大学図書館蔵）
図 2: 同上
図 3: Mrs. Warren, *How I managed My House on Two Hundred Pounds a Year*, Houlston and Wright, 1864.

Column 4.

図 1: 吉田五十穂訳纂　『伊呂波分　西洋人物字引』、1879 年。
図 2: 平尾道雄　『図説　土佐の歴史』　講談社、1982 年。
図 3: 高岡市立伏木小学校　伏木子ども風土記学校博物館編　『藤井能三伝』　藤井能三顕

283

彰会、1965 年。

図 4: 吉田五十穂訳『甜菜砂糖製造法』、1876 年。

図 5: 吉田五十穂編『米商必携』、1879 年。

Column 5.

図 1: https://ja.wikipedia.org/wiki/%E5%8A%A0%E8%97%A4%E5%8D%81%E5%9B%9B%E9%83%8E

図 2: 森斌 『一覧博識　欧米百家随筆』、1887 年。

図 3: 森斌 『抱腹絶倒　西洋頓知機林』、1889 年。

図 4: *Beeton's Book of Jokes and Jests*, Ward, Lock, and Tyler.

図 5: https://ja.wikipedia.org/wiki/%E5%B2%B8%E7%94%B0%E5%8A%89%E7%94%9F

索　　引

［あ］

『アンクル・トムの小屋』　98-9, 101-, 104,
　　114-5, 202, 228
EDM　24-7
　　新聞記事、広告　24, 108
　　ニュー・シリーズ　26-7
　　発行部数　27
イザベラ（メアリー・ビートン）
　　ウィリアム・ドーリング（継祖父）　56-7
　　ウィリアム（祖父）　53
　　エプソム競馬場での生活　58-9
　　エリザベス（母）　53-6, 58
　　結婚とそれ以降　62-6
　　雑誌への執筆　50, 66-9
　　死　69-70
　　出産　67, 69
　　出自　52-55
　　グラニー（ジェラム）（祖母）　53, 58
　　ジョン・メイソン（祖父）　52
　　著者か編集者か　6-11
　　母の再婚以降　55-61
　　ヘンリー・ドーリング（継父）　55-8, 61
　　ベンジャミン（メイソン）（父）　52-5
　　ルーシー（ドーリング）（異父妹）　18, 64,
　　69, 220
イズリントン　60
イライザ・アクトン
　　エリザベス・（アクトン）（母）149,
　　155-156, 169
　　学校経営　152-3
　　詩集　154, 156
　　出自　147-151
　　ジョセフ（アクトン）（祖父）　147-8
　　ジョン（アクトン）（父）148-151, 155,
　　169
　　伝記、先行研究　146-7
　　フランス人兵士との関係　154-5, 169
ヴィルヘルム・ハインリヒ・リール　187, 194

ヴェルカー　38-40
ヴォルフ・ヘルムハルト・フォン・ホーベルク
　　189, 192, 194, 207
『英国のパンの本』　167
オイコノミコス　188
オーヴァーレンド・アンド・ガーニー商会
　　107, 109, 112
オットー・ブルンナー　185, 187, 190, 195
男の家政書　182, 203

［か］

カスバート・ウィリアム・ジョンソン　196,
　　198-200
家庭重視のイデオロギー　51
家庭の天使　70
『貴族の地方生活』　187, 189-91
『クイーン』　23, 68
クセノフォン　187, 205-207
　　『オイコノミコス』　187
グリモ・ド・ラ・レニエール　127, 139-40
合理的娯楽　140-2, 220
合理的美食　137, 139-41, 143, 220

［さ］

サミュエル（オーチャート・ビートン）
　　イライザ・ダウス（継母）　62-3, 89, 105
　　学校時代　92-3
　　サミュエル・パウエル・ビートン（父）
　　88-90
　　サミュエル・ビートン（祖父）　84-8
　　修行時代　94-6
　　出自　84-90
　　ジョン・ビートン（曽祖父）　84
　　人脈形成　96-101
　　誕生　90
　　ヘレン・オーチャート（母）　88-9
サミュエル・スマイルズ　220
ジェームス・ウェード　97

285

ジェームス・グリーンウッド　97
ストウ夫人（ハリエット・ビーチャー・ストウ）　101, 103-4
ソールズベリー　102-3

[た]

タイラー　108-9
チャールズ・ヘンリー・クラーク　97-8, 102
伝統的家政書 / 学　182, 185, 187, 193, 195, 203-4, 234
ドクター・キッチナー
　　ウィリアム・キッチナー（父）　127-8
　　ウィリアム・ブラウン・キッチナー（息子）　130-1
　　座談会　132-5, 143-5
　　出自　127-9
　　伝記、先行研究　126-7
　　美食委員会　132-5, 142-5
徒弟法　94
ドルフィン　83, 88, 90, 94

[は]

バーケット・フォスター　99
ハイデルベルク　60
パッテン　86, 88
ハドリー　91
ハナ・グラス　159, 225
ハリソン・ウィア　99
ハンブル　36, 39-40
『ビートン社の園芸書』　203, 207, 229-33

『ビートン社の家政書』
　　書名に関して　6-13
　　新聞記事、広告　29, 39, 108
　　先行研究　19-23
　　発行部数　36-40
　　分冊出版　28-36
『ビートン社の万物事典』　110-1
『ビートン社のペット飼育書』　110, 203, 207, 229-33
ビートン夫妻
　　家系図　71
　　伝記　17-9
ピナー　64, 65
ピルグリムス・ホール・アカデミー　92
フレデリック・グリーンウッド　96, 103
フレデリック・ネイラー・ソールズベリー　99, 102-3
ヘンリー・ヴィゼテリー　103
ボーフォート・ビルディングス　128-9

[ま]

マチルダ・ブラウン　95, 106
全き家　187, 193-5, 200, 205
ミス・ニコルソン　152
ミセス・ランデル　159, 163, 172, 221, 226
『モーニング・アドバタイザー』　87

[ら]

レース・カード　56

著者略歴

妹島治彦（せじま　はるひこ）

京都大学博士（人間・環境学）
2016年、京都大学大学院人間・環境学研究科博士後期課程修了
専攻はイギリス史、食文化（史）

主な著書に、「ドクター・ウィリアム・キャチナー」『異端者たちのイギリス』（志村真幸編、共和国、2016）

（プリミエ・コレクション91）
『ビートン社の家政書』とその時代
――「しあわせのかたち」を求めて

2018年3月31日　初版第一刷発行

著　者　妹　島　治　彦

発行者　末　原　達　郎

発行所　京都大学学術出版会

京都市左京区吉田近衛町69番地
京都大学吉田南構内（〒606-8315）
電　話　075-761-6182
ＦＡＸ　075-761-6190
振　替　01000-8-64677
http://www.kyoto-up.or.jp/

印刷・製本　㈱クイックス

ISBN978-4-8140-0148-4　　　定価はカバーに表示してあります
Printed in Japan　　　　　　　　 © Haruhiko Sejima 2018

本書のコピー，スキャン，デジタル化等の無断複製は著作権法上での例外を除き禁じられています．本書を代行業者等の第三者に依頼してスキャンやデジタル化することは，たとえ個人や家庭内での利用でも著作権法違反です．